एकात्म भारत के प्रणेता

डॉ. श्यामा प्रसाद मुकर्जी

एकात्म भारत के प्रणेता

डॉ. श्यामा प्रसाद मुकर्जी

आचार्य मायाराम 'पतंग'

प्रकाशक
प्रभात प्रकाशन प्रा. लि.
4/19 आसफ अली रोड, नई दिल्ली-110002
फोन : 011-23289777 • हेल्पलाइन नं. : 7827007777
इ-मेल : prabhatbooks@gmail.com ❖ वेब ठिकाना : www.prabhatbooks.com

संस्करण
2025

पेपरबैक मूल्य
तीन सौ रुपए

मुद्रक
श्री साई प्रिंटर्स, साहिबाबाद

Ekatma Bharat Ke Praneta DR. SYAMA PRASAD MOOKERJEE
by Acharya Mayaram 'Patang'

Published by **PRABHAT PRAKASHAN PVT. LTD.**
4/19 Asaf Ali Road, New Delhi-110002

ISBN 978-93-5521-163-7

₹ 300.00 (PB)

अनुक्रम

1
मुकर्जी वंश परंपरा

पवित्र नदी गंगा के किनारे ब्राह्मण परिवार रहा करते थे। पश्चिती बंगाल में उन्हें 'राट ब्राह्मण' कहा जाता था। 'राट' का अर्थ है—लाल रंग की मिट्टी। ये राट ब्राह्मण धीरे-धीरे सारे बंगाल में फैल गए। ये अलग-अलग परिवार 'शर्मा' कहे जाते थे। 'उपाध्याय' भी ब्राह्मण का पर्याय है, बाद में उपाध्याय गोत्र बन गया। बंगाल में उपाध्याय में भी विकास के साथ विविध नामों से जाने गए। कुछ बंद्योपाध्याय बने तो कुछ मुखोपाध्याय कहलाए। कुछ चट्टोपाध्याय हो गए तो कुछ कुछ घोष बने, कुछ घोषाल कहलाने लगे। हर शब्द को आकार में छोटा करने के प्रयास में शब्द का स्वरूप बदलता रहता है। लगता है, मुखोपाध्याय से मुकर्जी तथा चट्टोपाध्याय से चटर्जी इसी प्रकार बन गए हैं। अभी कुछ लोगों ने मुखर्जी को मुकर्जी भी कहना प्रारंभ कर दिया है। बहुत से मुखुज्जे, चाटुव्वे भी अपनी सुविधा के अनुसार कह देते हैं। अनुमान है कि चिटगोंग भी चट्टी ग्राम से बना होगा। गंगा नदी को तो अंग्रेजी की नकल से लोगों ने गैंजेज कहना भी शुरू कर दिया था।

हम आज जिनकी चर्चा करेंगे, वे मुखोपाध्याय से बने मुकर्जी ब्राह्मण हैं। हमारी पुरानी कहानियों में प्राय: गरीब ब्राह्मण शब्द ही प्राप्त होता है। लगता है, पहले ब्राह्मण को धनवान होने के अवसर ही प्राप्त नहीं थे। अधिकतर ब्राह्मणों का कार्य पठन-पाठन होता था। जो पौरोहित्य कर्म करते थे और दान-दक्षिणा पर ही संतोष करते थे, वे तो वास्तव में निर्धन ही रहते थे।

परंतु संतोषी ब्राह्मण भी भूख से व्याकुल होकर जीवन कभी नहीं त्यागते थे। ब्राह्मण ईश्वर-विश्वासी होते थे, अत: वह अल्प प्रयास या बिना प्रयास ही भोजन के लिए प्रभु-कृपा पर भरपूर भरोसा करते थे। जब मैकाले ने भारत में

अंग्रेजी शिक्षा पद्धति थोपी, तब उसका ध्यान उन्हीं की ओर गया, जिन ब्राह्मणों के कारण हिंदू समाज हजारों, लाखों वर्ष से निरंतर प्रवहमान रहा है। उसको लगा, हिंदुओं को गुलाम बनाना है तो बुद्धि प्रधान समाज को पहले काबू करना पड़ेगा। अत: जगह-जगह बने गुरुकुलों को अवैध बताकर पहले बंद कराया। इन गुरुकुलों में जो उपाध्याय (शिक्षक) मात्र जीविकोपार्जन के बदले शिक्षण करते थे, उन्हें सरकारी स्कूलों में नौकरी का लालच भी दिया। ब्राह्मण, जो मात्र भोजन एवं सम्मान के बदले शिक्षण कर रहे थे, उन्हें सरकारी नौकरी का लालच मिला तो गुरुकुलों की संख्या घटती गई, ब्राह्मण सरकारी स्कूलों में पढ़ने-पढ़ाने लगे। अंग्रेजी शिक्षा प्राप्त की तो शिक्षण की जगह और अनेक प्रकार के व्यवसाय भी अपनाने लगे। शिक्षण ज्ञानवर्धन के महत्त्वपूर्ण लक्ष्य से विलग होकर नौकरी की दिशा में बढ़ने लगे। अधिकतर हिंदू जातिसंगत व्यवसाय में लग जाते थे। अत: अंग्रेजी शिक्षा में अधिक रुचि ब्राह्मणों ने ही ली। इस प्रकार सरकारी नौकरियों में भी उनका प्रवेश बहुलता से हुआ। इसलाम के जमाने से कुछ रिवाज हिंदुओं में उनके प्रभाव से पनप गए थे। एक तो मुसलमान किसी बालिका को उठाकर न ले जाए, इससे पहले नाबालिग उम्र में ही कन्याओं का विवाह कर दिया जाता था। यदि कम उम्र की बालिका की अधेड़ उम्र के व्यक्ति के साथ भी शादी करनी पड़े तो समाज में बुरा नहीं माना जाता था। यद्यपि परिणामस्वरूप ऐसी लड़कियाँ विधवा होने पर वे और अधिक अत्याचार की शिकार बनती थीं। मुसलमानों की देखा-देखी कुछ संपन्न लोग एक से अधिक विवाह करने में अपनी शान समझते थे। हर मोहल्ले में एक-दो बाल विधवा समाज की भर्त्सना का शिकार होती दिखाई देती थीं। उन्हें अपने पैतृक परिवार में दु:खी तथा उपेक्षित जीवन बिताने को विवश होना ही उनकी नियति थी।

ऐसी ही एक कन्या थी—सरस्वती, जिसका विवाह हुगली के निकट बिग्सूई गाँव के श्री राम जाप के साथ कम उम्र में ही कर दिया गया था। बहुत छोटी उम्र में ही उसने एक बच्चे को जन्म दिया। बुरे रिवाज के परिणामस्वरूप या दुर्भाग्यवश, उसके पति का दो वर्ष बाद ही देहांत हो गया। विधवा हुई सरस्वती अपने पैतृक गाँव जिराट में आ गई। जिराट गाँव गंगा नदी के किनारे था। वह बेटे को भी साथ ले आई। बेटे का जन्म 18 अक्तूबर, 1787 को हुआ था। उसका नाम रखा गया था—'विश्वनाथ'।

विश्वनाथ को पिता का गोत्र ही बताया गया था, यद्यपि उसने अपने पिता को देखा ही नहीं था। उसका गोत्र था—'भारद्वाज मुखोपाध्याय'। धीरे-धीरे भारद्वाज

लुप्त हो गया और मुखोपाध्याय रह गया। इतना बोलना भी लोगों को लंबा और अनावश्यक लगा तो रह गया 'मुकर्जी'।

विश्वनाथ बड़ा हुआ तो उस गरीब का भी विवाह तो होना ही था। प्रख्यात पुरोहित सार्वभौम चटर्जी की प्रपौत्री ब्रह्ममयी से उसका विवाह संपन्न हुआ। कुछ पढ़ा-लिखा था, कुछ स्वस्थ था तथा परिश्रमी भी। धीरे-धीरे धनवान भी बन गया। साहित्य में भी विश्वनाथ रुचि लेने लगा। यात्राएँ तो उसका शौक था। उसने अपने यात्रा-वृत्तांत को बांग्ला भाषा के साहित्य में भी सम्मिलित किया। वह एक धार्मिक यात्रा थी। रंगपुर तक जाने का नौका से रोचक वर्णन किया गया है, इसी प्रकार अपने गाँव से जगन्नाथ पुरी तक की भी तीर्थ यात्रा संपन्न की तथा उसका वर्णन भी साहित्य में अंकित किया। पुरी तीर्थदर्शन तो किया, परंतु ब्रह्ममयी को चेचक ने घेर लिया। वह वहीं भगवान् जगन्नाथ की गोद में सो गई, फिर कभी न लौटी। विश्वनाथ वहाँ से तो लौट आए, परंतु पवित्र गंगा में डुबकी लगाते हुए एक बड़ी गुजराती नौका के मस्तूल टूटकर गिरने से उनके सिर में भारी घाव हो गया। वह घाव विश्वनाथ को भी स्वर्ग ले गया।

विश्वनाथ अपने पीछे चार पुत्र छोड़ गए थे। दुर्गा प्रसाद, हरि प्रसाद, गंगा प्रसाद तथा राधिका प्रसाद, जिनकी आयु 10 से 17 वर्ष के अंदर थी।

माता-पिता दोनों के परलोक सिधारने से बच्चे अनाथ हो गए। परमात्मा बाधा के साथ ही राह भी निकालकर देता है। विश्वनाथजी ने घर के काम के लिए एक महिला नियुक्त की थी, नाम था जाह्नवी। वह सचमुच गंगा के समान उपकारी थी। उसने उन बच्चों का दायित्व स्वेच्छा से सँभाल लिया। बच्चे चारों ही परिश्रमी तथा प्रतिभावान थे। पढ़ाई से आगे बढ़े। सभी अपनी जिंदगी में योग्यता की कसौटी पर खरे उतरे। इन बच्चों के अच्छे पालन-पोषण और शिक्षण देने के कारण विश्वनाथ पर कर्जा भी हो गया था। बड़े पुत्र दुर्गा प्रसाद ने निश्चय किया कि पहले परिवार पर चढ़े कर्ज को चुकाकर परिवार को सम्मान दिलाएगा। कुछ समय बाद वह अपने भाइयों को साथ लेकर हावड़ा के निकट अंदुल चला गया। वहाँ एक विद्यालय में पढ़ाने लगा। अपने छोटे भाइयों को सँवारने में पिता की भूमिका निभाई। साथ ही दोनों समय का भोजन पकाकर खिलाया, इस तरह माँ की भूमिका भी निभाई। अपनी पढ़ाई भी साथ-साथ करता रहा। फिर तामलुक में इंजीनियर पद प्राप्त कर लिया। वहाँ से धन कमाकर वह कलकत्ता लौट आया। कलकत्ता आकर सभी छोटे भाइयों को नियमित पढ़ाने के लिए स्कूलों में प्रवेश दिलवाया। कलकत्ता एक सुंदर इमारतों का शहर था। वहाँ अधिकतर अमीर लोगों के मकान थे। अंग्रेज सरकार ने भी कलकत्ता

को अपनी राजधानी बनाया था। उस शहर की सुख-सुविधाओं पर अंग्रेज सरकार का भी पूरा ध्यान था।

अंग्रेजों ने सड़कों तथा भवनों के नाम भी अपने हिसाब से रख लिये थे। जैसे राइटर्स बिल्डिंग, डलहौजी स्क्वायर या क्लाइव स्ट्रीट। अंग्रेजों के खानपान, बोलचाल आदि का भी भारतीयों पर प्रभाव पड़ रहा था।

कलकत्ता भारत की राजधानी थी। राजनीति का, सरकार का तो केंद्र था ही, व्यापार का भी सबसे बड़ा केंद्र था। शिक्षा का भी पहला प्रमुख केंद्र था। जिस प्रकार काशी धर्म तथा संस्कृत के विद्वानों का केंद्र था, उसी प्रकार अंग्रेजी तथा आधुनिक शिक्षा का प्रमुख केंद्र कलकत्ता ही था। अपने परिश्रम से ऐसे कलकत्ता शहर में दुर्गा प्रसाद ने संभावित स्थान प्राप्त कर लिया था। अपने भाइयों को भी योग्य बनाने में उसने कोई कसर नहीं छोड़ी थी। अपने तीसरे भाई गंगा प्रसाद को उसने हैरो स्कूल में प्रवेश दिला दिया था। यह स्कूल कलकत्ता का सर्वोच्च स्कूल माना जाता था। सन् 1857 में कलकत्ता विश्वविद्यालय की स्थापना हुई। गंगा प्रसाद ने तभी विश्वविद्यालय में प्रवेश प्राप्त किया। प्रसिद्ध प्रेसीडेंसी कॉलेज में अच्छे योग्य छात्र के नाते छात्रवृत्ति लेकर पढ़ाई पूरी की। गली की लाइट में पढ़कर भी उसने सदैव प्रथम स्थान प्राप्त किया। सन् 1861 में गंगा प्रसाद ने बी.ए. की डिग्री ली, परंतु बड़े भाई ने उसे फिर डॉक्टरी पढ़ने के लिए प्रेरित किया। मेडिकल की डिग्री उसने 1866 में प्राप्त की।

1863 में ही उसका विवाह श्री हरिलाल चटर्जी की सुपुत्री जगतारिणी देवी से हो गया। 28 जून, 1864 को जगतारिणी देवी ने एक पुत्र को जन्म दिया, जिसका नाम आशुतोष रखा गया। दुर्गा प्रसाद की परिश्रमशीलता, पिता गंगा प्रसाद की अध्ययनशीलता का प्रभाव आशुतोष को विरासत में ही मिला था।

डॉ. गंगा प्रसाद ने अपनी मेडिकल प्रैक्टिस में यश और धन दोनों खूब कमाए। मलंगा लेन की सँकरी गलियों से अपना निवासस्थान छोड़कर बाहर प्लॉट लेकर अपना मकान बनाया। यह था 77, रुसा पागवा मार्ग, जिसे बाद में 'आशुतोष मार्ग' कहकर पुकारा जाने लगा। यह भवन न केवल सुंदर है, बल्कि सौ वर्ष बाद भी मजबूती से खड़ा है। गंगा प्रसादजी के परिवार ने 13 अप्रैल वैशाखी के शुभ दिन इसमें गृहप्रवेश किया था। वैशाखी को बंगाली संस्कृति में नववर्ष मनाया जाता है। पंजाब में भी बैसाखी खुशी और मस्ती का त्योहार माना जाता है।

उस जमाने में संयुक्त परिवार हुआ करते थे। इसलिए घर को बड़ा और भव्य बनाया जाता था। बाद में परिवार बँटते गए। घर-मकान भी बँटते रहे,

टूटते रहे और छोटे होते रहे। श्री रवींद्रनाथ टैगोर वाला विशाल घर ठाकुरबाड़ी अब सरकारी संस्थान बन गया। इसे उनके दादा द्वारकानाथजी ने बनवाया था। जगदीश चंद्र बोस का घर भी सार्वजनिक संस्थान में बदल गया है। इसी प्रकार डॉ. आशुतोष मुकर्जी का परिवार पाँचवीं (आज की) पीढ़ी तक सम्मानपूर्वक रह रहा है।

□

2

जन्म एवं बचपन

आशुतोषजी का एक भाई था हेमंत कुमार और एक बहन थी हेमलता। दुर्भाग्यवश, हेमंत कुमार की टायफाइड से केवल 21 वर्ष की आयु में मृत्यु हो गई। हेमलता भी 29 वर्ष की उम्र में ही स्वर्ग सिधार गई। पिता गंगा प्रसादजी को जवान बेटे और जवान बेटी का असमय चले जाना बहुत व्याकुल कर गया। उनके शोक के कारण वह अधिक दिन जी नहीं पाए, वह भी परलोक गमन कर गए। हाँ, माता जगतारिणी देवी का आशीर्वाद लंबे समय तक मिलता रहा। जैन समाज की धारणा है कि सागर पार नहीं जाना चाहिए, यह प्रकृति की मर्यादा का उल्लंघन है। हिंदू समाज के और भी लोग इस धारणा को मानते थे। अतः माता जगतारिणी देवी ने आशुतोष को इंग्लैंड जाने की अनुमति नहीं दी। इसके विपरीत, बंगाल के ही प्रगतिशील लोग इंग्लैंड पढ़कर आनेवाले लोगों को बहुत मान-सम्मान देने लगे थे।

ब्रिटिश सरकार की ओर से आशुतोषजी को 'नाइट' की उपाधि से सम्मानित किया गया था। तब से उन्हें 'सर आशुतोष' कहा जाने लगा था। उस समय के ब्राह्मण प्रायः धोती पहने और नंगे शरीर रहा करते थे। सर आशुतोष बहुत पढ़े-लिखे थे, परंतु प्रायः नंगे बदन रहते थे। यज्ञोपवीत और बड़ी-बड़ी मूँछें उनके व्यक्तित्व को आकर्षक बनाते थे। उनकी दमदार आवाज सामने (सुनने) वालों को प्रभावित कर देती थी, फिर भी उनकी आँखों में करुणा उनके उदार मन की उजागर करती रहती थी।

बचपन से आशुतोष अपने पिता के साथ सवेरे सैर के लिए जाया करते थे। अंग्रेजी की प्रसिद्ध पुस्तकों की कथा पिता गंगा प्रसादजी ने पुत्र आशुतोष को प्रातः की सैर में ही सुना दी थीं। रॉबिन्सन क्रूसो, गुलिवर की यात्राएँ उन्हें

मौखिक याद हो गई थीं। बाद में पोप की पुस्तक 'दि इलियड' और सर कैंपबेल की पुस्तक 'प्लेजर ऑफ होप' भी इन्होंने याद कर ली थी। मिल्टन का काव्य 'पैराडाइज लॉस्ट' आशुतोष की पसंदीदा पुस्तक थी। बचपन से ही विलक्षण स्मरणशक्ति थी। जो सुनते, याद हो जाता। 1883 में कलकत्ता विश्वविद्यालय से बी.ए. में सर्वप्रथम सर्वोच्च स्थान प्राप्त किया। स्नातकोत्तर शिक्षा के लिए इन्हें 'प्रेमचंद, रामचंद छात्रवृत्ति' मिली। इन्होंने गणित तथा भौतिकी दोनों विषयों में एम.एस-सी. प्रथम श्रेणी में उत्तीर्ण की। इसके पश्चात् कानून की डिग्री भी 1888 में प्राप्त की। सन् 1893 में कानून शिक्षा में ही आशुतोष ने पी-एच.डी. डिग्री का सम्मान भी प्राप्त कर लिया। इस प्रकार आशुतोष की सर्वतोमुखी प्रतिभा से सभी बहुत प्रभावित थे। उनकी लिखी शोधात्मक कानूनी पुस्तकें वकीलों की आलमारियों में सम्मान पाती हैं। केवल अंग्रेजी ही नहीं, जर्मन तथा फ्रेंच भाषा का भी अध्ययन किया, ताकि उन भाषाओं में शोध किए गए गणित और विज्ञान के सूत्रों का अध्ययन कर सकें।

कानून पर शोध करते समय एक सरकारी नौकरी को इन्होंने ठुकरा दिया था। ज्योमैट्री ऑफ क्रॉनिक सेक्शंस उनकी बी.ए. स्तर की प्रसिद्ध पुस्तक है। भारतीय कृषि अनुसंधान परिषद् के उच्च स्तरीय छात्रों को भी उन्होंने पढ़ाया। नोबेल पुरस्कार पानेवाले श्रीचंद्र शेखर वेंकट रमन को भी इन्होंने पढ़ाया तथा आगे बढ़ाया। भारत के प्रथम राष्ट्रपति डॉ. राजेंद्र प्रसादजी की वकालत देखकर आशुतोषजी ने उन्हें एक विद्यालय में कानून पढ़ाने के लिए प्रेरित करके नियुक्ति दिलाई।

1904 में सर आशुतोष कलकत्ता हाईकोर्ट के जज बने तथा 1906 में ही विश्वविद्यालय के कुलपति बना दिए गए। 1906 से 1914 तक वह कुलपति पद पर आसीन रहे। 1921-1923 के बीच दोबारा भी कुलपति पद का कार्यभार सँभाला। साधारण जीवन में वह स्वयं भी अन्याय सहन नहीं करते थे। उनकी निर्भयता के कारण लोग उन्हें 'बंगाल का बाघ' भी कहते थे। अबुल कासिम फजलुल हक नामक एक मुसलिम छात्र उनसे प्रेरित होकर पढ़ा और बाद में पश्चिम बंगाल का मुख्यमंत्री भी बना।

सर आशुतोष निर्भय स्वभाव के थे। अंग्रेजों से कभी भयभीत नहीं होते थे; न ही उनकी कभी खुशामद ही करते थे। वे अपनी शैक्षिक योग्यता के आधार पर सरकार की उच्च पदों पर नियुक्ति पा सकते थे। एक बार तो उन्होंने बुलावे पर भी नौकरी ठुकरा दी थी। उन्होंने गणित और विज्ञान में पी-एच.डी. करने के पश्चात् भी वकालत इसलिए की, ताकि स्वतंत्र व्यवसाय हो, किसी अंग्रेज अफसर की

चापलूसी न करनी पड़े। ब्राह्मण वृत्ति के कारण खाने के शौकीन तो थे ही। संदेस और रसगुल्ला उन्हें बहुत पसंद था। 1923 तक वे भारतीय शिक्षा सुधार के लिए 1917 में बने सैडलर आयोग के भी सक्रिय सदस्य रहे। उस जमाने में भी उनके निजी पुस्तकालय में 80,000 पुस्तकें थीं, जो इंपीरियल लाइब्रेरी काउंसिल को अपने हाथ से दान कर दी थीं। पाली और रशियन भाषा का भी अध्ययन किया थी। बंगाल के ब्राह्मण समाज ने उन्हें 'शास्त्र वाचस्पति' की उपाधि से विभूषित किया था।

सर आशुतोष का विवाह 20 वर्ष की उम्र में तभी हो गया था, जब वे पढ़ रहे थे। कलकत्ते के ही पास स्थित कृष्णानगर में श्रीरामनारायण भट्टाचार्य की पुत्री रखाली उपाख्य योगमाया से हो गया था। अनुमान से यह 1886 की बात है। उनका ध्यान अध्ययन में था, अत: नौ वर्ष तक कोई संतान नहीं हुई। 1895 में पहली पुत्री कमला उत्पन हुई। कुछ लोग तो आशुतोष का दूसरा विवाह करने की सोचने लगे थे। उन दिनों संतान के लिए अन्य विवाह करना सामान्य सी बात थी। अतः पुत्री होने की विशेष खुशियाँ मनाई गईं। 1896 में बड़े पुत्र रमा प्रसाद का जन्म हुआ। दूसरे पुत्र तथा हमारे नायक श्यामा प्रसाद का जन्म 1901 में हुआ। उमा प्रसाद 1902 में उत्पन्न हुआ। चौथा पुत्र वामा प्रसाद 1906 में तथा अंत में पुत्री रमला का जन्म हुआ, जबकि अमला 1905 में पैदा हुई थी। इस प्रकार चार भाई तथा तीन बहनों का यह एक सुखी-संपन्न परिवार था। सबसे बड़ी पुत्री कमला सबसे प्रिय तथा आदरणीय मानी जाती थी। बड़े भाई रमा प्रसाद पढ़-लिखकर उच्च न्यायालय के माननीय न्यायाधीश बने। दूसरे महानायक श्यामा प्रसाद धर्मनिष्ठ, चरित्रवान, देशभक्त नेता बने, जिनके जीवन पर विस्तार से चर्चा हम इस पुस्तक में प्रस्तुत कर रहे हैं। उमा प्रसाद ने विवाह नहीं किया। तीर्थों और पर्वतों की लंबी यात्राएँ करना उनका शौक था। अपनी यात्राओं को उन्होंने पुस्तक के रूप में भी जनता के समक्ष प्रस्तुत किया। वामा प्रसाद ने भी सामान्य जीवन जिया।

सबसे बड़ी पुत्री कमला का विवाह सुंदर युवक शुभेंदु से हुआ, जो महान् लेखक बंकिमचंद्र चटर्जी के नाती थे। विवाह के कुछ दिन बाद ही टायफायड ने शुभेंदु का जीवन छीन लिया। कमला विधवा हो गईं। बंगाल में विधवा का जीवन सचमुच अत्यंत दुर्भाग्यपूर्ण होता है। राजा राममोहन राय के प्रयत्न से सती प्रथा में तो सुधार हुआ था, परंतु विधवा के प्रति घृणापूर्ण व्यवहार में कोई अधिक परिवर्तन नहीं हुआ था। ईश्वरचंद्र विद्यासागर ने इस संबंध में बहुत कार्य किया था। उन्होंने विधवा विवाह को कानूनी जामा पहनाया था। ब्राह्मणों में अभी तक विधवाओं की स्थिति खराब ही थी। अत: आशुतोषजी ने विधवा कमला का विवाह वकील बृजेंद्र नाथ से

कर दिया। रूढ़िवादी ब्राह्मण समाज ने भारी विरोध किया, परंतु धीरे-धीरे सब शांत हो गया। शुभेंदु की माँ ने कमला को अपने घर लाने के लिए मुकदमा भी लड़ा तथा आशुतोष के घर पर जाकर हंगामा भी किया, परंतु वे असफल रहीं। भगवान् का विरोध कौन कर सकता है? भाग्य के लेख को कौन टाल सकता है। कमला को विधवा होना ही लिखा था, अधिक समय सुख भाग्य में नहीं था, वह पुनः विधवा हो गईं। बृजेंद्र को दिल का दौरा पड़ गया था।

सर आशुतोष के दूसरे होनहार सपूत श्यामा प्रसाद का जन्म 6 जुलाई, 1901 को हुआ था। बचपन में उन्हें प्रेम से 'बेनी' कहा जाता था। अपने भाइयों की अपेक्षा श्यामा प्रसाद अधिक काले थे, परंतु डील-डौल वाले थे। बचपन से खूब खाते थे और खूब खेलते थे। तिपहिया साइकिल चलाने का भी बहुत शौक था। घोड़ागाड़ी में घूमने का भी खूब आनंद लेते थे। चावल ही उनके परिवार का मुख्य भोजन था। चावल अनेक प्रकार से बनाए जाते थे। परिवार शाकाहारी था। श्यामा प्रसाद दूध खूब पीते थे। बाद में आशुतोष तथा श्यामा प्रसाद दोनों मछली खाने लगे, जबकि जगतारिणी दीदी, योगमाया माता तथा अन्य भाई-बहन प्याज तक का सेवन नहीं करते थे। दोपहर का भोजन घर में सबका साथ होता था। संदेश के अतिरिक्त बाजार की बनी चीजें घर में न लाई जाती थीं, न खाई जाती थीं।

योगमाया (श्यामा प्रसाद की माता) कभी कुरसी पर नहीं बैठती थीं। अपनी चटाई स्वयं बिछाकर फर्श पर बैठती थीं। श्यामा प्रसाद ऐसे वातावरण में पले थे, परंतु बहुत ज्यादा रूढ़िवादी नहीं थे। तो भी माँ का प्रभाव इतना था कि अंग्रेजों के साथ काम करने के दिनों में भी चाय तक पीने से परहेज करते रहे थे। माता-पिता के धार्मिक विचारों का श्यामा प्रसाद पर प्रभाव जीवन भर रहा। यद्यपि आधुनिकता की ओर भी बढ़े, परंतु सनातन धर्म में विश्वास उनके मन पर हावी रहा। सभी हिंदू पर्व वो उत्साह से मनाते थे। आशुतोष का प्रभाव पूरे परिवार पर था, अतः बचपन से ही श्यामा प्रसाद और सभी भाई बहुत उत्सवप्रिय थे। बाद में श्यामा प्रसाद कुरीतियों को त्यागने और प्रगतिशील विचारों के समर्थक हो गए थे। जातिगत छुआछूत और भेदभाव को भी श्यामा प्रसाद ने कुरीति माना और इस कुरीति को समाज के लिए घातक माना।

श्यामा प्रसाद मानते थे कि लोग ईश्वर को कष्ट के समय याद करते हैं। पापों के लिए क्षमा माँगते हैं। ईश्वर से दया की अपेक्षा करते हैं, जबकि ईश्वर की आराधना बिना स्वार्थ के, सामान्य जीवन जीते हुए ही करनी चाहिए। वे कबीरदासजी का दोहा प्रायः सुनाया करते थे—

दुःख में सुमिरन सब करैं, सुख में करे न कोय।
जो सुख में सुमिरन करै, दुःख काहे को होय॥

अपनी दादी जगतारिणी देवी के भाई श्री आधार चंद्र चटर्जी श्यामा प्रसाद को बहुत प्यार किया करते थे। श्यामा प्रसाद भी उनसे बहुत प्यार करते थे। पंचानन नामक रिश्तेदार, जो उनके मामा लगते थे, उन्हीं के घर कलकत्ते में आकर रहने लगे थे, जबकि उनका घर कृष्णानगर नाम के छोटे कस्बे में था। जहाँ वे हर शनिवार को जाते और सोमवार सुबह को लौटते।

कृष्णानगर श्यामा प्रसाद की ननिहाल थी। बंगाल में बच्चे 'मामार बाड़ी' जाकर बहुत खुश होते थे। श्यामा प्रसाद को भी मामार बाड़ी जाकर बहुत आनंद मिलता था, क्योंकि वहाँ केवल प्यार मिलता था। कोई रोक-टोक नहीं, कोई डाँट-डपट नहीं। कृष्णानगर में मिट्टी की मूर्तियाँ बनानेवालों की भी भरमार थी। यह पंचानन बाद में शराब पीने लगा था। उसकी हालत को देखकर श्यामा प्रसाद पर यह प्रभाव पड़ा कि उन्होंने कभी शराब को छुआ तक नहीं। कभी शराब पीनेवालों की संगत भी नहीं की। शराब के दुर्गुणों से स्वयं बचे तथा जो भी संपर्क में आया या जिससे घनिष्ठता बढ़ी, उसको शराब का विरोधी बनाया। बचपन का यह प्रभाव उन पर जीवन भर रहा।

बड़े होने पर भी श्यामा प्रसाद पर अपनी माता योगमाया के धार्मिक और सात्त्विक स्वभाव का प्रभाव बराबर बना रहा। बच्चों के साथ खेलना बचपन में तो सबको पसंद होता है। श्यामा प्रसाद को भी खेलना पसंद था, परंतु बड़े हो जाने पर भी बच्चों से खेलना उन्हें अच्छा लगता था। जबकि बड़े भाई रमा प्रसाद प्रायः गंभीर रहते। खेल-कूद और हँसी-मजाक उन्हें अच्छा नहीं लगता था। यह भी हो सकता है कि उन्हें प्रारंभ से घर में बड़े भाई होने का ज्ञान हो गया था, इसलिए रमा प्रसाद स्वयं को बड़ा मानकर गंभीर और जिम्मेदार व्यवहार करने लगे थे।

□

3

शिक्षा तथा वैवाहिक जीवन

श्यामा प्रसाद अपने छात्र जीवन से ही उदार एवं दयावान इनसान रहे। उनके पिता सर आशुतोष से उन्हें विरासत में ही ये गुण प्राप्त हुए थे। मतभेद होने पर भी उन्होंने कभी किसी का अहित न चाहा, न किया। विरोधी विचारवाले राजनीतिक लोग भी श्यामा प्रसाद मुकर्जी को स्वार्थी कहने की बात नहीं सोच सकते। अनेक बार ऐसे उदाहरण भी सामने आए, जब विरोधी भी किसी काम को लेकर उनके पास गए तो उन्होंने काम में सहायता करने से कभी इनकार नहीं किया। श्यामा प्रसाद में अपने व्यवहार से मित्र बनाने तथा विश्वास जमाने की अपूर्व क्षमता थी।

23 जुलाई, 1906 को पाँच वर्ष की आयु होने पर श्यामा प्रसाद ने स्कूल में प्रवेश प्राप्त किया। उस जमाने के अनुसार वह जल्दी था, प्राय: 6 वर्ष की उम्र ही विद्यालय प्रवेश के लिए मानी जाती थी। बड़े भाई रमा प्रसाद स्कूल जाते थे। इसलिए इन्हें भी स्कूल में प्रवेश दिलाना पड़ा। वह स्कूल भवानीपुर मित्र संस्थान द्वारा संचालित था। भवानीपुर के कैसरीपाड़ा के एक भवन में छोटा सा स्कूल था, परंतु उन दिनों यह बढ़िया शिक्षा केंद्र माना जाता था। उस विद्यालय से दसवीं की बोर्ड परीक्षा में इस विद्यालय का कोई छात्र मैरिट सूची में अवश्य होता था। 1907 से ही श्यामा प्रसाद एक अच्छे छात्र थे। वह कभी अपने प्रभावशाली पिता का रोब डालकर छात्रों से लड़ते नहीं थे। महापुरुषों की कहानियाँ सुनने में उन्हें बहुत रुचि थी। प्राथमिक कक्षा में ही उन्हें शिक्षक ने जार्ज वाशिंगटन, नेपोलियन बोनापार्ट की कहानियाँ सुनाई थीं, जो वे कभी नहीं भूले। श्यामा प्रसाद अपने अनुज उमा प्रसाद से केवल एक वर्ष बड़े थे, परंतु पढ़ाई में 3 वर्ष आगे थे। डील-डौल भी बड़ा था, परंतु उसका उपयोग कमजोरों को सताने के लिए कभी नहीं किया। उन दिनों हाई

स्कूल (दसवीं) बोर्ड की परीक्षा के लिए न्यूनतम उम्र 16 वर्ष अपेक्षित थी, अत: दो वर्ष योग्य होते हुए भी परीक्षा नहीं दे सके। वह समय उन्होंने मधुपुर वाले घर में रहकर बिताया, जहाँ प्राकृतिक वातावरण का इनके जीवन पर बहुत प्रभाव पड़ा। 16 वर्ष की वय प्राप्त होते ही मधुपुर से कलकत्ता आए और मैट्रिक की परीक्षा दी। उन्होंने न केवल प्रथम श्रेणी में परीक्षा उत्तीर्ण की, बल्कि छात्रवृत्ति भी प्राप्त की।

उस जमाने में कहावत थी—"छड़ी को छोड़ा तो बच्चे को बिगाड़ा" अर्थात् प्राय: सभी अध्यापक छड़ी रखते थे। गलती होने पर सजा भी देते थे। सदैव अनुशासन में रहने तथा शिक्षा का कार्य पूरा करने के कारण श्यामा प्रसाद को छड़ी से पिटने का अवसर नहीं आया। 1917 में मैट्रिक करने के पश्चात् उन्होंने कलकत्ता विश्वविद्यालय से इंटरमीडियट में प्रवेश लिया। 1919 में इंटरमीडियट प्रथम श्रेणी में पास किया। श्यामा प्रसाद केवल पाठ्यपुस्तकें नहीं पढ़ते थे, अपितु पुस्तकालय से अन्य साहित्य भी पढ़ा करते थे। इसी अवधि में उन्होंने आर्थर कॉनन डॉयल के समग्र साहित्य को पढ़ लिया था। 'शेरलॉक होम्स' की पुस्तक उन्हें बहुत पसंद आई थी। जब श्यामा प्रसाद इंग्लैंड गए तो स्वयं जाकर लेखक कॉनन डॉयल से मिले। अपने प्रशंसक पाठक से मिलकर किसी भी लेखक को आंतरिक प्रसन्नता मिलती है, इसमें कोई संदेह नहीं। श्यामा प्रसाद मारपीट नहीं करते थे, परंतु मजाक करने तथा व्यंग्य करने से कभी नहीं चूकते थे। सुरेंद्रनाथ सेन को उनकी मजाक करने की आदत वर्षों याद रही।

एक वृद्ध व्यक्ति अपने केस में सर आशुतोषजी से सहायता माँगने घर आया। उसे यही मालूम नहीं था कि सर आशुतोष का स्वर्गवास हो गया है। वह भला आदमी आशुतोष समझकर श्यामा प्रसाद को अपना केस समझाने लगा। उसे निराश न करके वे चुपचाप उसके मामले को ध्यान से सुनते रहे। उसे शायद सारी कहानी सुनाने के बाद पता लगा कि कि वह अपना केस सर आशुतोष को नहीं, उनके पुत्र को सुना रहा है। पूर्णेंदु उनका भानजा था। एक बार दोनों मधुपुर में टहल रहे थे। श्यामा प्रसाद ने एक बढ़िया मजाक किया। पौधों में लगी लाल मिर्च तोड़कर मुँह में रख ली। मुँह ऐसे बनाया मानो बहुत ही स्वाद आ रहा है। पूर्णेंदु ने भी दो लाल मिर्च तोड़ीं और खा गया। जैसे ही उसने चबाई तो मिर्च ने अपना काम शुरू कर दिया। एक चीख मारकर पूर्णेंदु ने थू-थू करके उलट दी, परंतु मिर्च तो थूकने के बाद भी अपना काम कर चुकी थी। फिर उसे पानी पिलाया तथा घर पर बूरा खिलाकर शांत किया। ऐसे मजाक करते थे, जो जीवन भर भुलाए न जा सकें।

इंटरमीडियट के पश्चात् इंग्लिश में बी.ए. ऑनर्स में प्रवेश लिया। ऑनर्स कोर्स

में भी प्रथम श्रेणी का रिकॉर्ड बनाए रखा। फिर वकालत की पढ़ाई की। 1923 में बांग्ला भाषा में ही एम.ए. किया। एम.ए. करते हुए ही वकालत की भी डिग्री प्राप्त की। प्रख्यात बंगाली लेखक गिरीशचंद्र घोष के सामाजिक नाटकों पर शोध प्रबंध भी उन्हीं दिनों लिखा। बांग्ला भाषा में एम.ए. करने का निर्णय उनका निजी था इंग्लिश में ऑनर्स करके सबको लगता था एम.ए. इंग्लिश में ही करेंगे। अत: यह निर्णय सबको चकित करनेवाला था। विशेषता यह थी कि सभी कक्षाओं में वे प्रथम श्रेणी ही प्राप्त करते रहे। वास्तव में अध्ययन में श्यामा प्रसाद विशिष्ट प्रतिभा एवं योग्यता रखते थे। 1919 में जलियाँवाला बाग अमृतसर में हुए नरसंहार के विरोध में सर आशुतोषजी ने अपनी 'नाइटहुड' की उपाधि लौटा दी थी। 1919 में ही रॉलेट ऐक्ट के विरोध में भी आंदोलन किया गया था। इसी वर्ष चेम्सफोर्ड सुधार भी लागू किए गए, जिसका सामान्यत: पढ़े-लिखे भारतीयों ने स्वागत किया। 1920 में ही मोहनदास करमचंद गांधी ने अफ्रीका से भारत लौटने के बाद कांग्रेस का नेतृत्व सँभाल लिया था। असहयोग आंदोलन के कारण कांग्रेस और गांधीजी देश भर में प्रसिद्ध हो गए थे। फिर भी अंग्रेज सरकार क्रांतिकारियों को पकड़ती और कारावास में डालती रही थी। हिंसा भड़क जाने से स्वयं गांधीजी ने ही अपना आंदोलन वापस ले लिया था, परंतु तब तक श्यामा प्रसाद राजनीति में सक्रिय नहीं हुए थे। यद्यपि सब परिस्थितियों से पूर्ण परिचित थे। बंगाल में भी क्रांतिकारी पनप रहे थे। अवनींद्र नाथ मुकर्जी और नरेंद्रनाथ भट्टाचार्य महान् क्रांतिवीरों ने दो समुद्री जहाजों के माध्यम से हथियार मँगाने की योजना बनाई। सुंदरवन तथा बालासोर (उड़ीसा) के तट पर उतारना निश्चित किया।

दुर्भाग्यवश, यह योजना असफल रही। जतींद्रनाथ मुकर्जी को बालासोर में पुलिस ने मुठभेड़ में मार डाला। भट्टाचार्य विदेश चले गए और जाकर मानवेंद्र नाथ राय बन गए। तब तक श्यामा प्रसाद शैक्षिक प्रगति में लगे हुए थे। यद्यपि क्रांतिकारी गतिविधियों से अनजान नहीं थे।

सन् 1922 में एम.ए. की पढ़ाई करते समय ही उनका विवाह कर दिया गया था। उन दिनों सामान्य परिवारों में 20-21 वर्ष की आयु में विवाह कर दिया जाता था, जो क्रांति के मार्ग पर जाने की सोचते थे, वे विवाह के बंधन से बचना चाहते थे। श्यामा प्रसाद अपने पिता आशुतोषजी की तरह शिक्षाविद् बनना चाहते थे, अत: विवाह के लिए कोई विरोध नहीं किया।

बड़े भाई रमा प्रसादजी का विवाह 1920 में हुआ था। उनकी पत्नी श्रीमती तारादेवी श्यामा प्रसाद के लिए सदा मार्गदर्शक तथा सहायक रहीं। सभी पारिवारिक

मामलों को सँभालने में उन्होंने अपनी योग्यता का पूरा उपयोग किया। तारादेवी की योग्यता और समझदारी से प्रभावित थे। अत: अपने विवाह में भी प्रसन्नता बनाए रहे। उनका विवाह चक्रवर्ती परिवार में हुआ था। बंगाली भाषा के कवि बिहारी लाल चक्रवर्ती की पौत्री तथा बेनी माधव चक्रवर्ती की पुत्री सुधा देवी से उनका विवाह संपन्न हुआ। वे लोग बंगाल से बिहार जाकर मुजफ्फरनगर में बस गए थे। विवाह का शुभ दिन था—16 अप्रैल, 1921। नीम तला के एक मकान में धूमधाम से विवाह संपन्न हुआ। भवानीपुर से बारात लाने के लिए बेटीवालों ने ट्राम कार बुक कराई थी। पिता आशुतोषजी भी पहली बार ट्राम में चढ़े थे। वैसे वे सदा अपनी घोड़ागाड़ी का ही उपयोग करते थे। बड़े लोग घोड़ागाड़ी का उपयोग ही अपनी शान समझते थे।

विवाह के उपरांत एक अमीर दंपती के समान वे कहीं हनीमून मनाने बाहर नहीं गए, क्योंकि एम.ए. की परीक्षा देनी थी। 15 अप्रैल, 1924 को श्यामा प्रसाद एवं सुधा देवी के प्रथम पुत्र अनुतोष का जन्म हुआ। उसका जन्मोत्सव सर आशुतोष की शान-शक्ति के अनुसार मनाया गया। हजारों परिजनों, रिश्तेदारों तथा मित्रों को दावत दी गई। आशुतोषजी के लिए वास्तव में दादा बनने का ऐतिहासिक महत्त्व का अवसर था।

एम.ए. के पश्चात् श्यामा प्रसाद पत्रकार बनने की इच्छा अपने पिता से व्यक्त कर चुके थे। पिता तो बहुत पहुँचवाले श्रीमंत थे। उन्होंने श्यामा प्रसाद को 'कैपीटल' साप्ताहिक के संपादक श्री पैट लोवेट के पास भेजा, ताकि पत्रकारिता में मार्गदर्शन प्राप्त हो जाए। श्यामा प्रसाद की प्रतिभा को पहचानकर पैट लोवेट ने सर आशुतोष को पत्र भेजकर उनकी प्रशंसा भी की। इसके बाद उन्होंने अपने घर से ही एक मासिक पत्रिका भी प्रकाशित की। पत्रिका का नाम था 'बंगवानी'। बड़े भाई रमा प्रसाद को इसका स्वामी बनाया गया। इस पत्रिका में अपने समय के सभी सम्माननीय लेखकों के लेख तथा साहित्य को स्थान दिया गया। श्रीमान रवींद्रनाथ टैगोर, श्री ज्योतींद्रनाथजी, सुरेंद्रनाथ सैन, कुमद रंजन मलिक, शेखर कालिदास रे, चपतावाला वसु तथा नरेंद्र देव जैसे श्रेष्ठ साहित्यकारों की रचनाएँ इसमें प्रकाशित होती रहीं। प्रोफेसर विनय कुमार सरकार ने एक लेख हिंदू राष्ट्र के गठन के संबंध में लिखा, जो चर्चा का विषय बना। महान् उपन्यासकार शरतचंद्र चटर्जी का उपन्यास 'पाथेर पांचाली' धारावाहिक रूप में इस पत्रिका में प्रकाशित हुआ। पुस्तक रूप में आने से पहले ही यह इतना प्रसिद्ध हुआ कि पुस्तक प्रकाशित होते ही सरकार ने इस पर प्रतिबंध लगा दिया। यह अंग्रेज सरकार के विरुद्ध विद्रोह भड़कानेवाला था। इसके बाद 1928 में 'बंगवानी' पत्रिका का प्रकाशन भी बंद करना पड़ा।

श्यामा प्रसादजी 1923 में एम.ए. पास कर चुके थे, फिर 1924 में उन्होंने बैचलर ऑफ लॉ (वकालत) की डिग्री भी प्राप्त की। वकील बनने की योग्यता के बाद भी उन्होंने इंग्लैंड जाकर बैरिस्टर की डिग्री लाने का निश्चय किया। यद्यपि सर आशुतोष इंग्लैंड भेजने के पक्ष में नहीं रहे, परंतु इंग्लैंड से वकालत की डिग्री लेनेवाले वकीलों का विशिष्ट सम्मान होता था। इंग्लैंड से वकालत करना अत्यंत खर्चीला सौदा था, परंतु सामान्य परिवार अपनी शान के लिए यह खर्चा वहन करते थे। गांधीजी, जवाहरलाल नेहरू और मोहम्मद अली जिन्ना भी इंग्लैंड से वकालत करके आए थे। नेहरू तो एक दिन भी वकालत के लिए खड़े नहीं हुए, परंतु वकील बनने की योग्यता का उन दिनों बड़ा क्रेज था। राजनीति में आनेवाले 90 प्रतिशत व्यक्ति वकील ही होते थे।

उन दिनों कलकत्ता, मुंबई और मद्रास में ही बड़े मुकदमे लड़े जाते थे। अन्य अदालतों में केवल अपील संबंधी मामले निपटाए जाते थे। इन वकीलों के सहायक भी होते थे, जिन्हें 'मुख्तार' कहा जाता है। ये मुख्तार भी कानून के जानकार होते थे। इसके लिए कुछ अध्ययन की भी व्यवस्था थी, जबकि अनुभव से भी लोग मुख्तार बन जाते थे। श्यामा प्रसाद मुकर्जी को भी सम्मानित वकील बनने के लिए इंग्लैंड जाना पड़ा।

पहले भी बताया है कि सर आशुतोष अपने पुत्रों के इंग्लैंड जाने के पक्ष में नहीं थे, तभी उन्होंने कलकत्ता विश्वविद्यालय से ही कानून की डिग्री लेने को प्रेरित किया था। 1924 में उनके स्वर्गवास के पश्चात् 1925 में श्यामा प्रसाद कानून की डिग्री लेने इंग्लैंड गए और डिग्री लेकर दो वर्ष पश्चात् भारत लौटे।

सर आशुतोष कलकत्ता उच्च न्यायालय के न्यायाधीश पद से 1924 में ही सेवानिवृत्त हुए थे। कानूनन वह उसी अदालत में वकालत नहीं कर सकते थे। इसलिए उन्होंने बिहार के डुमराँव अदालत में वकालत करने का निर्णय किया। श्यामा प्रसाद को विश्वविद्यालय के एक सम्मेलन में शामिल होने शिमला जाना पड़ा। इधर कमला (बड़ी बहन) की मृत्यु से घर-परिवार के सब लोग मधुपुर से कलकत्ता वापस आ गए, छोटा भाई वामा प्रसाद भी बीमार था। उसे लेकर जगन्नाथ पुरी गए, फिर कलकत्ता लौट आए। विश्वविद्यालय के संबंध में पिता-पुत्र ने लंबी बातचीत की। इसके पश्चात् दोनों स्टेशन गए। श्यामा प्रसाद शिमला चले गए, फिर सर आशुतोषजी ने पटना की ट्रेन ले ली। शिमला के कार्यक्रम में ही श्यामा प्रसाद को टेलीग्राम मिला कि सीधे पटना पहुँचो। श्यामा प्रसाद तुरंत पटना रवाना हुए। पटना पहुँचे तो परंतु मृत शरीर का ही दर्शन कर पाए। फिर

उनका शरीर हावड़ा लाया गया। हावड़ा पर उनके अंतिम दर्शन के लिए भारी भीड़ लगी हुई थी।

मुसीबतों की लाइन लगी हुई थी। योगमाया, श्यामा प्रसादजी की माता भी उनके साथ ही बैठी थीं। श्यामा प्रसादजी ने उनका भारी मन से अंतिम संस्कार किया। बड़े भाई रमा प्रसाद ने स्वयं मुखाग्नि दी।

श्यामा प्रसादजी अपनी धर्मपत्नी को बहुत प्रेम करते थे, परंतु परमात्मा ने उन्हें अधिक दिन सुखपूर्वक साथ नहीं रहने दिया। सुंदर गोल चेहरा, गोरा रंग और आकर्षक नैन-नक्शवाली सुधा 1922 से 1933 मात्र 11 वर्ष रही। इसी अल्प समय में बहुत प्रकार के कष्ट सहन किए। इस बीच सुधाजी ने पाँच बच्चों को जन्म दिया। अंतिम पुत्र चार महीने का था, जिसको डिप्थीरिया अर्थात् कंठ रोग ने निगल लिया। उसके बाद तो सुधा को ऐसा धक्का लगा कि वह उठ ही नहीं सकी। लगातार दो बार निमोनिया हुआ और ईश्वर ने सुधा देवी को संसार से उठा लिया। अंतिम समय में सुधा अपने पिता के मकान में ही थी। उस समय बड़ी बेटी केवल नौ वर्ष की थी।

श्यामा प्रसाद मुकर्जी के जीवन में यह एक अत्यंत दुर्भाग्यपूर्ण दिन था। उन्होंने जीवन के हर महत्त्वपूर्ण अवसर पर इस पीड़ा को स्मरण किया। सुधा देवी की परलोक यात्रा के पश्चात् श्यामा प्रसादजी की माँ योगमायाजी ने बहुत दबाव डाला कि छोटे-छोटे बच्चे हैं, उनके पालन के लिए विवाह करना चाहिए। परंतु श्यामा प्रसाद सुधाजी की जगह किसी अन्य को देखने की कल्पना भी नहीं करना चाहते थे। उन्हें यह भी लगता था कि बच्चों को घृणा, द्वेष का शिकार होना पड़ सकता है। फिर बड़ी भाभी तारादेवी पर भी उन्हें पूरा भरोसा था कि उनसे अधिक अच्छी तरह उनके बच्चों को और कोई नहीं पाल सकता। हुआ भी यही, तारादेवी ने बच्चों की जिम्मेदारी पूरी तरह सँभाल ली। श्यामा प्रसाद भी उन्हें बहुत प्रेम करते थे। बड़ी बेटी थी—सविता। सविता को अब सब 'बुआ' कहते थे। वह अपने ताऊ के बच्चों के साथ क्रिकेट खेला करती थी, खेल में गिरकर टाँग में चोट लग गई थी, जिसमें टाँके भी लगवाने पड़े थे। परंतु सविता को कभी पिता से मार नहीं खानी पड़ी। अनुतोष बड़ा बेटा भी टायफाइड का शिकार हुआ, परंतु भाभी तारादेवी ने जी-जान से सेवा करके उसका जीवन सुरक्षित कर लिया। छोटा बेटा देवतोष (ओंटू) बहुत मिलनसार था। ताई को बहुत प्यार करता था। छोटी बेटी आरती बेहद शर्मीली और मौन रहनेवाली थी। परंतु ताई तारादेवी से बढ़कर वह किसी से बात नहीं करती थी।

श्यामा प्रसादजी बच्चों के साथ अधिक समय तो नहीं बिता पाते थे, परंतु थोड़ी–बहुत देर में ही ढेर सारा प्यार परोस देते थे। वह बच्चों से कहा करते थे कि उनकी माँ स्वर्ग में बैठी आप सबको देखती रहती है। कौन क्या कर रहा है, सब उनकी निगाह में है। आप लोग तो न उनको देख सकते हैं। सविता अनुतोष को माता सुधा की स्मृति है, परंतु देवतोष और आरती को अब उनकी स्मृति बहुत धूमिल है। एक तो वे बहुत ही छोटे थे, फिर ताई तारादेवी ने खूब प्यार देकर उन्हें माँ की कमी खलने भी नहीं दी थी। दोनों पुत्र और बड़ी पुत्री सविता अब नहीं है। छोटी बेटी आरती जीवित है। परंतु वह किसी भी प्रकार की राजनीति से दूर है। इस प्रकार श्यामा प्रसाद के व्यक्तिगत परिवार में कुछ लोग हैं, जो उनकी डायरी, फोटो आदि स्मृतियों को संजोकर रखे हुए हैं।

□

4

विश्वविद्यालय में सराहनीय कार्य

1927 में इंग्लैंड से बैरिस्टर एट लॉ की डिग्री लेकर श्यामा प्रसाद भारत लौटे। विश्वविद्यालय की सीनेट के सदस्य तो वह पहले ही थे। अधिकतर छात्रों की तरह घूमने-फिरने और गप्प-शप्प करने में उन्होंने अपना समय बरबाद नहीं किया, बल्कि ध्यानपूर्वक अध्ययन किया। फिर भी कुछ समय उन्होंने जी.एस. दत्ता के साथ बिताया। ये दोनों मिलकर आर्थर कॉनन डॉयल के उस केंद्र पर जाते थे, जहाँ ध्यान करने से स्वर्गवासी व्यक्ति की फोटो दिखाई पड़ जाती थी। यद्यपि यह एक मनोवैज्ञानिक प्रक्रिया थी। दत्ता अपनी पत्नी का फोटो दिखाने के लिए प्रार्थना करते थे, पर वे इसमें सफल नहीं हो पाए, परंतु उन्हें लगा कि उन्हें उनकी मृत बहन कमला का फोटो दिखाई पड़ा था। श्यामा प्रसाद विविध गतिविधियों में समय देने के कारण वकालत में अधिक कमाई नहीं कर पाते। कलकत्ता विश्वविद्यालय के सुधार के लिए वह अंतर्मन से प्रतिबद्ध थे। पं. जवाहरलाल नेहरू की पुस्तक 'डिस्कवरी ऑफ इंडिया' के तथ्यों पर श्यामा प्रसाद और डॉ. राधाकृष्णन के विचारों में बहुत समानता थी। राधाकृष्णन और श्यामा प्रसाद का विचार था कि धर्म से बिल्कुल अलग होकर भारत कभी उन्नति नहीं कर सकता। धर्म को आधार मानकर तथा उसकी वैज्ञानिक पृष्ठभूमि को समझते हुए आधुनिक विज्ञान को सीखने-समझने से ही हम आगे बढ़ सकते हैं। जबकि जवाहरलाल नेहरू प्राचीन और धर्म संबंधी आधार को व्यर्थ मानते थे। उन्होंने तो आर्यों को मात्र पशुपालक और असभ्य माना है, जबकि राधाकृष्णन भारतीय अध्यात्म को एक मजबूत आधार मानते थे। स्वामी विवेकानंद व महर्षि अरविंद घोष भी ऐसा ही मानते थे। श्यामा प्रसाद मुकर्जी भी हिंदू शास्त्रों के समर्थक थे। अतः नेहरूजी से दोनों की सहमति कभी नहीं बनी।

राधाकृष्णनजी एक बार श्यामा प्रसादजी की बड़ी पुत्री सविता के साथ खड़गपुर तक गए, जबकि वह पति के साथ अपनी ससुराल जमशेदपुर जा रही थी। अपनी पुत्री मानकर वह जब भी जमशेदपुर जाते तो उसको मिलकर आते। सविता भी उनपर अपना अधिकार मानती थी। तभी छोटी बहन आरती के इंटर पास करने पर सविता ने राधा कृष्णनजी से उसे किसी काम पर लगाने की बात की। उन्होंने दिल्ली में आरती को एक लाइब्रेरी में नौकरी दिलवा दी। कलकत्ते में श्यामा प्रसादजी के पास पिता सर आशुतोषजी का बनाया एक सुंदर भवन था, फिर भी मधुपुर से उनका लगाव बना रहा।

यह बताना भी उचित होगा कि आरती दिल्ली में जिस फ्लैट में किराए पर रहने लगी थी, उसी के ऊपर की मंजिल के फ्लैट में एक इंजीनियर परेश भट्टाचार्य रहते थे। उन्होंने आरती से विवाह का प्रस्ताव रखा। बहन सविता से अनुमति लेकर दिल्ली में ही विवाह संपन्न हुआ। विवाह के बाद वह परेश भट्टाचार्य के साथ न्यूयॉर्क चली गई। आरती भी अब शायद संसार में नहीं है।

श्यामा प्रसादजी को उनके योग्य पिता ने ध्यान से गढ़ा था। विपरीत परिस्थितियों के लिए तैयार किया था। कलकत्ता विश्वविद्यालय की स्थापना 1857 में हुई थी। परंतु जब सर आशुतोष इस विश्वविद्यालय के कुलपति बने, तब इस यूनिवर्सिटी ने अनेक क्षेत्रों में विकास किया। आजतक भी इस विश्वविद्यालय से शिक्षा प्राप्त करना बहुत सम्मान की बात मानी जाती है। श्यामा प्रसाद को सीनेट के सदस्य होने के बाद यहाँ का कुलपति होने का भी सौभाग्य मिला, बल्कि कुलपति के दायित्व को उन्होंने बहुत योग्यता एवं शालीनता से निभाया, जबकि उन्हें यह दायित्व केवल 33 वर्ष की युवावस्था में ही मिल गया था, जबकि बड़े-बड़े विद्वान् सेवानिवृत्ति के निकट पहुँचकर इस सम्मानित पद को प्राप्त कर पाते हैं।

आचार्य प्रफुल्लचंद्र रे से श्यामा प्रसाद 40 वर्ष छोटे थे, परंतु रे के साथ उनकी घनिष्ठता बन गई थी। 1922 में ही सेवानिवृत्त होने जा रहे थे, परंतु उनकी उपयोगिता का लाभ उठाने के लिए अनेक लोगों को प्रेरित करके उनको पाँच वर्ष का अतिरिक्त समय दिया गया था। यह प्रयास सर आशुतोष ने किया था। जब आशुतोषजी का स्वर्गवास हो गया, श्यामा प्रसादजी के प्रयास से उनका कार्यकाल 10 वर्ष और बढ़ा दिया गया। उन्हें विश्वविद्यालय में ही विज्ञान प्रयोगशाला के रूप में एक कमरा दे दिया गया। एक अनुभवी वयोवृद्ध विद्वान्, एक परिश्रमी, सदाचारी युवा की कार्य पद्धति तथा सोच से प्रभावित हो, ऐसा प्राय: कम ही दिखाई पड़ता है।

श्यामा प्रसाद सदा इस संबंध में विचार किया करते थे कि शिक्षा के क्षेत्र में क्या-क्या बुनियादी बदलाव करने पड़ेंगे! वह कानून पढ़कर अवश्य आए थे, परंतु श्यामा प्रसाद का लक्ष्य अदालत में केस पड़ना तथा धन कमाना नहीं था, अपितु ब्रिटेन की यूनिवर्सिटी की कार्यशैली का अध्ययन करके उसे अपने विश्वविद्यालय में उपयोग करना मुख्य था।

अपने कुलपति रहते हुए श्यामा प्रसाद मुकर्जी ने गुरुदेव रवींद्रनाथ टैगोर को सम्मान देने हेतु आमंत्रित किया। उनके भतीजे अवनींद्र नाथ को फाइन आर्ट विभाग में वागेश्वरी प्रोफेसर के पद पर नियुक्त किया। 4 अगस्त, 1924 को सर आशुतोष के स्वर्गवास के उपरांत वातावरण बिल्कुल बदल गया था। श्यामा प्रसाद मुकर्जी ने यूनिवर्सिटी क्षेत्र से विधानसभा के लिए चुनाव लड़ने का विचार किया। विधान परिषद् में सदस्यता प्राप्त करने के लिए इस पद का उपयोग करना चाहते थे। इतिहासकार जदुनाथ सरकार नेहरू की विचारधारा से प्रभावित थे। अतः राधाकृष्णन तथा श्यामा प्रसाद के विचारों के विरोधी थे।

डॉ. श्यामा प्रसाद मुकर्जी विश्वविद्यालय के छात्रों को समय-समय पर कुलपति के नाते संबोधित किया करते थे। छात्र कुछ शारीरिक तथा सांस्कृतिक कार्यक्रम भी आयोजित करते थे और कुलपति द्वारा उन्हें तथा उपस्थित जनता को संबोधित करने की परंपरा थी। श्यामा प्रसाद मुकर्जी ने इन उद्बोधनों में स्पष्ट किया कि वह छात्रों को मेहनती, निर्भीक और आत्मनिर्भर बनाना चाहते थे। छात्र चाहे जो व्यवसाय करें, नौकरी करें या उद्योग लगाएँ, परंतु ईमानदारी से अपना कार्य करें। देशभक्त बनें, अपनी संस्कृति को जानें, मानें तथा उस पर गर्व करें। छात्रों का दृष्टिकोण न संकीर्ण हो, न स्वार्थी हो। वे सब पढ़-लिखकर सदाचारी, शांतिप्रिय और आदर्श बनें। इन शिक्षार्थियों में छात्राओं की संख्या अपेक्षाकृत बहुत कम होती थी, परंतु विश्वविद्यालय उनके लिए प्रेरणादायक कार्यक्रम आयोजित करता ही रहता था।

डॉ. श्यामा प्रसाद मुकर्जी के सामने कुलपति रहते हुए एक बड़ी समस्या खड़ी हो गई। मुसलमानों की एक बड़ी संस्था ने राजनीति भरा प्रश्न पेश कर दिया। विश्वविद्यालय के प्रतीक चिह्न को लेकर उन्होंने सवाल खड़ा किया कि प्रतीक चिह्न 'श्री' तथा 'कमल' है। दोनों ही प्रतीक हिंदुओं के धार्मिक चिह्न हैं। इन दोनों से ही मूर्ति पूजा की गंध आती है। यह मुसलमानों की आस्था के विरुद्ध है। इसी बात को लेकर बहुत से मुसलमानों ने विश्वविद्यालय का बहिष्कार भी किया। कुछ ने तो अलग मुसलिम विश्वविद्यालय की माँग खड़ी कर दी।

1936 में डॉ. दिनेशचंद्र सिन्हा ने अपने शोध-प्रबंध में विश्वविद्यालय में डॉ. मुकर्जी के द्वारा किए सुधारों तथा कार्यों का वर्णन किया है। 1936 में ही नागपुर विश्वविद्यालय में डॉ. श्यामा प्रसाद मुकर्जी को दीक्षांत समारोह में मुख्य अतिथि के रूप में आमंत्रित किया गया। नागपुर में दीक्षांत समारोह में डॉ. श्यामा प्रसाद मुकर्जी ने शिक्षा की स्वतंत्रता के संबंध में प्रभावशाली भाषण दिया। उन्होंने छात्रों की शिक्षा को देश की आजादी की माँग से जोड़ दिया। उन्होंने इस बात पर बल दिया कि देश की वर्तमान में क्या-क्या मूलभूत अनिवार्यता हैं, उनको ध्यान में रखते हुए हमें शिक्षा का लक्ष्य और प्रणाली तय करने की आवश्यकता है।

अत: भारत को वह राजनैतिक दर्जा प्राप्त होना चाहिए। संभवत: इससे पूर्व किसी शिक्षाविद् ने ऐसी माँग कभी नहीं की। सरकार अपनी नीति तथा अपनी आवश्यकता के अनुसार शिक्षा के प्रबंध करती है। अंग्रेजों के द्वारा संचालित शिक्षा प्रणाली तो क्लर्क निर्माण करने के लिए बनी थी। वह हमारी संस्कृति और हमारे असल इतिहास से आनेवाली पीढ़ी को अनभिज्ञ रखना चाहती थी। दुर्भाग्य से स्वतंत्रता-प्राप्ति के पश्चात् भी सरकारों ने वही पद्धति अपनाए रखी।

सर मैकाले द्वारा निर्धारित इस शिक्षा पद्धति का तब निर्माण ही इस विचार से किया गया था कि भारतीय अपने प्राचीन गौरवगान से न जुड़ पाएँ। अपनी संस्कृति से वंचित रहे। वे शक्ल-शूरत से भारतीय लगे, परंतु बुद्धि से अंग्रेज बन जाए। डॉ. मुकर्जी इसमें प्रभावी परिवर्तन करना चाहते थे। उनका रुझान मार्क्सवादी विचारों की ओर नहीं था। न ही वे केवल फैशनवाली पीढ़ी विकसित करने के पक्ष में थे। डॉ. मुकर्जी भावी पीढ़ी को अपने प्राचीन गौरव का स्मरण कराना चाहते थे। वो भारतीय छात्रों में अंग्रेजियत नहीं, भारतीयता का विकास करना चाहते थे। छात्रों में राष्ट्रवादी भावना जाग्रत् करना चाहते थे।

डॉ. श्यामा प्रसाद ने कुलपति पद पर चार वर्ष की अवधि में बहुत कार्य किया। उनके प्रयास किसी क्रांति से कम नहीं थे। मैट्रिक तक मातृभाषा में ही हर विषय की शिक्षा दी जाए। डॉ. श्यामा प्रसादजी का यह विचार बहुत श्रेष्ठ था, परंतु मैकाले की नीति भारतीयों को भारतीय साहित्य, भारतीय इतिहास और भारतीय संस्कृति से वंचित रखने की थी। इसीलिए अंग्रेजी सरकार ने संस्कृत शिक्षण देनेवाले गुरुकुलों को अवैध बताकर बंद करवा दिया था। वह तो हमें काले अंग्रेज बनाना चाहता था। बहुत समय तक वह अपने लक्ष्य में सफल भी रहा।

डॉ. श्यामा प्रसाद ने महत्त्वपूर्ण कार्य यह किया कि बँगला में वर्तनी का मानकीकरण कर दिया। बँगला वर्तनी देवनागरी से मिलती है, परंतु लिखने में अधिक

एकरूपता नहीं आ पाती। डॉ. मुकर्जी ने लगभग 200 बँगला विद्वानों की एक समिति बनाकर वर्तनी में एकरूपता लाने के प्रयास किए। उनके पिता सर आशुतोषजी जब कुलपति थे, तो उन्होंने एम.ए. करने के पश्चात् स्वयं श्यामा प्रसादजी ने भी बँगला भाषा में एम.ए. किया था। समिति की अनुशंसा का कविवर रवींद्रनाथ टैगोर तथा शरतचंद्र जैसे महान् साहित्यकारों ने भी समर्थन किया था। बँगला भाषा में वैज्ञानिक, तकनीकी तथा प्रशासनिक शब्दावली को गढ़ना बहुत परिश्रम और प्रतिभा का कार्य था। साहित्यकार राजशेखर बोस को उस कार्यसमिति का अध्यक्ष बनाया गया था।

डॉ. श्यामा प्रसाद मुकर्जी ने अपने प्रयास से एक बड़ा महत्त्वपूर्ण कार्य यह किया कि कलकत्ता विश्वविद्यालय में अपने पूज्यपिता के नाम से बनाया 'आशुतोष म्यूजियम'। इसमें प्राचीन संस्कृति एवं सभ्यता से संबंधित मानव निर्मित वस्तुओं को संकलित करके सजाया गया।

डॉ. मुकर्जी ने महिलाओं के लिए गृहविज्ञान का पाठ्यक्रम प्रारंभ किया। इसके लिए प्रो. बिहारी लाल मिश्र के द्वारा धन का प्रावधान कराया।

यूनिवर्सिटी का एक ट्रेनिंग कोर्स भी तैयार किया गया। छात्रों को सैन्य शिक्षा का प्रबंध किया गया। उन्होंने सार्वजनिक कल्याण की योजनाओं को तथा व्यापार प्रबंधन का भी विश्वविद्यालय में श्रीगणेश करवाया। कुछ अन्य कदम इस प्रकार थे, जिसका यहाँ उल्लेख करना आवश्यक है—

- एक छात्र कल्याण बोर्ड की स्थापना की गई, जो छात्रों के स्वास्थ्य की देखभाल करता था।
- जनता को शिक्षित करने के लिए साहित्यिक तथा वैज्ञानिक सफलताओं पर पुस्तकें छापकर प्रचारित करना।
- पुस्तकालय तथा वाचनालय खोलना। जो पहले से हैं, उनकी बाधाएँ हटाकर उन्हें सुविधापूर्ण करना।
- रवींद्र सरोवर (ठाकुरिया लेक) पर नौकायन क्लब, एथेलेटिक क्लब तथा जिम्नास्टिक क्लब की गतिविधि संचालित करना।
- कलकत्ता के एक बड़े मैदान में भी एथेलेटिक गतिविधि प्रारंभ कीं।
- भौतिक विज्ञान में ही संचार इंजीनियरिंग का एक विशेष पेपर शुरू करवाया। यही पेपर बाद में रेडियो फिजिक्स बना और फिर इलेक्ट्रॉनिक्स कहलाया।
- पड़ोसी देश तिब्बत तथा चीन की भाषा और संस्कृति में भी शोध की सुविधाएँ शुरू कीं।

- भूगोल (ज्योग्राफी) विषय की इंटरमीडिएट से एम.ए. तक की कक्षाएँ प्रारंभ कीं।
- कृषि विज्ञान का पाठ्यक्रम भी शुरू किया।
- बँगला भाषा में एम.ए. के पश्चात् शोध की भी व्यवस्था उपलब्ध करवाई। सामयिक साहित्यकारों पर भी शोध की व्यवस्था करवाई।
- इसलामिक संस्कृति और इसलाम का इतिहास पढ़ाने की भी सुविधा आरंभ की।

अपने थोड़े से कार्यकाल में इतनी सुधारात्मक व्यवस्थाओं को प्रारंभ करना, सुविधाओं की चिंता करना, कर्मचारियों और छात्रों की हर बाधा दूर करने में रुचि लेने का सीधा अर्थ है कि डॉ. मुकर्जी ने दिन-रात लगातार परिश्रम किया। जो सोचा, वह करके दिखाया। सर सी.वी. रमन तथा सर जगदीश चंद्र बसु जैसे महान् वैज्ञानिक (नोबेल पुरस्कार विजेता) इसी विश्वविद्यालय की छत्रच्छाया में विकसित हुए। उन्हें अपने तरह के प्रयोग करने की सुविधाएँ यहीं उपलब्ध कराई गईं।

जब सर सी.वी. रमन कलकत्ता विश्वविद्यालय से बंगलौर चले गए तो उन्हें सम्मानित करके विदाई दी गई। साथ ही अपने यहाँ से उन्हें अवैतनिक अवकाश दे दिया गया तथा कृषि विज्ञान विभाग में मानद अवैतनिक प्रोफेसर पद पर सम्मानपूर्वक बनाए रखा।

श्यामा प्रसाद मुकर्जी ने जर्मनी के डॉ. अभ सेलिंग को भी कलकत्ता विश्वविद्यालय में आमंत्रित किया। गुरुदेव रवींद्रनाथ टैगोर नोबेल पुरस्कार प्राप्त महान् कवि थे, श्यामा प्रसाद मुकर्जी ने वृद्धावस्था में भी प्रवचन के लिए उन्हें आमंत्रित किया। कविवर ने निमंत्रण स्वीकार किया और बँगला साहित्य पर अपने विचार व्यक्त किए।

29 जून, 1935 में स्वर्गीय आशुतोषजी के स्मरणीय जन्मदिवस पर एक अंडर ग्रैजुएट कॉलेज की स्थापना हुई। कविवर रवींद्रनाथ टैगोर को उसमें आमंत्रित किया गया। एक सभागार और एक पुस्तकालय भी स्थापित किया गया। गुरुदेव ने स्वयं न आकर एक स्वरचित कविता भेजकर शुभकामनाएँ दीं। 8 फरवरी, 1936 को बँगला भाषा में साहित्य और व्यवहार की उपयोगी पुस्तकें प्रकाशित करने की योजना का उद्घाटन करने गुरुदेव रवींद्रनाथ पधारे थे और उन्होंने इस योजना की प्रशंसा की। इसके अंतर्गत स्वयं उनकी भी रचनाएँ छापी गईं।

दीक्षांत समारोह में संबोधन करने के लिए गुरुदेव न आ सके तो अगले वर्ष पुनः बुलाया। उन्होंने शर्त रखी कि उन्हें बँगला भाषा में बोलने दिया जाए।

डॉ. मुकर्जी ने उनकी शर्त स्वीकार की और उनका अभिनंदन किया।

1938 में विश्वविद्यालय के कुलपति के नाते उनका अंतिम दीक्षांत समारोह था। इस समारोह में उन्होंने राष्ट्रीय शिक्षा नीति की अपनी रूपरेखा को विस्तार से बताया। उनके पास प्राथमिक कक्षाओं से शोध प्रबंध तक शिक्षा के क्षेत्र में सुधार की योजना थी। थोड़े से समय में एक विश्वविद्यालय में जो सुधार संभव हो पाए, सो कर दिए, परंतु पूरे देश में, सब प्रदेशों में सुधार के लिए अलग प्रकार की शक्तियों की आवश्यकता थी। यदि स्वतंत्र भारत में उन्हें यह अवसर मिलता तो मुकर्जी चूकते नहीं, उन सुधारों को जमीनी स्तर पर करके दिखाते।

उन्होंने इस बात पर बल दिया कि सर्वप्रथम निरक्षरता को नष्ट किया जाए। लोग साक्षर हो जाएँ तो हर अच्छे विचार को पढ़ने, सुनने, समझने और आचरण में लाने के योग्य हो जाएँगे। लोग राष्ट्रीय जरूरतों को तथा व्यावहारिक कठिनाइयों को समझेंगे। अत: साक्षरता पर बहुत बल दिया जाना चाहिए। इसके पश्चात् माध्यमिक तथा उच्च स्तर की शिक्षा भी प्राप्त करनी आसान रहेगी। सभी प्रकार के व्यवसाय नए रूपों में प्रारंभ किए जा सकेंगे। औद्योगिक तथा तकनीकी क्षेत्र में नवनिर्माण के अवसर आएँगे। प्रगति का पथ प्रशस्त होगा। अपने संबोधन में उन्होंने भारतीय भाषाओं के प्रयोग पर भी बल दिया। उनका मत था कि अपनी भाषाओं में व्यक्ति अधिक सरलता से सोच, लिख और बोल सकता है। श्यामा प्रसादजी स्कूली पाठ्यक्रम में ऐसा बदलाव करना चाहते थे, ताकि प्रशिक्षण और परीक्षा की व्यवस्था पुनर्गठित की जाए। उनके विचार से किसी विषय की जानकारी होना मात्र पर्याप्त नहीं है, बल्कि छात्र में आलोचनात्मक चिंतन तथा विश्लेषण करने की योग्यता आ जाए। उनके चिंतन की दिशा परिस्थितियों तथा जमीनी आवश्यकता के अनुसार होनी चाहिए।

श्यामा प्रसाद ने 1938 के दीक्षांत समारोह के पश्चात् कुलपति का पद छोड़ दिया। विश्वविद्यालय ने इसी अवसर श्यामा प्रसाद मुकर्जी को मानद डी.लिट् की उपाधि से सम्मानित किया। तभी श्यामा प्रसाद मुकर्जी के नाम के साथ 'डॉक्टर' शब्द जुड़ गया। पूरा नाम बोलकर लोगों को डॉ. मुकर्जी कहने में अधिक सुविधा अनुभव हुई।

डॉ. मुकर्जी पहले ऐसे व्यक्ति थे, जो मात्र 33 वर्ष की उम्र में कुलपति जैसे गुरुपद पर बैठे। चार वर्ष बाद उन्हें सेवानिवृत्त करके अजीमुल हक को कुलपति के गौरवपूर्ण पद पर बैठाया गया। वह जिला अदालत में एक साधारण वकील था। शिक्षा से कोई नाता नहीं था। 1937 में बंगाल में चुनी हुई विधानसभा

की सरकार आ गई। फजलुल हक की कृषक प्रजा पार्टी तथा मुसलिम लीग ने मिलकर सरकार बनाई थी। फजलुल हक की कृपा से अजीमुल हक को कुलपति बनाया गया, जबकि वास्तविकता में अजीमुल हक का शिक्षा से कोई सरोकार ही नहीं था।

अजीमुल हक को कुलपति का कार्यभार सौंपने के बाद भी डॉ. मुकर्जी सीनेट और सिंडीकेट के सदस्य बने रहे। डॉ. मुकर्जी 1947 तक भी पोस्ट ग्रैजुएट कौंसिल ऑफ आर्ट्स के सदस्य बने रहे थे तथा कलकत्ता विश्वविद्यालय की सेवा और सहायता से कभी पीछे नहीं हटे। इस प्रकार डॉ. श्यामा प्रसाद मुकर्जी जीवन भर विश्वविद्यालय से जुड़े रहे। पहले छात्र रहे, फिर सीनेट सदस्य बने। कुलपति भी रहे, परंतु इसके बाद भी पोस्ट ग्रैजुएट काउंसिल ऑफ आर्ट्स से तब तक जुड़े रहे, जब तक दिल्ली गए।

□

5

राजनीति में प्रवेश किया

डॉ. श्यामा प्रसाद मुकर्जी का मूल उद्देश्य राजनीति में आना कभी नहीं था। अपनी शिक्षा और प्रवृत्ति के अनुसार वो एक शिक्षाविद् बनना चाहते थे। उसी लक्ष्य के अनुसार शिक्षाविद् बन भी गए। विश्वविद्यालय में सीनेट के सदस्य रहे तथा पूरी तन्मयता हो वर्षों तक शिक्षा के क्षेत्र में सेवा भी की। सन् 1929 में विधान परिषद् के लिए खड़े हुए और जीतकर सदस्य बन भी गए। डॉ. मुकर्जी का उद्देश्य विश्वविद्यालय की समस्याओं में सुधार लाना था। विधानसभा के सहयोग से विश्वविद्यालय के कर्मचारियों तथा विद्यार्थियों की तात्कालिक समस्याओं में सुधार लाना संभव था। 1930 में ही कांग्रेस ने सामूहकि त्यागपत्र दे दिया, तब श्यामा प्रसादजी ने भी अनुशासन का पालन करते हुए त्यागपत्र दे दिया।

1937 में एक बार फिर जब विधानसभा के चुनाव हुए तो उन्होंने निर्दलीय चुनाव लड़ा और विश्वविद्यालय क्षेत्र के प्रतिनिधि के रूप में विधानसभा के सदस्य बन गए। कांग्रेस ने सरकार बनाने से इनकार कर दिया। कृषक प्रजा पार्टी और निर्दलीय सदस्यों ने मुसलिम लीग की सहायता से सरकार बनाई। यदि कांग्रेस प्रयास करती तो सरकार वह भी बना सकती थी, परंतु उसकी उदासीनता या गलती का मुसलिम लीग ने लाभ उठाया। कृषक प्रजा पार्टी की ओर से फजलुल हक मुख्यमंत्री बनाए गए। समर्थन जुटाने को उसने कुछ निर्दलीय तथा हिंदू सदस्यों को मंत्री पद प्रदान किए। उसी दौर में श्यामा प्रसादजी को मंत्रिमंडल में स्थान प्राप्त हुआ। उन्हें वित्तमंत्री का महत्त्वपूर्ण दायित्व सौंपा गया। यद्यपि मुकर्जी शिक्षा मंत्री बनने के पक्ष में थे। इस अवधि में उन्होंने प्रजातांत्रिक प्रणाली की सरकार की कार्य प्रणाली को जानने-समझने का अवसर मिला। उन्होंने ध्यानपूर्वक सारी राजनीति के गुण-दोषों

को परखा। इससे पूर्व मुसलिम लीग ने अल्पसंख्यकों के हितों की रक्षा का प्रस्ताव पारित कर लिया था। कांग्रेस ने मुसलिम वोटों के तुष्टीकरण की नीति के कारण उस प्रस्ताव का कोई विरोध नहीं किया था। 242 सदस्यों की बंगाल विधानसभा में 25 सीटें मुसलिम सदस्यों के लिए आरक्षित कर दी गईं। हिंदुओं के साथ न्याय न होने से श्याम प्रसादजी को राजनीति में आने के लिए बाध्य किया। इससे पूर्व वह देशसेवा के लिए शिक्षा में सुधार को ही अपनी सही दिशा मानते थे।

नौकरियों के संदर्भ में बेहतर योग्य लोगों का चयन न करके मुसलिम तुष्टीकरण की नीति से अधिक मुसलमानों को सरकारी नौकरी में नियुक्त करना उन्हें अन्याय लगा। इतना ही नहीं, उन्हें सुरक्षा की गारंटी देना और हिंदुओं को खतरे झेलने के लिए छोड़ देना उन्हें न्यायोचित नहीं लगा। कांग्रेस को बड़ी पार्टी के रूप में स्थान मिला तो भी उसके लीग को शासन का अवसर दिया। अबुल कासिम फजलुल हक अपनी भाषण कुशलता के कारण ही उसे मुख्यमंत्री बनाया गया। लाखों बंगाली हिंदुओं को कांग्रेस का यह निर्णय अच्छा नहीं लगा। वह फजलुल हक भी कांग्रेस से मिलकर सरकार बनाना चाहता था, परंतु उसे मुसलिम लीग के साथ जाना पड़ा, क्योंकि वह मुख्यमंत्री बनना चाहता था। कांग्रेस नहीं मानी तो वह लीग का समर्थन लेकर मुख्यमंत्री बन गया। लीग के नजीमुद्दीन ने गृहमंत्री बनकर अपना हित समझा। सरकारी नीतियों के निर्धारण में, जनहित के कार्यों में या नियुक्तियों में मुसलिम लीग ही हावी रहती थी। कृषक प्रजा पार्टी का मुख्यमंत्री होकर भी वह अपनी बात नहीं मनवा पाता था। उस सरकार ने ऐसे प्रस्ताव पास किए, ऐसे कानून बनाए, जो हिंदू हितों के विरोध में थे। कांग्रेस ने विपक्षी धर्म नहीं निभाया तथा उन प्रस्तावों का मजबूती से विरोध नहीं किया।

लॉर्ड कार्नवालिस के समय (सन् 1800) में एक सूर्यास्त कानून बना था। इसमें व्यवस्था थी कि जमींदार किसानों से लगान एकत्र करके कलक्टर के दफ्तर में जमा कराता था। यदि किसी का लगान निश्चित तारीख पर सूर्यास्त से पहले जमा न हो पाए तो उसकी जमीन को सरकार नीलाम कर सकती थी। ज्ञातव्य है कि जमींदार बंगाली हिंदू थे तथा किसान अधिकतर मुसलिम थे। मुसलिम किसानों ने इस व्यवस्था का विरोध किया। 1939 में एक प्रस्ताव पारित कर कृषि उत्पादों के लिए बाजार तैयार किए गए, ताकि जमींदारों का वर्चस्व समाप्त किया जा सके। हिंदुओं का प्रतिनिधित्व करते हुए भी कांग्रेस ने मुसलिम वोटों के डर से ऐसे फैसलों का विरोध करने का साहस नहीं किया।

सरकारी नौकरियों में 50 प्रतिशत आरक्षण तो मुसलमानों को पहले ही मिला हुआ था। फजलुल हक पर दबाव डालकर मुसलिम लीग ने यह तय करवा लिया कि सरकारी नौकरियों में मुसलिम आरक्षण 60 प्रतिशत रहेगा। योग्यता का पैमाना तो समाप्त ही हो गया। इस आरक्षण प्रतिशत संख्या को पूरी करने के लिए अन्य राज्यों से भी लाकर मुसलमानों को नौकरी दी गई। अधिक परेशानी यह भी थी कि हिंदू मंदिरों तथा धार्मिक त्योहारों पर मुसलिम आक्रामक हो गए, क्योंकि उनको भरोसा हो गया कि सरकार अपराधी होने पर भी उनका ही पक्ष लेगी। अत: हिंदू महिलाओं से छेड़-छाड़ के मामले बढ़ने लगे। जबरन धर्मांतरण की घटनाएँ होने लगीं।

मुसलिम लीग के दबाव में एक निर्णय यह लिया गया कि पुलिस भरती खोल दी जाए। तब तक पुलिस में मुसलिम प्राय: नहीं होते थे। ऐसा निर्णय करके जान-बूझकर पुलिस भरती में योग्यता का मापदंड ढीला करके मुसलमानों की भरती की गई और हिंदू संख्या को कम करने का प्रयास किया गया। 60 प्रतिशत के चक्कर में अयोग्य लोगों को भी भरा गया। राजनीति में आना न चाहते हुए भी ऐसी परिस्थितियों में श्यामा प्रसाद शांत कैसे रह सकते थे? वर्धमान के महाराज के साथ मिलकर श्यामा प्रसाद मुकर्जी तत्कालीन गवर्नर जॉन रीड से मिले। उन्हें इस अन्याय के प्रति सचेत किया। इस समस्या को वायसराय तक पहुँचाया। परिणामत: 60 प्रतिशत से आरक्षण घटाकर फिर 50 प्रतिशत कर दिया गया। इस प्रकार न चाहते हुए भी श्यामा प्रसाद मुकर्जी राजनीति में आ गए। हिंदुओं पर होनेवाले अन्याय का प्रतिकार करने के लिए उन्होंने राजनीति में हिंदुओं का प्रतिनिधित्व स्वीकार कर लिया। प्रतिक्रियास्वरूप मुकर्जी ने संघर्ष किया। वीर सावरकर से और हिंदू महासभा में सम्मिलित हुए। कलकत्ता विश्वविद्यालय की बेहतर सेवा के लिए ही श्री श्यामा प्रसाद मुकर्जी ने विधानसभा की सदस्यता स्वीकार की थी। इसी विश्वविद्यालय में विधानसभा ने कुलपति बना दिया, अजीमुल हक को, जो इसलामपरस्त कट्टर था और उसका शिक्षा से कोई गहरा वास्ता न था, वह एक साधारण वकील था। मुसलिम लीग को लगा कि विश्वविद्यालय में छात्रों, कर्मचारियों तथा अधिकारियों में हिंदू अधिक हैं। यदि कुलपति एक मुसलमान बन जाएगा तो वहाँ मुसलमानों को प्रवेश कराने का कार्य सरल हो जाएगा।

डॉ. श्यामा प्रसाद मुकर्जी ने शरतचंद्र बोस तथा सुभाषचंद्र बोस से भी बंगाल के हालात पर चर्चा की थी। उनसे भी हिंदुओं के मुद्दे उठाने का आग्रह किया था। बोस बंधुओं ने आग्रह स्वीकार नहीं किया। उन्हें आशंका थी कि ऐसा करने से उन्हें

सांप्रदायिक करार दे दिया जाएगा। ऐसा हुआ तो उनकी धर्मनिरपेक्ष छवि धूमिल हो जाएगी। महात्मा गांधी के विचारों का प्रभाव ही संभवत: नेताओं के मस्तिष्क पर हावी था, जो भ्रष्टाचारी, दुराचारी, रिश्वतखोर होने पर भी शर्म महसूस नहीं करते थे, वे सांप्रदायिक कहलाने से घबराते थे। जबकि मुसलिम खुलेआम सांप्रदायिक गतिविधियों में लगे रहते थे। हिंदुओं पर जोर-जबरदस्ती तथा अत्याचार भी करते हुए वे गर्व अनुभव करते थे। बौद्ध और गांधी के अहिंसावादी विचारों ने हिंदुओं को अति सहिष्णु एवं कायर बना दिया था। वे सब प्रकार की हानि सहन करते हुए भी अपने आप को सांप्रदायिक कहलाने से डरते थे।

उसी दौरान एक तेजस्वी हिंदू व्यक्तित्व उभरकर सामने आया। उस महान् विचारक ने डॉ. मुकर्जी के विचारों का समर्थन किया तथा प्रोत्साहित करके राजनीति में सक्रिय किया। ऐसे महान् व्यक्तित्व को 'स्वामी प्रणवानंद' के नाम से पहचाना जाता है। उन्होंने पूरे बंगाल में 'हिंदू मिलन मंदिर' स्थापित किए। यहाँ हिंदू बिना किसी भेदभाव के एकत्र होते थे। किसी जाति के हिंदू से छूत-छात या ऊँच-नीच का बरताव नहीं किया जाता था। डॉ. हेडगेवार द्वारा स्थापित राष्ट्रीय स्वयंसेवक संघ भी इसी प्रकार के संगठन में लगा हुआ था। कलकत्ता की जनसंख्या 75 प्रतिशत हिंदू थी, परंतु मुसलिम लीग इन्हें बाँटकर तथा शासन के निकायों में हिंदू हितों को हानि पहुँचाने का कोई अवसर हाथ से नहीं जाने देती थी।

दिसंबर 1939 में कलकत्ता के देशबंधु फार्म में एक विराट् हिंदू सम्मेलन आयोजित किया गया। डॉ. मुकर्जी ने इस सम्मेलन की अध्यक्षता की। मुख्य आयोजक थे स्वामी प्रणवानंदजी। उस समय के प्रमुख बंगाली नेता इस सम्मेलन में उपस्थित रहे। तत्कालीन विधानसभा (फजलुल हक प्रजा पार्टी और मुसलिम लीग सरकार) के द्वारा हिंदू हितों के विरोध में किए गए निर्णयों का इस सम्मेलन में जमकर विरोध किया गया। इस आयोजन में कलकत्ता के उच्च न्यायालय के सेवानिवृत्त जज डॉ. मन्मथनाथ मुकर्जी उपस्थित रहे, जो वायसराय की कार्यकारी परिषद् के भी माननीय सदस्य थे। सर नील रंजन सरकार, सर यू.एन. (U.N.) ब्रह्मचारी (प्रसिद्ध मेडिकल शोधकर्ता) डॉ. विजय चंद्र चटर्जी, बैरिस्टर हरेंद्रनाथ दत्ता, श्री दिनेश चंद्र सेन (प्रसिद्ध साहित्यकार), श्री हेमेंद्र प्रसाद घोष, पत्रकार प्रभगनाथ राय, बड़े जमींदार राजानंद चटर्जी, 'प्रवासी' पत्रिका के संपादक सुरेंद्रनाथ बनर्जी, श्री मृणाल कांति घोष, श्री जतींद्र नाथ राय चौधरी, सनत राय चौधरी तथा श्री निशीथ चंद्र सेन आदि श्रेष्ठ भद्र पुरुष उपस्थित हुए। उन्होंने अपने-अपने विचार भी व्यक्त किए। सभी ने हिंदू हितों पर चिंता जताई।

यह सम्मेलन ऐसा पहला सम्मेलन था, जिसमें तत्कालीन सभी विद्वान् प्रख्यात हस्तियों ने एक साथ हिंदू जनता को जाग्रत् करने का प्रयास किया। मुसलिम लीग तथा कांग्रेस की हिंदू हित को लगातार हानि पहुँचानेवाली नीतियों के प्रति सचेत किया तथा भविष्य में आनेवाले खतरों से सावधान किया।

1939 तक डॉ. श्यामा प्रसाद मुकर्जी स्वयं को अकेला अनुभव करते थे। सितंबर 1939 में उन्होंने कलकत्ता से निकलकर शेष बंगाल का भ्रमण किया तथा बंगाली हिंदुओं की दुर्दशा को अपनी आँखों से देखा। पूर्वी बंगाल में तो मुसलिम बहुल जनसंख्या के कारण दशा बहुत ही बुरी थी। इसी बीच उन्हें वीर सावरकर की जानकारी हुई, जो हिंदू संगठन के लिए कार्य कर रहे थे। कलकत्ता उच्च न्यायालय के विख्यात बैरिस्टर सर निर्मल चंद्र चटर्जी ने सावरकरजी को अपने घर बुलाया तथा डॉ. मुकर्जी को बुलाकर दोनों का साक्षात्कार करवाया। ज्ञातव्य है कि निर्मल चंद्र चटर्जी प्रसिद्ध कम्युनिस्ट नेता सोमनाथ चटर्जी के पिता थे। इन्हीं के मिलन से विचार-विमर्श के पश्चात् डॉ. श्यामा प्रसाद मुकर्जी हिंदू महासभा के सदस्य बन गए। इसके पश्चात् ही डॉ. मुकर्जी की राजनीति में प्रवेश की शुरुआत हुई। इससे पूर्व जो भी गतिविधि थी, वह शिक्षाविद् रहते हुए समाज हित के लिए उनकी व्यक्तिगत चिंता ही थी। तब तक वे न तो किसी राजनीतिक दल के सदस्य थे और न ही राजनीति की कीचड़ में फँसना ही चाहते थे।

श्री मोहनदास करमचंद गांधी उन दिनों भारतीय राजनीति के केंद्रबिंदु थे। भारत की जनता और अंग्रेज सरकार दोनों पर ही महात्मा गांधीजी का प्रभाव था। जब गांधीजी को डॉ. मुकर्जी के राजनीति में प्रवेश की जानकारी हुई तो उन्होंने प्रसन्नता व्यक्त की। उन्होंने कहा, "महामना मदन मोहन मालवीयजी के पश्चात् हिंदू सोचवाले किसी नेता की देश को आवश्यकता थी। यह कमी डॉ. मुकर्जी पूरी करेंगे।" डॉ. मुकर्जी ने भी उत्तर भेजा—"फिर आप मुझे सांप्रदायिक करार देंगे।" इस पर गांधीजी ने कहा, "सागर मंथन के पश्चात् उपजे विष को शिवजी ने पिया था। आज भी ऐसी बुराइयों के विष को जो पी सके, उस शिव शंकर की तरह आप भी विष पान करेंगे।"

महात्मा गांधी डॉ. मुकर्जी की शक्ति, योग्यता और सहिष्णु वृत्ति को समझ रहे थे। उनके ही कहने पर प्रथम मंत्रिमंडल में डॉ. मुकर्जी को मंत्री बनाया गया था। परंतु नेहरूजी की मुसलिमपरस्त नीतियों के कारण वे अधिक समय तक मंत्री पद पर ठहर नहीं सके।

हिंदू महासभा की सदस्यता लेने के पश्चात् ही दिसंबर 1939 में विराट् हिंदू

सम्मेलन आयोजित किया गया था, जिसकी ऊपर चर्चा की गई है। इस सभा का उद्घाटन 27 दिसंबर, 1939 को वीर दामोदर विनायक सावरकर ने भगवा झंडा फहराकर किया था। इस सम्मेलन की सूचना वायसराय ने लंदन में स्थित ब्रिटिश सरकार को दी और बताया कि "हिंदू सभा के विचार कांग्रेस से भिन्न हैं।" इस सम्मेलन के पश्चात् डॉ. श्यामा प्रसाद मुकर्जी राजनीति में सक्रिय हो गए। अंग्रेज सरकार किसी भी उग्र हिंदुत्व की विरोधी थी। अत: मुकर्जी को सरकार का विरोध तो झेलना ही पड़ा मुसलिम नेताओं की क्रूर दृष्टि का कोप उन पर सदैव रहा। कांग्रेसी हिंदू भी कट्टर हिंदुत्व से सहमत नहीं थे। अत: डॉ. मुकर्जी को उनका भी विरोध सदा सहना पड़ा। कम्युनिस्ट विचारधारा तो धर्म को ही अफीम मानती है। अत: उनका तो हर धार्मिक विचार या व्यक्ति से सीधा विरोध होता ही है।

सुभाषचंद्र बोस तो स्वयं कांग्रेस के सदस्य थे। अपनी सक्रियता के कारण वे कांगेस के अध्यक्ष भी हरिपुर सभा में चुने गए। परचु चुनाव के पश्चात् भी गांधीजी ने उन्हें नहीं माना। अत: प्रत्यक्ष जीत के पश्चात् भी सुभाष ने त्यागपत्र दे दिया। फिर 'फॉरवर्ड ब्लॉक' की स्थापना की। परंतु फॉरवर्ड ब्लॉक का अधिक विस्तार नहीं हो पाया। बंगाल में कांग्रेस के दो धड़े हो गए। एक तो शरतचंद्र बोस के नेतृत्व में था, जो फॉरवर्ड ब्लॉक में बदल गया। दूसरा किरण शंकर राय के नेतृत्व में था, जो गांधीजी से सहमत था तथा उनका समर्थक था।

विश्वयुद्ध चल रहा था। कांग्रेस चीन समर्थक हो गई थी, क्योंकि जर्मन की फासीवाद का विरोध करना उसकी नियति थी। गांधीजी लॉर्ड लिनलिथगो से मिलने गए और ईसाई चर्च वैस्ट मिंस्टर पर बम विस्फोट पर अपना शोक प्रकट किया। इधर मोहम्मद अली जिन्ना ने कांग्रेस को हिंदू पार्टी बताना शुरू किया तथा मुसलिमों के उत्पीड़न की झूठी कहानियाँ गढ़ीं। इस प्रकार जिन्ना के प्रभाव से हिंदू विरोध की प्रवृत्ति मुसलमानों में तेजी से बढ़ने लगी। इसी भावना के प्रचार के बाद मुसलिम लीग ने भारत के विभाजन की माँग उठानी शुरू कर दी।

24 मार्च, 1940 को मुसलिम लीग ने प्रस्ताव पारित करके अलग पाकिस्तान की माँग कर दी। यह प्रस्ताव फजलुल हक से पेश कराया गया, जो लीग का सदस्य तक तक नहीं था। इसी के साथ लीग का हरे चाँद-सितारे वाला झंडा फहराया गया। तब तक कांग्रेसी इस माँग को एक स्टंट मानकर हँस रहे थे। उन्हें यह सोच असंभव लग रही थी। धीरे-धीरे धर्मांध मुसलिम नेताओं ने इसे खूब हवा दी। मुसलिम नेताओं और अधिकारियों ने भी शिद्दत से इस विचार का प्रचार-प्रसार किया। आश्चर्य की बात तो यह है कि कांग्रेस के किसी भी नेता ने इस विचार का खुलकर विरोध नहीं किया।

इससे पहले 1931 में कांग्रेस ने जनगणना का बहिष्कार करके गलती की थी। 1941 में फिर जनगणना का अवसर आया तो इसलामी लीग ने अनुसूचित जातियों को हिंदू से अलग करने का प्रचार किया। हिंदू महासभा ने इस समय बड़ा काम किया और हिंदुओं को सचेत करके सभी जातियों को एक करने के लिए प्रयास किया।

मोहम्मद अली जिन्ना ने कांग्रेस को मिलनेवाली सुविधाओं को रोकने के प्रयास किए। मुसलिम लीग और अंग्रेज सरकार की साँठ-गाँठ से हिंदुओं को अपमानित और उत्पीड़ित करने का प्रयत्न निरंतर होने लगा। कांग्रेस मुसलिमों का तुष्टीकरण करती थी और हिंदुओं को एक आज्ञाकारी झुंड मानती थी, जो जैसा समझा देंगे मान ही जाएँगे। हिंदू महासभा ने सुभाषचंद्र बोस से मिलकर निगम चुनाव में उतरने का प्रयास किया। बोस ने पहले तो स्वीकार नहीं किया, परंतु बाद में ऐसी परिस्थिति बनी कि डॉ. मुकर्जी और सुभाषचंद्र बोस आपस में मिल गए। दोनों दलों की एक संयुक्त चुनाव समिति बनाई गई। जिसमें सुभाष बोस, शरत बोस तथा राजेंद्र देव कांग्रेसी थे और महासभा की ओर से डॉ. मुकर्जी, एस.एन. बनर्जी और सनत कुमार राय चौधरी सम्मिलित थे। दो वार्डों में प्रतिनिधि को लेकर सहमति नहीं बन सकी। बिल्कुल अंतिम बिंदु तक पहुँचकर शरत बोस ने यह समझौता रद्द कर दिया।

चुनाव अलग-अलग रहकर ही लड़ा गया। कुछ कांग्रेसी महिलाओं ने डॉ. मुकर्जी पर हमला कर दिया। मुकर्जी घायल हो गए। परंतु मुकर्जी को इससे प्रसिद्धि मिली तथा सहानुभूति भी। महासभा की भारी जीत भी हुई। हिंदू महासभा ने 50 प्रतिशत सीटों पर कब्जा कर लिया। नगर पालिका चुनाव के लिए एक बार फिर संगठित होने का प्रयास किया, परंतु सफल नहीं हो सके। मुसलिम लीग ने भी महासभा से समझौता करने की पेशकश की। डॉ. मुकर्जी ने स्पष्ट कहा कि दो धुर विरोधी विचारधारा मिलकर काम नहीं कर सकतीं। बाद में एक-दूसरे पर धोखे का आरोप ही शेष रह जाएँगे। अतः तीनों दल अलग-अलग ही रहे। समझौता कोई सफल नहीं हो सका। कांग्रेस सुभाष का विरोध स्वयं नहीं कर पा रही थी, अतः महासभा को उकसा रही थी। मुसलिम लीग का विरोध दोनों करना चाहती थीं, परंतु संगठित नहीं थीं। बोस के दल ने विजय चंद्र चटर्जी को अपनी ओर मिला लिया। उन्हें गठबंधन का सदस्य बनाया गया। हिंदू महासभा ने विजय चंद्र चटर्जी को सभा से निष्कासित कर दिया। प्रत्यक्ष में कई बार आमने-सामने हुए, असहमति भी रही, परंतु डॉ. श्यामा प्रसाद मुकर्जी ने कभी भी, कहीं भी सुभाषचंद्र बोस की देशभक्ति

अथवा व्यक्तिगत चरित्र की आलोचना में एक शब्द भी नहीं कहा। यह उनकी महानता का प्रमाण है। मुसलिम लीग ब्रिटिश नौकरशाही से साँठ-गाँठ करके बंगाल का इसलामीकरण करने की कोशिश कर रही थी। हिंदुओं के शैक्षिक एवं सांस्कृतिक वर्चस्व को समाप्त करने के लिए पूरी कोशिश कर रही थी। विश्वविद्यालय और सेकेंडरी स्तर की शिक्षा पर हिंदुओं की पकड़ को कमजोर करने की हर कोशिश सरकार कर रही थी। डॉ. मुकर्जी ही हर स्तर पर इन कोशिशों का विरोध कर रहे थे। 28 अगस्त, 1940 को बिल पर बोलते हुए मुकर्जी ने कहा कि सेकेंडरी शिक्षा में कृषि, तकनीकी, औद्योगिक और वाणिज्यिक मार्गों को भी दिशा में प्रोत्साहित किया जाना चाहिए। वे बंगाल के हिंदू और मुसलिम दोनों वर्गों को उन्नत करने की दिशा में विचार करते थे। 8 सितंबर, 1941 को डॉ. मुकर्जी ने बिल सलेक्ट कमेटी को भेज देने का प्रस्ताव किया। बिल सलेक्ट कमेटी को भेज दिया गया।

डॉ. मुकर्जी यह समझ चुके थे कि हिंदू भद्रलोक सड़कों पर उतरकर मुसलिम लीग के अनपढ़ मजदूरों तथा गुंडों का मुकाबला नहीं कर सकता। स्वतंत्रता के बाद के दिनों में भी नेहरूजी की दब्बू नीति का मुकर्जी ने हर अवसर पर विरोध किया था। 1943 में भी बंगाल विधानसभा में मुसलिम लीग फिर सत्ता में आई। लीग की ओर से नजीमुद्दीन मुख्यमंत्री बने। विश्वविद्यालय की शिक्षा नीति का मुद्दा फिर से खड़ा हो गया। बहस दुबारा भी हुई। 1944 में डॉ. मुकर्जी और नजीमुद्दीन की वार्त्ता एक बैठक में हुई, परंतु कुछ समाधान न निकला। आजादी के बाद 1950 में विश्वविद्यालय से सेकेंडरी शिक्षा ले ली तथा एक बोर्ड ऑफ सेकेंडरी एजुकेशन बनाकर इसे सौंप दी गई। विश्वविद्यालय को परीक्षा शुल्क से मिलनेवाली आय न मिलने से घाटा हुआ। इसकी पूर्ति तब हुई, जब 1956 में विश्वविद्यालय अनुदान आयोग ने उसे अनुदान देना शुरू किया।

वास्तविकता तो यही है कि लीग वैसे तो मुसलिम जनसंख्या का प्रतिनिधित्व करती है। उन्हें उत्तेजित करती है, परंतु जब दंगे हो जाते हैं तो उनकी जिम्मेदारी अपने सिर लेने को तैयार नहीं होती। 1941 में ढाका में जब दंगे भड़के तो सेकेंडरी शिक्षा बिल का या उसके विरोध का इन दंगों से जरा भी संबंध नहीं था। परंतु सरकार ने दंगों के संबंध में समाचार-पत्रों में खबर नहीं छपने दी। डॉ. मुकर्जी ने निर्भय होकर ढाका जाने का निर्णय लिया। नेताओं में डॉ. श्यामा प्रसाद मुकर्जी पहले हिंदू नेता थे, जो ऐसे अवसर पर ढाका पहँचे। गवर्नर ने मुसलिम मंत्रियों को भी ढाका जाने से रोक दिया और कहा कि डॉक्टर मुकर्जी को भी वहाँ नहीं जाना चाहिए। लेकिन फजलुल हक और शहाबुद्दीन ढाका पहुँच गए। डॉ. मुकर्जी ने गवर्नर से विमान

की एक सीट के लिए निवेदन किया था, परंतु विमान डॉ. मुकर्जी के पहुँचने से कुछ मिनट पहले ही उड़ गया था। ऐसे में वे अपने एक मित्र के छोटे निजी विमान से ढाका के लिए रवाना हुए। विमान से उन्होंने देखा कि पूरा शहर जगह-जगह आग से जल रहा था। वहाँ के कमिश्नर डॉ. ब्लेयर ने मुकर्जी का शहर में प्रवेश वर्जित कर दिया। उनका मानना था कि मुकर्जी को देखकर दंगाई और भड़क सकते हैं। बाद में गवर्नर की अनुमति मिली तो कमिश्नर ने उन्हें जाने दिया। डॉ. मुकर्जी सीधे मुसलिम लीग के प्रमुख के घर पहुँचे। वहीं से दंगे की योजना बनी थी और वहीं से दंगाइयों को निर्देश मिल रहे थे।

डॉ. मुकर्जी पाँच दिन तक कुलपति आर.सी. मजूमदार के घर ठहरे तथा शहर का भ्रमण किया। उन्होंने आसपास के गाँवों का भी दौरा किया तथा वहाँ के हिंदू भाइयों को आश्वासन दिया। उनमें विश्वास भी पैदा किया, ताकि वे स्वयं को असहाय न मानें। ढाका के नारायणगंज उपमंडल के ग्रामीण अंचल में हिंदू जनता का भारी नरसंहार हुआ था। लगभग 3,000 लोग वहाँ से पलायन करके त्रिपुरा चले गए थे। कुछ समय बाद डॉ. मुकर्जी अगरतला भी गए। वहाँ जाकर महारानी को सहायता के लिए धन्यवाद दिया। प्रेस पर पाबंदी के कारण तय किया गया कि इस मुद्दे को विधानसभा में उठाया जाए। मौलाना आजाद को तार भेजकर डॉ. मुकर्जी ने सूचित किया कि इस संबंध में कुछ हल निकालें। मौलाना से कुछ उत्तर न मिलने पर उन्होंने गांधीजी को भी पत्र लिखा। गांधीजी ने मुकर्जी की बात को सबके सामने रखने के लिए निर्देश दिए। तब डॉ. मुकर्जी ने विधानसभा में ढाका में हिंदुओं पर हुए अत्याचार का खुलासा किया। महासभा तथा डॉ. मुकर्जी का यह कार्य सरकार को शंति बहाल करने की दिशा में एक सराहनीय कदम था। इस खुलासे से अन्य हिंदुओं की भी आँखें खुल गईं। सब जान गए कि मुसलिम लीग कैसे दोहरा चरित्र अपनाती है!

इस कांड से कांग्रेस की जमीन कमजोर हुई तथा हिंदू महासभा का प्रभाव बढ़ा। इससे हिंदू महासभा को अनेक लोगों ने दान देकर सहयोग दिया। इसके पश्चात् कांग्रेस भी कुछ दबाव में आ गई और हिंदू हितों की कुछ परवाह करने लगी। डॉ. मुकर्जी कांग्रेस से हटकर इसीलिए महासभा में सम्मिलित हुए थे, ताकि आवश्यकता के अनुसार सरकार के उन निर्णयों का विरोध कर सकें, जो हिंदू हितों को हानि पहुँचानेवालों हों। उन्हें यह तो अनुभव से ज्ञात हो चुका था कि कांग्रेस मुसलमानों के विरुद्ध न कुछ कहेगी न कुछ करेगी। मुसलिम हर समय सरकार की सीधी कारग्वाई के लिए तैयार रहते थे, जबकि कांग्रेस संघर्ष करने को कतई तैयार

नहीं थी। यहाँ तक कि उनके विरुद्ध कुछ कहने को भी कोई नेता सामने नहीं आता था। यह शायद गांधीजी के गहरे प्रभाव के कारण था।

1941 में हिंदू महासभा की अखिल भारतीय समिति की एक विशेष बैठक कलकत्ता में हुई। उसमें डॉ. श्यामा प्रसाद मुकर्जी ने स्पष्ट किया कि एक बार जो निर्णय हो गए, उन्हें वापस लेना प्रतिष्ठा के प्रतिकूल है। इससे अन्य लोगों में गलत संदेश जाता है। साथ ही अपने मन में भी निराशा आती है। सच यह है कि डॉ. मुकर्जी के मन में कभी निराशा नहीं आई।

पंजाब के दौरे ने तो उनको भारी उत्साह से भर दिया। वहाँ जनसाधारण में उन्होंने जागृति देखी। उन्होंने भी जमकर हिंदुत्व का प्रचार किया तथा छूआ-छात से ऊपर उठकर संगठित होने पर बल दिया। महासभा के प्रभावशाली नेता थे डॉ. बी.एस. मुंजे, सर मन्मथनाथ राय तथा एल.बी. भोंपटकर। डॉ. श्यामा प्रसाद मुकर्जी के राजनीति में आने से हिंदू महासभा को एक नई ऊर्जा प्राप्त हुई। जो कांग्रेस हिंदू हितों की बात करने में भी सांप्रदायिकता की छाप लगने से डरती रहती थी, उसमें भी समर्थन करने की हिम्मत आ गई। डॉ. मुकर्जी का राजनीति में आना वास्तव में एक शुभ दिशा की ओर मोड़ था।

□

6

बंगाल सरकार में तथा अगस्त क्रांति में सक्रिय

1941 में बंगाल विधानसभा के मुख्यमंत्री थे अबुल कासिम फजलुल हक। तीन साल से मुख्यमंत्री थे, परंतु उन्हें अपनी स्थिति की असलियत का पता 1941 में लगा। वह कृषक प्रजा पार्टी से आए थे, परंतु उनकी सरकार को वह सभी कुछ मानना पड़ता था, जो मुसलिम लीग तय करती थी। व्यक्ति के रूप में फजलुल हक भले आदमी थे, परंतु लीग ने उनकी शराफत का पूरा लाभ उठाया। उनको सामने रखकर अपनी मनमानी चलाई। 1937 में वह प्रजा पार्टी से चुनकर आए। मुख्यमंत्री पद के लिए बहुत लालायित थे। कांग्रेस से मिलकर सरकार बनाना चहते थे, परंतु कांग्रेस इस शर्त पर पीछे हट गई। इसी बात का लाभ उठाया मुसलिम लीग ने। वह फजलुल हक को मुख्यमंत्री पद देकर प्रजा पार्टी के समर्थन को तैयार हो गई। इसलिए मुख्यमंत्री चेहरा तो कृषक प्रजा पार्टी के अबुल कासिम फजलुल हक बने रहे और मनमानी लीग की चलती रही। यह तथ्य फजलुल हक को 1941 में समझ में आ पाया।

यहाँ तक कि मार्च 1940 में लाहौर अधिवेशन में विभाजन करके पाकिस्तान बनाने का प्रस्ताव भी फजलुल हक के द्वारा ही पेश कराया गया। प्रस्ताव पारित हुआ। लीग ने अपने लक्ष्य की पूर्ति कृषक प्रजा पार्टी में चुने हुए प्रतिनिधि से करा ली। 1941 की जनगणना में लीग ने अनुसूचित जाति के लोगों को हिंदू न लिखने के लिए प्रचार किया। डॉ. मुकर्जी को इस प्रचार का विरोध करना आवश्यक था। उच्च वर्ग के हिंदुओं को भी समझाना था, ऐसा होने से हिंदू समाज की हानि होगी। अनुसूचित जाति के लोगों को भी इस सत्य का अहसास कराना था कि वे मूल

रूप में हिंदू ही हैं। मुगलकाल में विपरीत परिस्थितियों में उन्हें दबाव में यह कर्म करना पड़ा है। अनुसूचित या दलित कहने से वे अलग नहीं हो गए। फजलुल हक ने जनगणना में भी लीग के बहकावे में आकर गलत नीति अपनाई। जनगणना करनेवाले कर्मचारियों पर दबाव डालकर मुसलिम जनसंख्या जान-बूझकर कम करके दिखाई, ताकि उन्हें अल्पसंख्यक दर्जा दिया जा सके। मुख्यमंत्री पद के प्रभाव का भी लाभ उठाया गया। यह बात सबकी समझ में आ रही थी। अत: अधिकतर लोग विरोधी हो गए।

बंगाल की फजलुल हक के नेतृत्ववाली सरकार मुसलिम लीग को नहीं थी, अपितु मिली-जुली थी। कुछ सदस्यों ने अपना समर्थन वापस ले लिया तो मुख्यमंत्री फजलुल हक ने 7 दिसंबर, 1941 को त्यागपत्र दे दिया। अंदरखाने लोगों को जा-जाकर मनाया गया। 127 सदस्यों का समर्थन फिर प्राप्त हो गया। इनमें एक ढाका के नवाब भी थे। डॉ. मुकर्जी ने उन्हें गैर-सांप्रदायिक और सरल व्यक्ति माना था। अत: नवाब साहब पाला बदल करके मुकर्जी के साथ आ गए थे। लीग के सदस्यों को उनके इस कदम से हैरानी हुई। उन्होंने फजलुल हक को 'बूढ़ी लोमड़ी' वरिसल को 'काली भेड़' तक कह दिया था।

गवर्नर हरबर्ट के सामने समस्या थी कि अधिक समय तक सरकार को स्थगित नहीं रखा जा सकता था। किसी को भी बुलाकर सरकार बनवाते और उसे बहुमत सिद्ध करने का अवसर प्रदान करते। डॉ. मुकर्जी के पीछे बहुमत वाली पार्टी या जनसंख्या नहीं थी। अत: 10 दिसंबर को गवर्नर हरबर्ट ने हक को ही सरकार बनाने के लिए आमंत्रित किया। हक ने आमंत्रण स्वीकार कर लिया।

गवर्नर हरबर्ट ने हक के साथ ढाका के नवाब और डॉ. मुकर्जी को मंत्रिमंडल में सम्मिलित कराया। विश्वयुद्ध में जापान ने 7 दिसंबर को पर्ल हार्बर पर बम गिराया। 8 दिसंबर को मित्र राष्ट्रों ने जापान को घेर लिया तथा उसके विरुद्ध युद्ध शुरू कर दिया। 11 दिसंबर को सरकार ने शरतचंद्र बोस को गिरफ्तार कर लिया। शरतचंद्र सुभाषचंद्र बोस के सगे भाई थे। सरकार ने आरोप लगाया कि उनके जापान से गुप्त संबंध हैं। अत: नए गठबंधन की सरकार को 12 दिसंबर को शपथ दिलाई गई। इस सरकार में डॉ. श्यामा प्रसाद मुकर्जी को वित्तमंत्री का दायित्व दिया गया। मुकर्जी हिंदू महासभा के अकेले प्रतिनिधि थे। उनकी योग्यता और सक्रियता के कारण ही उन्हें मंत्री बनाया गया था। उपेंद्रनाथ बर्मन दूसरे हिंदू मंत्री थे, जो अनुसूचित जाति के कोटे से आए थे। शूद्र समुदाय में से भी उपेंद्रनाथ राजवंशी समुदाय के थे। दो अन्य मंत्री संतोष बोस तथा प्रमथ बनर्जी भी हिंदू थे। शेष सभी

मुसलिम समुदाय के ही थे, जिनकी विशेषता का उनके चुननेवालों को ही ज्ञान था। उनमें से एक मंत्री अब्दुल करीम भी था। स्वयं डॉ. मुकर्जी भी नहीं समझ पाए कि अब्दुल करीम को क्यों मंत्री पद दिया गया था।

मुख्यमंत्री फजलुल हक को उसकी अपनी ही पार्टी के लोगों का विरोध सहना पड़ा, क्योंकि हिंदू महासभा से आनेवाले डॉ. मुकर्जी को वित्तमंत्री के महत्त्वपूर्ण पद पर क्यों चुना गया, जबकि मुकर्जी खुलकर हक की नीतियों का विरोध किया करते थे! फजलुल हक ने अपने एक साथी अबुल मसूर अहमद से स्पष्टीकरण करते हुए बताया था—"तुम डॉ. मुकर्जी को नहीं जानते, मैं पहले से जानता हूँ। वह सर आशुतोष के पुत्र हैं, इससे कोई फर्क नहीं पड़ता कि वह हिंदू महासभा से आते हैं, वह एक लचीले स्वभाव के हिंदू हैं। हिंदुओं में मुसलिम लोगों का ऐसा शुभचिंतक दूसरा नहीं मिलेगा। न्याय के लिए ही वह विरोध करेगा, अन्याय का साथ कभी नहीं देगा। यह मेरा अनुभव तथा विश्वास है।" धीरे-धीरे यह बात फैल गई तो विरोध में कमी आ गई। मंसूर अहमद ने यह भी लिखा कि डॉ. श्यामा प्रसाद मुकर्जी एक कुशल वक्ता थे। विरोध के बावजूद अधिकतर समझदार मुसलमानों का उन्होंने भरोसा जीत लिया था। बंगाल की दूसरी बार की सरकार में भी वित्तमंत्री का महत्त्वपूर्ण पद उन्हें इसीलिए दिया गया, क्योंकि अन्य कोई उनकी तुलना करने योग्य नहीं था।

सरकार का दूसरा बड़ा घटक मुसलिम लीग था, जो मुसलिम के साथ हिंदू (संगठन या व्यक्ति) की सहायता बिल्कुल स्वीकार नहीं करते थे। कांग्रेस के नेता उन्हें पहले तो राजनीति में अकुशल मानते थे, क्योंकि वह एक शिक्षाविद् थे और अनचाही परिस्थिति में ही राजनीति में आए थे। अत: उनको मंत्री बनाए जाने पर कई नेताओं ने नाक-भौं चढ़ाए थे। परंतु जब वित्त मंत्री के दायित्व को डॉ. मुकर्जी ने इतनी चतुराई से सँभाला, मानो वे इस क्षेत्र के पुराने अनुभवी हों, वे सब चकित रह गए। विरोधी भी उनकी सराहना करने को विवश हो गए।

भले ही लोगों को उनकी कार्यकुशलता पर विश्वास था, परंतु स्वयं डॉ. मुकर्जी महसूस कर रहे थे कि उन्हें एक ऊबड़-खाबड़ मार्ग पर बढ़ना है। कहाँ गड्ढे आएँ, कहाँ रेत या कीचड़, कुछ भी पता नहीं था; परंतु अपनी कोशिश पर उन्हें पूरा भरोसा था। शरतचंद्र बोस जेल में थे, परंतु जो भी नेता चाहते, उनसे मुलाकात कर सकते थे; क्योंकि बोस की पार्टी के समर्थन से ही बंगाल की सरकार चल रही थी।

डॉ. श्यामा प्रसाद मुकर्जी स्वयं वायसराय से मिलने गए, ताकि शरतचंद्र बोस की रिहाई करवाई जा सके। वायसराय शायद मान भी जाते, परंतु रेजीनॉल्ड मैक्सवेल

ने वायसराय को सलाह दी कि बोस को छोड़ना खतरनाक हो सकता है। परिणाम यह हुआ कि शरतचंद्र बोस को जेल से रिहा नहीं कराया जा सका। दूसरा बड़ा तथ्य यह था कि गवर्नर हरबर्ट स्वयं मुसलिम लीग के समर्थन में थे। लीग बहुमत से सरकार नहीं बनवा सकी, इस बात से वे भीतर से दुःखी थे। सरकार यूरोपीय समूह के समर्थन के बिना अर्थात् उसकी सहायता के बिना चल रही थी, जबकि हक की पिछली सरकार हर काम में उनसे पूछकर ही कोई कदम उठाती थी। एक वास्तविकता यह भी थी कि ब्रिटिश सरकार किसी भी कीमत पर हिंदू-मुसलमानों की एकता और आपसी सहयोग को सफल नहीं होने देना चाहती थी। अफसर अधिकतर अंग्रेज थे, जो हर मामले में सख्ती से निर्णय लेने के पक्ष में थे। कुछ अफसरों ने आरोप भी लगाया कि डॉ. मुकर्जी गृह विभाग के मामलों में हस्तक्षेप करते हैं। गवर्नर वास्तव में ऐसा दबाव बनाकर रखता था कि कुछ सदस्य यदि दल-बदल कर लें तो सरकार गठबंधन छोड़कर लीग के साथ मिल जाएँ तो सरकार मुसलिम लीग की बन जाए।

वास्तव में बंगाल विधानसभा में फजलुल हक और डॉ. मुकर्जी को छोड़कर कोई भी मंत्री औसत दर्जे की योग्यता से ऊपर नहीं उठ पाया था। अन्य मंत्रियों में प्रशासनिक योग्यता का सर्वथा अभाव था। हिंदू पक्ष, मुसलिम पक्ष की अपेक्षा अधिकतर प्रभावी था। यद्यपि संदीप बोस तथा प्रणय बैनर्जी भी औसत दर्जे की योग्यतावाले ही थे, परंतु वे सदा मुकर्जी के समर्थन में खड़े रहते थे। जहाँ तक श्री उपेंद्रनाथ बर्मन की बात है, तो वह अनुसूचित वर्ग से आने के बावजूद विशेष समझदार, योग्य और विश्वसनीय व्यक्ति थे। कुल मिलाकर इनमें इतना साहस नहीं था कि किसी समस्या का स्वयं निर्णयात्मक हल कर सकें। दूसरी ओर शम्सुद्दीन चालाक व्यक्ति था। ढाका के नवाब पर भी अधिक भरोसा नहीं किया जा सकता था, वह कब किस विषय पर पाला बदल ले, यह किसी को अनुमान नहीं लगता था। हाशिम अली भी एक सामान्य स्तर के व्यक्ति थे, बल्कि अब्दुल करीम अपेक्षाकृत हँसमुख तथा ईमानदार व्यक्ति बताए जाते थे। कुल मिलाकर सरकार में डॉ. श्यामा प्रसाद मुकर्जी ही योग्य तथा प्रभावशाली व्यक्ति माने जाते थे। मन में द्वेष रखनेवाले कट्टर मुसलिम भी प्रगट में उन्हें सम्मान देते थे। गवर्नर पहले तो डॉ. मुकर्जी के विरोधी ही थे, परंतु फजलुल हक की देखा-देखी जब उनकी समझ में आया तो गवर्नर भी डॉ. मुकर्जी का आदर अंतर्मन से करने लगे। फजलुल हक तो डॉ. श्यामा प्रसाद मुकर्जी का सम्मान पहले से बहुत करते थे। वास्तव में वे कलकत्ता विश्वविद्यालय में उनके पिता सर आशुतोष के प्रभावशाली व्यक्तित्व

को देख चुके थे। इसके पश्चात् विश्वविद्यालय में शिक्षाविद् के रूप में अनेक सुधार तथा छात्र कल्याण की योजनाओं को प्रस्तावित करते, पारित करवाते और कार्यान्वित करवाते देख चुके थे। उनके प्रति किसी प्रकार के अविश्वास की गुंजाइश ही नहीं थी। इसीलिए कुछ दिन बाद ही साकार में उनका सिक्का जम गया। लोग बंगाल कैबिनेट को 'श्यामा हक कैबिनेट' कहने लग गए। यद्यपि कांग्रेस के भी सदस्य सदन में थे और मुसलिम लीग के भी थे, परंतु श्यामा प्रसाद मुकर्जी महासभा के एकमात्र प्रतिनिधि थे, तो भी सबके बीच अपनी योग्यता से लोकप्रिय थे। श्यामा प्रसाद के पास उनकी अपनी पार्टी का कोई समर्थक सदस्य नहीं था और फजलुल हक भी कृषक प्रजा पाटी से थे। उनके भी अपने सदस्य बहुमत में नहीं थे। पहले फजलुल हक लीग की सहायता से अपना मंत्रिमंडल बना चुके थे और बाद में लीग के विरुद्ध अन्य दलों के गठजोड़ से सरकार बनाई। फजलुल हक को मुसलिम भी अपना प्रतिनिधि नहीं मानते थे और न ही उसके समर्थन में एकजुट होते थे।

कांग्रेस समर्थित 'खादी समूह' भी डॉ. श्यामा प्रसाद मुकर्जी के प्रति सहयोग पूर्ण व्यवहार नहीं करता था। हिंदू महासभा का 23वाँ वार्षिक अधिवेशन भागलपुर में दिसंबर 1941 में आयोजित किया गया था। इस सम्मेलन की अध्यक्षता वीर विनायक दामोदर सावरकर ने की थी। बिहार में गवर्नर का शासन था। भागलपुर सांप्रदायिक दंगों के लिहाज से संवेदनशील शहर है। बिहार का गवर्नर अधिवेशन की अनुमति देने को तैयार नहीं था। वह दंगों से बचना चाहता था। सरकार का कहना था कि भागलपुर के निकट ही नेपाल है। नेपाल के निकट हिंदू महासभा की कोई भी गतिविधि भागलपुर क्या, बिहार के मुसलमानों में दंगा भड़का सकती है। अत: 26 सितंबर को एक आदेश प्रसारित करके बिहार के गवर्नर ने अधिवेशन पर रोक लगा दी। 3 अक्तूबर को स्वयं सावरकर ने गवर्नर से अनुरोध किया कि वह जनवरी में किसी तारीख पर अनुमति प्रदान करें। इसी बीच 11 अक्तूबर, 1941 को नई दिल्ली में एक बैठक में निर्णय लिया गया कि वार्षिक अधिवेशन 24 से 27 दिसंबर तक भागलपुर में ही किया जाएगा। उल्लेखनीय है कि यह निर्णय प्रतिबंध की जानकारी के बावजूद लिया गया था।

वीर सावरकर ने वायसराय से भी हस्तक्षेप करके अधिवेशन की अनुमति दिलाने का आग्रह किया। वायसराय ने हाथ खड़े कर दिए और कह दिया कि यह जिम्मेदारी गवर्नर की है, वही इस संबंध में कुछ भी निर्णय ले सकते हैं। सावरकर ने आशा व्यक्त की कि अपनी तैयारी पूरी रखें, अंतिम समय में भी सरकार प्रतिबंध हटा सकती है। दरभंगा के महाराज श्री कामेश्वर सिंहजी राष्ट्रीय सुरक्षा परिषद् के

मान्य सदस्य थे। उन्होंने सुझाव दिया कि आप भागलपुर की जगह अधिवेशन उन्हीं तारीखों में दरभंगा में कर लीजिए। उनका विश्वास था कि भागलपुर की अपेक्षा दरभंगा में दंगों की आशंका कम है। यद्यपि दरभंगा से नेपाल और कम दूरी पर है, जिसकी वजह से भागलपुर में दंगे की आशंका थी। महाराज कामेश्वर सिंह ने इस प्रस्ताव को स्वीकृति के लिए गवर्नर तथा वायसराय के पास भेज दिया। दोनों की ओर से महाराज कामेश्वर सिंह को स्वीकृति भेज दी गई। कारण भी स्पष्ट ही था कि दंगे हो भी जाएँगे और सरकार उसकी जिम्मेदारी अपने ऊपर न लेकर कामेश्वर सिंह पर डाल देगी, क्योंकि उन्होंने स्वेच्छा से अपने यहाँ अधिवेशन करने का सुझाव दिया था। यही विचार करके महासभा की कार्यकारिणी ने प्रस्ताव को अस्वीकार कर दिया। श्रीमान सावरकरजी ने डॉ. मुकर्जी को कहा कि अपने स्तर पर भागलपुर सरकार के अधिकारियों से मिलकर कोई रास्ता निकालें। प्रतिबंध को उल्लंघन करने की प्रत्यक्ष कोशिश न करें। दिसंबर 14 को 'भागलपुर दिवस' मनाया गया। उस दिन एक विशाल सार्वजनिक सभा करके प्रतिबंध के विरोध में वातावरण तैयार किया गया। डॉ. मुकर्जी 23 दिसंबर को स्वयं वायसराय से मिले तथा कुछ शर्तें रखकर अनुमति देने का आग्रह किया। उनकी बात नहीं मानी गई, क्योंकि अध्यक्षीय भाषण तो पहले ही प्रकाशित कर दिया गया था। प्रतिबंध के बावजूद हजारों लोगों की भीड़ भागलपुर पहुँची। डॉ. बी.एस. मुंजे और खापर्डे जैसे नेता पहले कलकत्ता आए और वहाँ से भागलपुर जा पहुँचे। सावरकरजी को गया में गिरफ्तार कर लिया गया। कुछ अन्य नेताओं को भागलपुर में पहुँचने पर गिरफ्तार कर लिया गया। डॉ. मुकर्जी ने फिर गवर्नर हरबर्ट को अपना त्यागपत्र सौंपा, ताकि वह स्वयं भागलपुर जाकर अपना कार्य पूरा कर सकें। गवर्नर हरबर्ट ने त्यागपत्र के संबंध में कुछ बात नहीं पूछी। डॉ. मुकर्जी ने कहलगाँव में जाकर गिरफ्तारी दी।

भागलपुर में अधिवेशन करने का आशय था—बिहार में हिंदू महासभा का प्रचार करना। अधिक-से-अधिक हिंदुओं को महासभा से जोड़ना। यद्यपि सरकार ने अधिवेशन आयोजित नहीं करने दिया, तथापि इस कारण से भी प्रचार तो खूब हुआ। सरकार के द्वारा लगाए गए प्रतिबंध का विरोध करते हुए भी जनता में बहुत प्रचार किया गया। 27 दिसंबर, 1941 को मद्रास में नेशनल लिबरल फेडरेशन की बैठक में भी सरकार की इस संबंध में निंदा की गई।

डॉ. मुकर्जी का मुख्य कार्य था बंगाल और केंद्र सरकार के बीच धन के आय-व्यय का न्यायसम्मत निपटारा करना। वित्त विभाग का एक प्रमुख कर्तव्य ऐसे नियम बनाना था, जिनसे छोटे-छोटे खर्च कम किए जा सकें। बड़े खर्चे तथा

अंग्रेजों के लिए किए गए खर्चों के बिल तो हाथोहाथ पारित हो जाते थे। वित्तमंत्री डॉ. मुकर्जी के सचिव एक अंग्रेज मिस्टर वाकर थे। पहले तो उसने मुकर्जी को मूर्ख बनाकर घपला करने का प्रयत्न किया, परंतु जल्दी ही उसे पता चल गया कि मुकर्जी उसकी चाल में आनेवाले नहीं हैं। जनवरी 1942 में ही वाकर डॉ. मुकर्जी के साथ वित्त मंत्रियों के सम्मेलन में सम्मिलित हुए। विवरण प्रस्तुत करने में देर हो गई। विचार-विमर्श के उपरांत यह निश्चय किया गया कि सरकार पहले खर्चे स्वयं करती रहे। एक निश्चित समय के बाद मिलकर उसका निपटारा कर लिया जाएगा। अफसरों से कहा गया कि हर विषय को दिल्ली भेजने के बजाय सचिव आपस में सलाह-मशविरा करके मामले का समाधान निकाल लें।

इस निर्णय के पश्चात् सचिव वाकर ने सब हिसाब का लेखा-जोखा कर लिया। अगली प्रातः जब मुकर्जी दफ्तर पहुँचे तो वाकर महोदय ने सूचित किया कि सारा लेखा तैयार है। एक बार जाँच करके हस्ताक्षर कर दें। रामसमैन वाकर को डॉ. मुकर्जी ने इस सहयोग के लिए बधाई दी। डॉ. मुकर्जी ने अपना विभाग कुशलता एवं ईमानदारी से सँभाला था। वह एक बार न्यायपूर्ण निर्णय करने के उपरांत अपना निर्णय किसी के दबाव में बदलते नहीं थे।

दिल्ली के आई.सी.एस. प्रशासनिक अधिकारी प्रदेश के मंत्री पर भरोसा करने को तैयार न थे। डॉ. मुकर्जी ने इसे एक निराशाजनक स्थिति बताया। इससे निष्कर्ष निकला कि अंग्रेज अधिकारी भारतीय चुने हुए मंत्रियों से भी छल-कपट करते थे। परंतु डॉ. श्यामा प्रसाद मुकर्जी का डील-डौल और बौद्धिक प्रभाव बहुत अधिक था। गोरे अधिकारी उन्हें डरा-धमका नहीं सकते थे।

डॉ. मुकर्जी तो अपने सचिवालय के कर्मचारियों को खूब खींचकर रखते थे। उन्हें ईमानदारी और वफादारी में जरा भी कोताही बरतने की इजाजत नहीं थी। उनको मंत्री बनने के दो माह पश्चात् ही 1942-43 का बजट पेश करना था। 16 फरवरी, 1942 को विधानसभा में बजट पेश भी कर दिया गया। सीमित समय में विस्तृत बजट प्रस्तुत किया गया। इसमें नागरिक सुरक्षा की योजनाओं को ठीक प्रस्तुत किया गया। यह एक युद्धकालीन बजट था। जब तक युद्धकालीन परिस्थिति रहेगी, जब तक प्रदेश के बजट में से ही प्रावधान चलते रहेंगे, क्योंकि प्रदेश के वित्तीय संसाधन अपर्याप्त थे। 24 फरवरी, 1942 को उन्होंने अपना बजट भाषण पूरा किया। उन्होंने विपक्षी सदस्यों की टिप्पणी तथा तर्कों का सटीक उत्तर देकर विपक्ष को बिल्कुल चुप करा दिया। उन्होंने अंत में खुशी प्रकट की कि बंगाल तथा केंद्र सरकार का बजट निपटारा निष्पक्ष एवं निष्कलंक पूरा हो गया।

नई सरकार के सामने जापान की ओर से आक्रमण होने की भारी आशंका थी। ब्रिटिश सरकार की जापान से लड़ाई थी। उसकी ओर से बंगाल पर भी हमला हो सकता था। सरकार ने इस संबंध में सेना को गुप्त आदेश दिए हुए थे। गुप्त निर्देश के अनुसार परिवहन तथा संचार साधनों को नष्ट करना तथा खतरे वाले इलाके से चावल के भंडारों को हटाकर कहीं सुरक्षित ले जाना भी था।

डॉ. मुकर्जी का विचार यह था कि जापान के हमले के कारण खतरेवाले क्षेत्र में भी परिवहन तथा संचार के साधनों को नष्ट न किया जाए। यदि हार की स्थिति ही आ जाए, तब इस पर विचार कर लिया जाएगा। युद्ध न भी हुआ तो भी संचार साधनों को नष्ट करने की नीति हमें तथा हमारी जनता को बरबादी के कगार पर ले जाकर खड़ा कर देगी। अंग्रेज सरकार ने इस विचार को शत्रु जापान से सहानुभूति माना।

1943 में बंगाल में भयानक अकाल पड़ा। सरकार इसका सामना करने में अक्षम रही। जनता त्राहि-त्राहि करने लगी। गवर्नर युद्ध के मामले पर विचार-विमर्श करने वायसराय के पास दिल्ली जा रहे थे। डॉ. मुकर्जी उनसे मिलकर मातृभूमि के मामले पर अपने विचार रखना चाहते थे। उनका कहना था कि बंगाली सेना का गठन किया जाए, ताकि लोग शत्रुओं से अपनी मातृभूमि की रक्षा में अपना सक्रिय योगदान कर सकें। इसमें अंग्रेज सरकार की तो कोई हानि नहीं थी। गवर्नर का मानना था कि इतना गोला-बारूद नहीं है। हथियार के बिना बंगाली सैनिक क्या करेंगे ? सर हरबर्ट की एक दलील यह भी थी कि इतनी जल्दी नए सैनिक प्रशिक्षित नहीं किए जा सकते। ऐसे अप्रशिक्षित सैनिक हार का कारण बन सकते है। कैंप में दिन-रात लगातार रखकर उन्हें प्रशिक्षण दिया जा सकता है। अंत में डॉ. मुकर्जी इस निष्कर्ष पर पहुँचे कि अंग्रेजों को बंगालियों पर विश्वास नहीं है। उन्हें भय है कि प्रशिक्षित और हथियारवाले होकर बंगाली अंग्रेजों के प्रति वफादार न होकर विद्रोही हो सकते हैं। इसलिए किसी भी स्तर पर अंग्रेजों ने डॉ. मुकर्जी की बंगाली सेना के निर्माण की बात स्वीकार नहीं की।

सच तो यह है कि अंग्रेजों के मन में शंका भी स्वाभाविक थी। बंगाल में अंग्रेजों के विरुद्ध चिनगारी तो पहले से ही विद्यमान थी। खुदीराम बोस का डी.एम. पर बम से आक्रमण, सूर्य सेन का विद्रोह, सुभाषचंद्र बोस का नजरबंदी से निकल भागना तथा विदेश में जाकर सैन्य संगठित करना, ये सब घटनाएँ उनकी आशंका को बल देती थीं।

इन्हीं दिनों लेबर पार्टी के सांसद सर स्टेफोर्ड क्रिप्स भारत भेजे गए। वे रूस में सफलता प्राप्त करके आए थे और लोकप्रिय हो चुके थे। डॉ. मुकर्जी की 28 मार्च

और 30 मार्च, 1942 को उनसे चर्चा हुई थी। श्यामा प्रसादजी का उनके विषय में विचार यह था कि वो अपनी सफलता से बेहद गर्व कर रहे थे। भारत में भी वह अपनी वार्त्ता में सफलता के स्वप्न देखा करते थे। अपनी ओर से वह समस्या का हल सहज मान रहे थे। डॉ. मुकर्जी ने क्रिप्स को स्पष्ट बता दिया कि भारत की समस्या सरल नहीं है। हिंदू और मुसलिम के मतभेद और संघर्ष राजनैतिक विवादों का हल नहीं होने देगा। डॉ. मुकर्जी संभावित एकता के पक्ष में थे और भारत का विभाजन करके पाकिस्तान बनाने के विरोधी थे। कोई भी राज्य चाहे तो भारतीय संघ से अलग स्वतंत्र रह सकता है। डॉ. मुकर्जी इस विचार के विरोधी थे। डॉ. मुकर्जी मानते थे कि ब्रिटिश सरकार भारत की अखंडता को खंडित कर रही है। क्रिप्स और डॉ. मुकर्जी एक-दूसरे की बात को समझने का गंभीर प्रयास कर रहे थे।

वास्तव में अंग्रेज यह जान चुके थे कि भारत की सेना की सहायता के बिना एशिया में वे लोग अपनी जीत की बात सोच भी नहीं सकते। क्रिप्स भी भारतीय जनता और ब्रिटिश सरकार में कोई सम्मानजनक समझौता करवा नहीं सके। यदि कांग्रेस (सबसे बड़ी पार्टी) इस दिशा में ठोस और प्रभावी कदम उठाती तो 1942 में ही आजादी प्राप्त हो सकती थी, परंतु सरकार और कांगेस में परस्पर सहमति नहीं बनी। सबसे बड़ी बाधा मुसलिम लीग थी, जो अलग पाकिस्तान की माँग पर अड़ गई थी।

उल्लेखनीय तथ्य यह है कि क्रिप्स के पास भारत का सहयोग पाने के बदले में कुछ देने के लिए था ही नहीं। क्रिप्स ने जिन भारतीय नेताओं से वार्त्ता की, कोई भी यह नहीं कहता कि क्रिप्स भारत को स्वायत्तता देने का वायदा कर रहा है। क्रिप्स का अधिक समय कांग्रेस और मुसलिम लीग को मनाने में ही लग गया। वह दोनों से इंग्लैंड का सक्रिय सहयोग देने का आग्रह कर रहा था, परंतु कुछ भी ठोस वायदा नहीं कर पा रहा था। शायद ब्रिटिश सरकार की ओर से उसे ऐसा कुछ देने का अधिकार ही नहीं दिया गया था।

बंगाल की फजलुल सरकार के सामने सबसे बड़ी समस्या थी, उसकी स्थिति पूर्वी तट पर जापान द्वारा आक्रमण के खतरे के सामने ही थी। उसकी इच्छा और सुरक्षा के विपरीत कार्य करने का दबाव उस पर डाला जा रहा था। खतरेवाले क्षेत्र में ही बंगाल के धान के खेत थे। सरकार पर दबाव था कि वह इन खेतों के पकने की प्रतीक्षा किए बिना उन्हें उखाड़ ले या नष्ट कर दे। यह किसानों के लिए घाटे का सौदा था। सरकार के पास इसका कोई विकल्प नहीं था। एक तो अकाल था ही, दूसरे धान की फसल स्वयं नष्ट करने को कोई तैयार नहीं था। नागरिक आपूर्ति

का विभाग पहले अब्दुल करीम को दिया गया था, जो फिर बदलकर नवाब ढाका को सौंप दिया गया था। डॉ. मुकर्जी ने हरबर्ट को (गवर्नर) संतुष्ट करने के अनेक प्रयत्न किए, परंतु वह सदैव उन्हें शत्रु समझता रहा। हरबर्ट हर समय इस अवसर की तलाश में रहता था, जिसमें मुसलिम लीग की सरकार बने।

26 जुलाई, 1942 को डॉ. श्यामा प्रसाद मुकर्जी ने एक लंबा पत्र लिखा, जिसमें निडर होकर ठोस प्रमाण देते हुए बताया कि हरबर्ट गवर्नर पद का निष्पक्ष होकर उपयोग नहीं कर रहे, बल्कि वर्तमान सरकार को उखाड़ने का सतत प्रयास कर रहे हैं। गवर्नर की चालों को उजागर करते हुए उन्होंने आरोप लगाया कि जो आचरण वह कर रहे हैं, वह प्रशासन के मुखिया (गवर्नर) के योग्य नहीं है। वह लीग को सरकार में लाने के प्रयास कर रहे हैं।

ऐसा स्पष्टवादी कठोर पत्र लिखने का साहस डॉ. मुकर्जी के अतिरिक्त और कोई नहीं कर सकता था। फजलुल हक की गठबंधन की सरकार को पहले दिन से ही गवर्नर पसंद नहीं कर रहा था। यद्यपि गठबंधन सरकार ने पूरी ईमानदारी से प्रशासन चलाया, परंतु गवर्नर यह सिद्ध करने पर उतारू था कि हिंदू-मुसलमान एक साथ रहकर कार्य नहीं कर सकते। ब्रिटिश भारत के इतिहास में हमें जो लोकतंत्र का संविधान दिया गया, उसके अनुसार बंगाल का शासन का अनुभव कारगर रहा, परंतु एक वर्ग इस सत्य को झुठलाने में लगा रहा, जबकि जनता की राय में यह गठबंधन बहुत सफल रहा। असल में अंग्रेजों को अंततोगत्वा यही सिद्ध करना था कि ये दोनों साथ मिलकर सरकार नहीं चला सकते। अत: देश का विभाजन अनिवार्य है।

इस प्रकार बंगाल में गठबंधन सरकार की सफलता ने इस दलील को गलत सिद्ध कर दिया कि दोनों समुदाय एक साथ सरकार बनाकर शांति से नहीं रह सकते। डॉ. मुकर्जी ने इस सत्य को भी उजागर किया कि फजलुल हक को दुबारा सरकार बनाने का बुलावा देकर अंग्रेज गवर्नर यही प्रमाणित करना चाहते थे कि गठबंधन की सरकार सफल नहीं होगी। अत: वह अपनी दलील को सिद्ध करने के लिए सरकार को असफल करने के उपाय और अवसर खोजते रहे। इस बीच मुसलिम लीग हर मुद्दे पर, हर मौके पर सरकार का विरोध करती रही। गवर्नर साहब निष्पक्ष होकर सही आचरण करने की जगह स्वयं को मुसलिम लीग का संरक्षक मानकर उसके हितों को पालते रहे।

डॉ. मुकर्जी ने यह भी स्पष्ट किया कि वे सुभाषचंद्र बोस की तरह जापान के समर्थक नहीं हैं। न ही वह शत्रु के शत्रु को अपना मित्र बनाने की कहावत के

समर्थक थे। भारतीय राष्ट्रीय कांग्रेस ने जब 'भारत छोड़ो' आंदोलन की घोषणा की तो डॉ. मुकर्जी का विचार यह था कि एक ओर तो कांग्रेस महायुद्ध में इंग्लैंड की सहायता करके उनसे स्वतंत्रता लेने का सौदा करना चाहती है, दूसरी ओर यह धमकी भरा आंदोलन शुरू करना, उन्हें चिढ़ाकर उत्तेजित करना ही है। डॉ. मुकर्जी सोचते थे कि युद्ध चलते समय ऐसा धमकी भरा आंदोलन अंग्रेज सरकार को जान-बूझकर चिढ़ाना था। जापानियों से सहायता लेने के पक्ष में भी वे इसलिए नहीं थे कि अंग्रेजों के बाद जापानी हम पर राज करने लगेंगे। इस आशंका को नकारा नहीं जा सकता था।

डॉ. मुकर्जी दिल्ली जाकर वायसराय लिनलिथगो से मिले तो वह आंदोलन को सख्ती से दबाने का निश्चय कर चुके थे। वायसराय बंगाल सरकार का उपयोग करना चाहते थे। दूसरी ओर गवर्नर हरबर्ट ने वायसराय से मिलकर फजलुल हक की नीति को ढुल-मुल बताया। गवर्नर ने बताया कि हक कभी श्यामा प्रसाद मुकर्जी के परामर्श पर काम करते हैं तो कभी ढाका नवाब की सलाह मानकर काम करते हैं। अत: फजलुल हक पर भरोसा नहीं किया जा सकता।

दिल्ली से कलकत्ता लौटते हुए डॉ. मुकर्जी इलाहाबाद में रुककर जवाहरलाल नेहरू से मिले। वायसराय को लिखे गए अपने पत्र की प्रतियाँ उन्होंने नेहरूजी को भी दीं तथा मौखिक रूप से भी अपने विचार विस्तार से बताए। नेहरूजी ने बताया कि अब आंदोलन (भारत छोड़ो) का आरंभ किस तारीख और किस स्थान से करना है, यह निर्णय गांधीजी पर छोड़ा है।

इस स्थान पर एक महान् कवि एवं क्रांतिकारी का स्मरण करना भी प्रासंगिक होगा। गुरुदेव रवींद्रनाथ टैगोर के समान ही कवि 'काजी नजरुल इसलाम' भी बँगला भाषा के प्रख्यात कवि थे। उनके विचार देशभक्तिपूर्ण थे तथा क्रांतिकारी विचार रखते थे। वे फासीवाद और पूँजीवाद के विरुद्ध थे। यहाँ तक कि उन्होंने धार्मिक कट्टरता का भी विरोध किया। नजरुल इसलाम ने लीग के अलगाववादी विचार का भी विरोध किया।

बाद में बँगलादेश ने काजी नजरुल इसलाम को अपना 'राष्ट्रकवि' घोषित किया। वे पश्चिमी बंगाल के वर्धमान जिले के एक निर्धन मुसलिम परिवार में जनमे थे। नाटक मंडलियों के लिए नाटक, गीत, कविताएँ लिखते हुए साहित्य में गति बढ़ाई। भारतीय सेना में भी नौकरी की। प्रथम विश्वयुद्ध का प्रत्यक्ष अनुभव प्राप्त किया। फिर कलकत्ता आकर पत्रकारिता को अपनाया। अपने क्रांतिकारी विचारों के कारण उन्हें अंग्रेजों की जेलों में भी रहना पड़ा। उन्हीं दिनों अपनी पत्नी की

बीमारी का इलाज करवाते हुए उन पर 7,000 रुपए का कर्ज चढ़ गया। उन दिनों सात हजार बहुत बड़ी रकम मानी जाती थी। एक बांग्ला फिल्म में संगीत भी दिया, परंतु अपना कर्ज उतारने में सफल नहीं हुए। काजी नजरुल इसलाम ऐसी कठिन परिस्थिति में जुलाई 1942 में डॉ. श्यामा प्रसाद मुकर्जी से मिले। डॉ. मुकर्जी ने इस कवि को अपने मधुपुर वाले घर में रहने का स्थान दिया और कर्ज को उतारने का भी प्रबंध कर दिया। मधुपुर के गंगा प्रसाद हाउस में दो मास सुख-सुविधाओं तथा स्वस्थ वातावरण में रहकर दोनों पति-पत्नी स्वस्थ हो गए। तब नजरुल ने डॉ. मुकर्जी का आभार व्यक्त करने के लिए एक पत्र लिखा, जो मन के कृतज्ञता भरे भावों से भरा था।

भाग्य को कौन बदल सकता है। पत्नी ठीक हो गई, कर्ज उतर गया, परंतु नजरुल इसलाम स्वयं एक भयानक बीमारी से ग्रस्त हो गए। इस रोग से वह अपनी आवाज और स्मृति खो बैठे। जीवन के अंत तक वे ऐसी जड़ अवस्था में ही रहे। बँगलादेश बन जाने के पश्चात् 1976 में उसी अवस्था में उनका देहांत हो गया। डॉ. मुकर्जी ने 1952 में ही 'नजरुल ट्रीटमेंट सोसाइटी' बनाई थी। इसी की मदद से देश-विदेश में उनका इलाज भी कराया गया, परंतु कोई लाभ न हुआ।

'अंग्रेजों, भारत छोड़ो' आंदोलन की तारीख गांधीजी ने 8 अगस्त, 1942 निश्‍चित की। जैसे ही आंदोलन की घोषणा की गई, 9 अगस्त, 1942 को कांग्रेस के सभी प्रमुख नेताओं को ब्रिटिश सरकार ने गिरफ्तार कर लिया। इस प्रकार आंदोलन चलने से पहले ही सख्ती से दबा दिया गया। बंबई के गोवालिया टैंक मैदान में 9 अगस्त को एक भी नेता नहीं पहुँच सका। राष्ट्रीय स्तर के सभी नेता जेलों में डाल दिए गए। स्थानीय कार्यकर्ताओं ने औपचारिकता निभाई तथा उन्हें भी तुरंत पकड़ लिया गया। कहीं-कहीं महिलाओं ने मोरचा सँभाला। सदा पीछे रहनेवाली श्रीमती कस्तूरबा गांधी को भी सामने आना पड़ा। कम्युनिस्ट पार्टी तो पूरी तरह अंग्रेजों के साथ ही थी। अंग्रेजों के सभी कुकर्मों पर लीपा-पोती करना उसका काम था। हिंदू महासभा तथा मुसलिम लीग ने शुरू से ही इस आंदोलन से अलग रहने की घोषणा कर दी थी। वास्तव में कांग्रेस ने ही इस संबंध में शेष दोनों दलों से जरा भी सलाह-मशविरा या चर्चा नहीं की थी। कांग्रेस इस महा आंदोलन को सफल बनाकर सारा श्रेय स्वयं लेना चाहती थी। उनकी आशा के विपरीत आंदोलन बुरी तरह असफल हो गया, यह उनका तथा देश का दुर्भाग्य ही रहा।

दलितों के प्रमुख नेता डॉ. भीमराव अंबेडकर भी इस आंदोलन के पक्ष में नहीं थे। उनकी दृष्टि में भी ऐसा आंदोलन खतरनाक था, जिसके सफल होने की

संभावना कम थी, परंतु दंगों में बदलने का खतरा अधिक था। बाद में सरकार ने ही इसे बुरी तरह दबा दिया।

कलकत्ता वापस पहुँचने पर डॉ. मुकर्जी को फजलुल हक ने बताया कि कुछ गुप्त निर्देश आए हैं। वे इसकी चर्चा कैबिनेट की बैठक में करना चाहते थे, परंतु गवर्नर ने अनुमति नहीं दी। जिन विषयों पर आई.सी.एस. अधिकारियों से चर्चा होती थी, उन पर गवर्नर मंत्रियों से बात नहीं करना चाहते थे। वास्तव में प्रशासन पर अधिकारियों का दबदबा था।

अतिरिक्त गृहसचिव पोर्टर फाइल लेकर आए और फाइल मुख्यमंत्री को सौंप दी। मुख्यमंत्री ने वह फाइल डॉ. मुकर्जी को पकड़ा दी। डॉ. मुकर्जी फाइल को घर ले आए और ध्यानपूर्वक पढ़ी। फाइल पढ़कर ज्ञात हुआ कि आंदोलन के पूर्व ही सरकार ने तय कर लिया था कि दमन का अभियान कैसे चलाना है। कहाँ किस स्तर पर क्या कदम उठाने हैं, यह सब ब्योरा फाइल में स्पष्ट लिखा गया था। सरकार को भारत छोड़ो आंदोलन की पर्याप्त जानकारी पहले से ही थी। अत: सरकार ने सावधानी के तौर पर उसे दबाने के उपाय भी निश्चित कर लिये थे। इस आंदोलन से विद्रोह भड़क सकता था। अत: सख्ती से निपटने का दृढ़ निश्चय सरकार ने पहले ही कर लिया था। इस प्रकार आंदोलन से पहले ही आई.सी.एस. अधिकारियों ने गुप्त योजना तैयार कर ली थी। हरबर्ट गवर्नर ने बताया कि भारत सरकार ने जो नीति बनाकर भेजी है, उसे बदला नहीं जा सकता। मंत्रियों ने सोचा कि सबकुछ अधिकारी तय करेंगे तो मंत्री के नाते काम करना निरर्थक है! ढाका के नवाब के घर मंत्री आपस में मिले, परंतु बिना अंतिम निर्णय के बैठक समाप्त हो गई। डॉ. मुकर्जी अपना पद छोड़ सकते हैं, ऐसा हरबर्ट का विचार था, परंतु वे तो स्वयं ऐसे किसी आंदोलन के विरुद्ध थे। सरकार की गुप्त योजना से उसकी तैयारी स्पष्ट थी। कांग्रेस की आंदोलन की इस योजना से डॉ. मुकर्जी पूर्णत: सहमत नहीं थे। यदि भारतीय समस्या इतनी आसान होती तो अंग्रेज पहले ही वापस चले गए होते और आजादी की घोषणा पहले ही हो गई होती।

लॉर्ड लिनलिथगो (वायसराय) को कांग्रेस ने जो भारत छोड़ो आंदोलन का नोटिस दिया था, उसके चार दिन बाद 12 अगस्त को वायसराय ने लिखा था—"8 अगस्त, 1942 को कांग्रेस की माँग एक राष्ट्रीय माँग है, परंतु गलत प्रतिनिधित्व का अभियान जारी है। यह एक प्रकार से जापान की उथल-पुथल के प्रति समर्पण का निमंत्रण है। उथल-पुथल या दंगों की स्थिति आ जाए तो यह कांग्रेस का ही दायित्व रहेगा। असंतोष और अव्यवस्था का तुरंत उपचार नहीं हो

सकता। अतः पहले से विचार कर उपचार करना आवश्यक है।" वास्तव में ब्रिटिश सरकार जापान के संभावित आक्रमण से बुरी तरह डर गई थी।

डॉ. मुकर्जी जब दिल्ली में गए थे, तब पंजाब के मुख्यमंत्री सर सिकंदर हयात खाँ से भी मिले थे। लंबी बातचीत हुई, परंतु निरर्थक रही। सिकंदर हयात खाँ ने कहा कि समझौते की चाबी वायसराय के हाथ में है। वायसराय ने अपनी सोच बना ली थी कि मुसलिम समुदाय के एकमात्र प्रतिनिधि मोहम्मद अली जिन्ना ही हैं। किसी भी प्रकार का समझौता लीग से तभी हो सकता है, जब जिन्ना से वार्त्ता हो।

8 सितंबर, 1942 को डॉ. मुकर्जी पूना जाकर गांधीजी से मिलने पर विचार कर रहे थे। वायसराय से मिलने की कोशिश की, तभी वायसराय से अनुमति मिल गई। वायसराय से मुलाकात लाभदायक नहीं रही। डॉ. मुकर्जी को पता लग गया कि सिकंदर हयात खाँ का अनुमान किसी सीमा तक सत्य ही था। वायसराय मुसलिम लीग को समझौते में सम्मिलित करना चाहते थे और जिन्ना के अतिरिक्त किसी को लीग का प्रतिनिधि नहीं मानते थे। जबकि यह सर्वविदित था कि जिन्ना के पास हर विषय के पूर्वग्रहपूर्ण विचार थे। जिद थी और समझौते पर केवल अपनी शर्तों पर बात करते थे। वायसराय से हुई इस भेंट से डॉ. मुकर्जी को भी राष्ट्रीय सरकार के गठन पर कांग्रेस और लीग से समर्थन मिलने का भरोसा कम था। हिंदू महासभा की पूरे भारत में स्वीकृति नहीं थी। अतः हिंदू महासभा के आधार पर राष्ट्रीय सरकार का निर्माण स्वयं कांग्रेस ही नहीं मानती। लीग का तो मानने का प्रश्न ही नहीं उठता। ऐसी कोई सरकार एक दिन भी कैसे चल पाएगी, जिसमें कांग्रेस और मुसलिम लीग दोनों विपक्ष में हों? अतः हिंदू महासभा समर्थित कोई सरकार बनने की संभावना ही नहीं है। वायसराय लिनलिथगो ने यह भी बताया कि मोहम्मद अली जिन्ना को सरकार ने नेता नहीं बनाया, बल्कि स्वयं कांग्रेस ने ही बनाया है। हिंदुओं ने ही मुसलिम लीग और जिन्ना को महत्त्व दिया है। पाकिस्तान के मुद्दे को गंभीरता से लेने से ही लीग को महत्त्व प्राप्त हुआ। इस असफल वार्त्ता के पश्चात् डॉ. मुकर्जी ने माना कि वार्त्ता खुलकर हुई, परंतु वायसराय समझौता करवाना नहीं चाहते थे। यदि वह ईमानदारी से प्रयास करते तो समझौता करवा सकते थे।

फिर डॉ. मुकर्जी जिन्ना से मिले। ये दोनों दो विपरीत ध्रुव थे। अपनी-अपनी विचारधारा पर दृढ़ थे। एक-दूसरे की बात मानने को मन से तैयार ही नहीं थे। अतः किसी सुपरिणाम की आशा भी नहीं थी। न किसी प्रकार के भाईचारे की ही संभावना थी। दोनों अपने-अपने पथ के पक्के पथिक थे। एक-दूसरे के प्रति कोई नरम कोना भी नहीं था तो परिणाम की आशा भी कैसे होती? परंतु सामान्य जान-पहचानवालों

की तरह एक-दूसरे को दुआ-सलाम कर लेने की औपचारिकता से कोई राजनीतिक संभावना नहीं खोजी जा सकती।

श्री वी.वी. मेनन ने लिखा है कि डॉ. मुकर्जी और मोहम्मद अली जिन्ना की यह मुलाकात घंटों चली। दोनों ने निस्संकोच अपने-अपने विचार व्यक्त किए। डॉ. मुकर्जी ने स्पष्ट कहा कि दोनों समुदायों के प्रतिनिधियों को आमने-सामने बैठकर एक-दूसरे की बात सुननी चाहिए। मिस्टर जिन्ना पाकिस्तान अलग बनाने की माँग पर अड़े हुए थे, जबकि डॉ. मुकर्जी कहते थे कि सभी सरकारें स्वायत्तता से बनें। अल्पसंख्यकों की भागीदारी भी हो तथा उनके अधिकारों की सुरक्षा भी सुनिश्चित की जानी चाहिए। सर क्रिप्स के भारत आने से पहले की तरह भारत की स्वतंत्रता के लिए मिलकर क्यों न लड़ें? परंतु जिन्ना ने कहा कि अब परिस्थितियाँ बदल गई हैं। अलग पाकिस्तान की कल्पना उन्हें सुखद लग रही है। जिन्ना ने साफ-साफ कह दिया कि अब अलग पाकिस्तान से अतिरिक्त किसी अन्य शर्त पर कोई समझौता या वार्त्ता स्वीकार्य नहीं है।

असफल वार्त्ता के पश्चात् मुकर्जी कलकत्ता वापस लौटे तो गवर्नर हरबर्ट इस विषय पर नाराज थे कि मंत्रियों ने कानून तोड़नेवालों की भर्त्सना क्यों नहीं की? विधानसभा के सत्र में मंत्री बदरुदौला ने संशोधन पेश किया, क्योंकि वह गठबंधन दल के महासचिव थे। प्रस्ताव में कहा गया था कि कोई भी सरकार जनता की सहमति से ही चल सकती है। केवल प्रशासन की सख्ती से नहीं चलती। अतः भारत की स्वतंत्रता के अधिकार को मान्यता दी जानी चाहिए।

ऐसे सामान्य संशोधन पर भी मुसलिम लीग ने भारी विरोध किया। विरोध ही नहीं, हंगामा किया। स्पीकर के स्थान पर तब जलालुद्दीन हाशमी पीठासीन थे। इस पर उनका कहना था कि मत विभाजन न कराया जाए। खूब शोर-शराबा किया गया। चीखने-चिल्लाने की आवाजें गूँजने लगीं और उपाध्यक्ष को घेरने की कोशिश की गई। अंत में विधानसभा सत्र अनिश्चितकाल के लिए स्थगित कर दिया गया।

यह तमाशा केवल विपक्ष द्वारा आयोजित नहीं था, बल्कि गवर्नर की शह पर किया गया था। साफ जाहिर था कि अंग्रेज अधिकारी विपक्षी मुसलिम लीग के समर्थन में खुलकर खड़े थे। अंत में गवर्नर हरबर्ट ने अपनी मंशा साफ कर दी। स्पष्ट आदेश दे दिया कि सभी मंत्री या तो भारत सरकार के साथ सहयोग करें अर्थात् गवर्नर के आदेशों का पालन करें या अपना त्यागपत्र दे दें।

डॉ. मुकर्जी ने कहा, "मैं त्यागपत्र नहीं दूँगा। यदि मैं ऐसा करता हूँ तो सभी मंत्री अनुसरण करेंगे। मैं अपनी सभी शंकाओं तथा समस्याओं पर भारत सरकार

के सर्वोच्च अधिकारियों से स्पष्ट चर्चा करना चाहता हूँ। यह हमारा संवैधानिक अधिकार है। यह भी हो सकता है कि गठबंधन त्यागपत्र दे और आप मुसलिम लीग को सरकार बनाने का अवसर दे दें।" सर हरबर्ट ने मुकर्जी को आश्वासन दिया कि वह ऐसा कुछ नहीं करेंगे, जो चुने हुए जनमत के विरुद्ध हो।

12 अगस्त, 1942 को डॉ. मुकर्जी ने गवर्नर से चर्चा करके वायसराय लिनलिथगो को एक विस्तृत पत्र लिखा। इस पत्र में डॉ. मुकर्जी ने भारत का राष्ट्रवादी दृष्टिकोण रखा। समानता के अधिकार की बात करते हुए भारत और इंग्लैंड के बीच तुरंत एक व्यापक समझौते की आवश्यकता पर बल दिया। इस प्रक्रिया को सिरे चढ़ाने के लिए ठोस सुझाव भी दिए गए थे।

इस पत्र को आंदोलन के तीन दिन बाद ही लिखा गया था। अत: आंदोलन से होनेवाली कठिन परिस्थिति का अनुमानित वर्णन भी किया गया था। इसमें कहा गया था कि भारत को स्वतंत्र करने की मान्यता तुरंत दी जाए। मित्र राष्ट्रों का सहयोग करने को मानकर देश की शत्रुओं से रक्षा की जाए। कांग्रेस की समग्र स्वतंत्रता की माँग एक राष्ट्रीय माँग है। इसका सभी समर्थन करते हैं। इससे इनकार करना एक बड़ी तबाही को जन्म दे सकता है। कोई उथल-पुथल या निश्चित दंगों की परिणति भी हो सकती है। दमन से भी संभवत: इसका समाधान नहीं हो पाए।

कांग्रेस ने आंदोलन की घोषणा की थी। उन्हें जेलों में डाल दिया गया। डॉ. मुकर्जी ने उनके कल्याण में बहुत रुचि ली। कांग्रेस के कदम का समर्थन किया। कार्यकर्ताओं के घरों, परिवारों की देखभाल भी की। वकील की व्यवस्था तक की। एक कांग्रेसी कार्यकर्ता ने अपने घर पर रखे धन को असुरक्षित मानकर उसे सुरक्षित करने की चिंता में वह डॉ. मुकर्जी से मिला तो उससे सहानुभूतिपूर्वक व्यवहार करके उसके धन को सुरक्षित करवाया।

वायसराय ने डॉ. मुकर्जी के पत्र का निराशाजनक उत्तर दिया। तब डॉ. मुकर्जी ने भी त्यागपत्र देने का विचार बना लिया। उन्होंने यह भी समझ लिया कि त्यागपत्र के पश्चात् प्रदेश की जनता की भलाई के लिए वे कुछ भी नहीं कर सकेंगे। गवर्नर तथा अन्य अफसरों से कोई सहायता का तो प्रश्न ही नहीं उठता।

'भारत छोड़ो आंदोलन' को गोरी सरकार के अफसरों ने सीधी चुनौती माना। आई.सी.एस. अधिकारी अपने आपको भारतीय ही नहीं मानते थे, वे तो स्वयं को अंग्रेज सरकार ही समझते थे।

गवर्नर सर हरबर्ट से डॉ. मुकर्जी की मुलाकात (अंतिम) 19 नवंबर, 1942 को हो पाई। वह भी अल्पकाल की ही रही। उनके मंत्री पद का कार्यक्रम मात्र एक वर्ष

ही चल पाया। 21 नवंबर को उन्होंने अपना एक बयान जारी किया। उन्होंने बताया कि उनका इस्तीफा उनकी पार्टी के किसी सदस्य के प्रति मतभेद या मन-मुटाव के कारण नहीं दिया गया था, बल्कि त्यागपत्र के कारण उनके व्यक्तिगत थे। सामूहिक जुरमाना लगाने से संबंधित मिदनापुर के हालात का कुप्रबंध, बंगाल में अध्यादेश की अवहेलना, केवल हिंदुओं को प्रताड़ित करने के लिए सारी प्रक्रिया सरकार के द्वारा की गई। डॉ. मुकर्जी इनका विरोध करते रहे। 16 अक्तूबर को चक्रवात और बाढ़ ने जो तबाही मचाई थी, उसका भी सरकार ने सफलता से उपचार नहीं किया। राहत कार्य भी संतोषजनक नहीं रहे। मिदनापुर की समस्याओं का समाधान केवल एक मंत्री पर नहीं थोपा जा सकता, मंत्री समस्याएँ सुन सकता है, समाधान के लिए प्रयत्नशील भी रह सकता है, परंतु उत्तरदायी अकेला नहीं हो सकता, बल्कि सारा प्रशासन उत्तरदायी होता है। डॉ. मुकर्जी ने महसूस किया कि वह चाहकर भी जनता की भलाई के कार्य नहीं कर पा रहे हैं। उनको रोका जा रहा है।

ब्रिटिश सरकार डॉ. मुकर्जी की विराट् ऊर्जा और विशिष्ट योग्यता का लाभ उठाने में असमर्थ रही। कुछ तो कानून बाधक रहे और कुछ गवर्नर तथा भारत सरकार का रवैया जिद्दीपन का था, जिसके कारण डॉ. मुकर्जी पूरे समय कार्य नहीं कर पाए। सही होते हुए भी डॉ. श्यामा प्रसाद मुकर्जी मानो गलत व्यक्तियों में फँस गए थे। अतः त्यागपत्र देकर स्वयं को अलग कर लेना ही एक उचित निर्णय था।

□

7

बंगाल के अकाल में डॉ. मुकर्जी

1942-43 में बंगाल में भयानक अकाल पड़ा था। उस विशाल अकाल में 30 लाख लोगों की मृत्यु हो गई थी, ऐसा अनुमान है। बंगाल के मिदनापुर जिले के कोंटई में एक साथ चक्रवात और सुनामी आई थी। इस कारण सारी फसल नष्ट हो गई थी। दूसरा कारण ब्रिटिश सरकार का विश्वयुद्ध का भय था। पूरे समय भारत की अंग्रेज सरकार को आशंका बनी रही कि जापान आक्रमण करनेवाला है। सरकार ने आरोप लगाया कि तत्कालीन बड़े जमींदारों ने अनाज अपने गोदामों में भर लिया और कठिन परिस्थितियों में अनाज का वितरण नहीं किया गया, जिस कारण लोगों का भूख से प्राण देने पड़े। यह आरोप आंशिक रूप से ही थोड़ा-बहुत सही हो सकता है। शायद अंग्रेज सरकार ने अपनी कमियाँ छिपाने के लिए यह कारण प्रचारित किया होगा।

डॉ. श्यामा प्रसाद मुकर्जी ने अकाल पीड़ितों के बीच जाकर राहत कार्य किए तथा प्रशासन की कमियों को भी उजागर किया। मुसीबत के समय में, जबकि विश्वभर में युद्ध का बाजा बज रहा था, भारत के पूर्वी भाग को जापान के आक्रमण का भय प्रचारित कर दिया गया। मित्र राष्ट्रों के विरोध में जापान द्वारा आक्रमण की पूरी संभावना थी।

1942 के प्रारंभ में बंगाल में विधानसभा में प्रोग्रेसिव डेमोक्रेटिक गठबंधन की सरकार बनी। इस सरकार के मुख्यमंत्री थे—श्री अबुल कासिम फजलुल हक; वित्तमंत्री थे—डॉ. श्यामा प्रसाद मुकर्जी।

फजलुल हक कृषक प्रजा पार्टी से थे तथा डॉ. श्यामा प्रसाद मुकर्जी हिंदू महासभा से थे। मंत्री तो कई अन्य भी थे। सभापति भी मुसलमान थे, परंतु मुख्यमंत्री और वित्तमंत्री का परस्पर तालमेल देखकर लोग सरकार को 'श्यामा-हक' सरकार

कहने लगे थे। सरकार बहुत सफल थी। युद्ध का विश्वभर में हल्ला मचने के बावजूद बंगाल में कानून का राज था। लोगों को लग रहा था कि सबका भला चाहनेवाली तथा निष्पक्ष न्याय करनेवाली सरकार बरसों बाद अस्तित्व में आई है। शेष मंत्री भी अधिक कार्य नहीं करते थे, तथापि किसी भी निर्णय को कार्यान्वित करने में रोड़ा नहीं अटकाते थे।

एक जगह स्वयं डॉ. मुकर्जी ने अपनी डायरी में लिखा है कि नई दिल्ली में ब्रिटिश शासन की ओर से सर्वोच्च अधिकारी वायसराय लॉर्ड लिनलिथगो तथा ब्रिटिश सरकार की ओर से भारत के लिए सेक्रेटरी ऑफ स्टेट लियोफोल्ड आमेरी, दोनों भारत में 'फूट डालो और राज करो' की नीति पर चलने के लिए निश्चय किए बैठे थे। इतना ही नहीं, बंगाल में भी उन्हीं के विचारों का समर्थक था, सर हरबर्ट (गवर्नर) वह भी इसी 'फूट डालो, राज करो' की नीति का समर्थक था। इसी नीति के कारण ये तीनों बड़े अधिकारी हिंदू और मुसलमानों को एकता के सूत्र में नहीं देखना चाहते थे। उनका किसी स्तर पर समझौता नहीं होने देना चाहते थे। बंगाल की गठबंधन सरकार में दोनों वर्गों के प्रतिनिधि एक साथ थे। इसीलिए गवर्नर स्वयं ही ऐसी सरकार को गिराने के प्रयत्न करता रहता था। उसे लगता था कि यदि किसी मुद्दे पर मंत्री नाराज होकर त्यागपत्र दे दें तो वह मुसलिम लीग की सरकार बचाने के लिए आमंत्रित करने की जुगाड़ में रहता था। वास्तव में अंग्रेज सरकार की सफलता हिंदू-मुसलमानों के बीच निरंतर संघर्ष के आधार पर ही टिकी हुई थी। दोनों समुदायों में कहीं भी आंशिक एकता या समझौता देखकर अंग्रेजों को भय लगने लगता था।

इन्हीं दिनों विश्वयुद्ध प्रचंड रूप से फैल गया था। वायसराय लिनलिथगो ने अपनी ओर से ही घोषणा कर दी थी कि भारत मित्र राष्ट्रों के साथ है। इस घोषणा से पूर्व भारतीय नेताओं से भी कोई सलाह-मशविरा नहीं किया गया था। इस कारण चुनी हुई राज्य सरकारों से कांग्रेस ने सामूहिक इस्तीफा देने का निर्णय लिया। इस्तीफे के दिन को 'मुक्ति दिवस' नाम दिया गया। यहाँ तक कि मुसलिम लीग भी इस निर्णय के समर्थन में आ गई। कांग्रेस का नेतृत्व दुविधा में था कि ब्रिटिश सरकार का समर्थन करे या विरोध करे? फासीवाद का विरोध, दूसरी ओर चीन समर्थन और जर्मनी का जोरदार विरोध हुआ।

महात्मा गांधीजी वायसराय से जाकर मिले और चर्चा हुई। बमबारी पर दुःख व्यक्त किया, परंतु अन्य दलों का समर्थन प्राप्त करने की कोशिश सफल नहीं हुई। ब्रिटिश सरकार के पास कोई ठोस सुझाव नहीं था। 26 जुलाई, 1942 को डॉ. मुकर्जी

ने सरकार को जो पत्र लिखा, उसमें सरकारी अधिकारियों की दुर्भावना को उजागर कर दिया। यह आरोप भी लगाया कि उनकी ठीक प्रकार चलती हुई सरकार को अस्थिर करने के प्रयास किए गए। यह भी स्पष्ट किया कि सरकार का मुखिया होते हुए गवर्नर निष्पक्ष नहीं रहे। वे हर मौके पर मुसलिम लीग का समर्थन (प्रत्यक्ष तथा परोक्ष) करते हुए दिखाई पड़े। सुभाषचंद्र बोस ने जापान में जाकर तथा जर्मनी में जाकर सहायता प्राप्त की थी, परंतु डॉ. मुकर्जी जापान के भी प्रशंसक नहीं थे। उनका विचार था कि किसी भी अन्य देश का एहसान लेना भविष्य के लिए अच्छा नहीं होगा। गवर्नर सर हरबर्ट से मिलकर उन्होंने निर्भय होकर कहा था कि हम मन से चाहते हैं कि अंग्रेज भारत से चले जाएँ, परंतु हम नहीं चाहते कि जापानी यहाँ आ जाएँ।

8 अगस्त, 1942 को कांग्रेस ने 'भारत छोड़ो आंदोलन' की घोषणा तो कर दी, परंतु अन्य दलों से कोई परामर्श नहीं किया, तो भी उनको आशा थी कि सभी दल उनका साथ दें। 12 अगस्त, 1942 को फिर डॉ. मुकर्जी ने एक ऐतिहासिक पत्र वायसराय को भेजा। सितंबर में वायसराय का उत्तर आने के पश्चात् उन्होंने अपना त्यागपत्र दे दिया, जो नवंबर में स्वीकार कर लिया गया।

मिदनापुर भारत का (बंगाल का) एक ऐसा जिला था, जिसने अंग्रेज सरकार का भारी विरोध किया। बाद में यह जिला पूर्वी और पश्चिमी भागों में बँट गया। कोंटई इसी जिले का एक उपमंडल है। विशेष बात यह है कि कोंटई बिहार और उड़ीसा की सामाओं के निकट पड़ता था। यहाँ के लोग भी बहुत स्वतंत्र विचारों के थे। पहले भी वे अपना भाव व्यक्त कर चुके थे। बाद में भी उन्होंने अपनी बेबाक प्रवृत्ति को बनाकर रखा। बाद में जब बंगाल में कम्युनिस्टों का राज आया, तब भी मिदनापुर अन्याय के विरुद्ध लड़ा। एक इंडोनेशिया की कंपनी उनकी कृषि भूमि लेकर रासायनिक हब बनाना चाहती थी, जिसे उन्होंने नहीं बनने दिया। भारत छोड़ो आंदोलन का भी इस क्षेत्र की जनता ने भारी विरोध किया। गांधीजी इसको अहिंसक रखना चाहते थे, परंतु इतना व्यापक क्षेत्र रखनेवाला आंदोलन हिंसक हो जाए, यह स्वाभाविक है। मिदनापुर जिले में हुए इस आंदोलन में जगह-जगह हिंसा भड़की। वास्तव में नेता तो सब 9 अगस्त तक जेल में डाल दिए गए थे। नेतृत्वविहीन आंदोलन का हिंसक हो जाना स्वाभाविक ही था। डॉ. मुकर्जी ने उन नवयुवकों को गवर्नर से सिफारिश करके माफी दिलाने में मदद की, जो उत्तेजना फैलाते हुए सरकार ने पकड़ लिये थे। यह वास्तव में डॉ. मुकर्जी की राजनैतिक दूरदर्शिता का प्रमाण था। तामलुक के नौजवान क्रांतिकारी बाद में ब्रिटिश दमन के शिकार भी हुए।

ब्रिटिश अधिकारी जिला मजिस्ट्रेट नियाज मोहम्मद खान और उपमंडल अधिकारी वजीर अली शेख ने ही उन नौजवानों के विरुद्ध दमन की काररवाई की। उन दोनों अफसरों ने हिंदू नौजवानों को घेरने का कोई अवसर नहीं छोड़ा। ब्रिटिश सरकार भी उन पर इस मामले में भारी भरोसा करने लगी थी। उनके माध्यम से अंग्रेजों ने भारतीयों पर बर्बरतापूर्ण पलटवार किया।

16 अक्तूबर, 1942 दुर्गा पूजा का उत्सव था। बंगाल में हिंदुओं का सबसे बड़ा त्योहार था। कोंटई शहर की गलियों में उत्सव मनानेवाली भारी भीड़ थी। तभी समुद्र तट पर भयानक तूफान ने आक्रमण किया। तेज हवाएँ चलीं। शहर की गलियों में चार-पाँच फीट तक पानी भर गया। लोग पूरी तरह अनजान थे। वर्षा, तूफान के दिन बीत चुके थे, परंतु अचानक आए इस भयंकर चक्रवात ने सबको हैरान-परेशान कर दिया। कहीं बचकर निकलने की राह नहीं थी। हजारों लोग बह गए। करोड़ों का सामान भी नष्ट हो गया। जल प्रवाह मात्र कोंटई तक ही नहीं रहा, बल्कि आसपास के अन्य इलाकों में भी पानी भर गया। जो डूब गए, बह गए, उनका तो कोई पता ही नहीं लगा। जो बच गए, वे भी भूख-प्यास से मरने लगे। अनुमान से सरकार ने 30,000 लोगों की मृत्यु का आँकड़ा दिया है, परंतु यह संख्या 50,000 या इससे भी अधिक हो सकती है।

16 नवंबर, 1942 को डॉ. मुकर्जी का त्यागपत्र स्वीकृत हो गया। तब वे मिदनापुर की त्रासदी के लिए खुलकर सामने आए। तब भी डॉ. मुकर्जी ने कानून तोड़नेवालों का खुलकर विरोध किया। उन्होंने कहा कि चाहे कोई भी योजना करें, परंतु अशक्ति, असुरक्षा तथा उपद्रव के हालात पैदा करने को उचित तथा न्यायपूर्ण नहीं कहा जा सकता। डॉ. मुकर्जी तब मंत्री भी नहीं थे तथा सरकार या कानून की उनपर कोई जिम्मेदारी भी नहीं थी, फिर भी वे उपद्रव और गुंडागर्दी के विरुद्ध थे। अतः मानना पड़ेगा कि डॉ. मुकर्जी जन्मजात मानवतावादी और न्यायप्रिय नेता थे। यहाँ यह भी समझना आवश्यक है कि मिदनापुर के निवासियों ने जापान के लोगों को न तो देखा था, न ही उनसे कुछ संपर्क हुआ था। फिर भी उन्हें जापानियों से इतनी नफरत नहीं थी, जितनी अंग्रेजों से थी।

जापान जनवरी में ही बर्मा पर हमला कर चुका था। बर्मा की सीमा के पास नोआखली में भी बम गिराए गए थे। अतः अगला कदम कलकत्ता पर बमबारी हो सकता था। समुद्री मार्ग पर कलकत्ता पूर्वी भारत का द्वार है। ऐसे में अंग्रेजों द्वारा सीधा जापान के आक्रमण का खतरा कोरा झूठ नहीं था। उसका स्पष्ट आधार था। यह अलग बात है कि जापान ने भारत पर आक्रमण नहीं किया। संभवतः वह इस

तथ्य से अवगत था कि बमबारी में मरनेवाले कोई अंग्रेज नहीं होंगे, बल्कि भारतीय होंगे। गवर्नर हरबर्ट के पास न तो समय था और न ही मन:स्थिति ही थी कि गहराई से भारतीय मानसिकता को समझ सके। भारत सरकार ने एक इनकार नीति स्वीकार की। इसका सारे देश में नगण्य सा प्रभाव रहा, परंतु इसका सर्वाधिक प्रभाव बंगाल में ही हुआ। यहाँ का गवर्नर हरबर्ट जैसा व्यक्ति था, जो न्याय नहीं, प्रतिशोध की नीति अपनाता था। वह हर कीमत पर इनकार नीति को बंगाल में लागू करना चाहता था। डॉ. मुकर्जी का विचार था कि यह नीति बेहद घबराहट और भय को ही प्रगट करती थी। अंग्रेज सरकार बंगाल को तो एक खोया हुआ इलाका मान रहे थे। अफसरों को गुप्त आदेश दिए गए थे कि जब जापान का आक्रमण हो, तब क्या कदम उठाने हैं। यद्यपि यह नीति शांति और सामाजिक हालात को बदतर करनेवाली थी।

बंगाल के भयानक अकाल के कारणों में यह क्रूर नीति भी एक कारण मानी जाती है। इस नीति के तहत सरकारी अफसरों ने अनाज के भंडारों पर छापे मारे। यदि किसी ने विरोध किया तो उसे खुलेआम पीटा गया। भंडार का अनाज (चावल) सरकार ने जब्त कर लिया। न तो उसे कुछ कीमत दी गई और न ही उसको घर-परिवार के खाने योग्य अनाज भी छोड़ा गया। सरकारी अफसरों ने बिना विचारे बहुत सा धान नष्ट कर दिया या फेंक दिया। जो फेंका गया था, वह बाढ़ में बह गया या सड़ गया। उसका खाने के लिए उपयोग नहीं हो सका। जहाँ भी स्वदेशी वाहनों (बैलगाड़ी आदि) में चावल दिखाई पड़ा, उन वाहनों को नष्ट कर दिया। हजारों ऐसे वाहनों को तोड़कर नष्ट कर दिया गया। यहाँ तक कि जो नौकाएँ सामान ढोने में सहायक थीं, उनको भी नष्ट कर दिया। सबसे हलका वाहन साइकिल तक को भी तोड़ने में बल-प्रयोग किया गया।

डॉ. श्यामा प्रसाद मुकर्जी अकेले ऐसे बंगाल के नेता रह गए, जिन्होंने सरकार का जमकर विरोध किया। इसके लिए वे गवर्नर हरबर्ट से निर्भीकता से भिड़ गए। 15 अक्तूबर को राइटर्स बिल्डिंग कलकत्ता में एक सम्मेलन आयोजित किया गया, जिसमें पुलिस के महानिरीक्षक तथा नीचे की रैंक के अधिकारी उपस्थित थे। डॉ. मुकर्जी ने वहाँ अपनी शंकाओं को उठाया और पुलिस ने उन्हें संतुष्ट करने की कोशिश की।

इस सम्मेलन के पश्चात् 'सब ठीक होगा' का भरोसा करके डॉ. श्यामा प्रसाद मुकर्जी परिवार सहित एक सप्ताह के लिए दार्जिलिंग चले गए। उसी दिन अर्थात् 16 अक्तूबर, 1942 को चक्रवात और तूफान ने मिदनापुर पर आक्रमण कर दिया। मिदनापुर के इलाकों में कई बार पानी घरों तथा खेतों में भर गया। सामान बह गया।

घरों में कुछ भी न बचा। हजारों की संख्या में लोग बह गए। जो बच गए, वे भारी भूख के शिकार हो गए। समाचार को सरकार ने प्रचारित नहीं किया। जनता में चलती हवा से ही अन्य प्रदेशों तक खबर फैली। डॉ. श्यामा प्रसादजी गवर्नर के संपर्क में थे, परंतु चार दिन तक उन्हें इस भयानक चक्रवात और बाढ़ की भनक तक नहीं लगी। पाँचवें दिन मिदनापुर से कुछ लोग डॉ. मुकर्जी से मिलने कलकत्ता आए। वहाँ से परिवार के ही अन्य जनों ने डॉ. मुकर्जी को समाचार भेजा।

डॉ. मुकर्जी ने माना कि गवर्नर हरबर्ट को तो उनके मातहत अफसरों ने सूचित किया ही होगा तथा गवर्नर ने जान-बूझकर उन्हें नहीं बताया। डॉ. मुकर्जी का तो यह भी विचार था कि हो सकता है, अंग्रेजों ने ही कृत्रिम विधि से यह बाढ़ मिदनापुर लाई गई हो। बाद में इसकी खबर सार्वजनिक न करने पर पूछताछ की गई तो सरकार का उत्तर था कि यह भयानक समाचार इसलिए प्रसारित नहीं किया गया, क्योंकि इसकी जानकारी शत्रु देशों को मिल जाती तो वे इस अवसर का लाभ उठाकर बंगाल पर आक्रमण भी कर सकते थे। ऐसी हालत में जनता और सरकार की भी विवशता और बढ़ जाती। यह सरकार का एक हास्यास्पद तर्क था। बाद में ज्ञात हुआ कि जापान के समाचार-पत्रों में तो 17 अक्तूबर को ही समाचार प्रकाशित हो गया था। जापान ने इस तरह का घटिया विचार किया होता तो सचमुच आक्रमण कर देता, परंतु उसने ऐसा सोचा तक नहीं था।

सूचना मिलने के बाद डॉ. मुकर्जी तुरंत कलकत्ता लौटे। यहाँ कुछ लोगों से जानकारी एकत्र की और दो अन्य मंत्रियों को साथ लेकर मिदनापुर पहुँचे। उन्होंने घूम-घूमकर लोगों की बुरी दशा को देखा तथा जो सहायता तुरंत की जा सकती थी, उसे रोकने की चेष्टा की। सरकार द्वारा राहत कार्य नगण्य थे तथा निराशाजनक थे। कलकत्ता वापस लौटकर उन्होंने सरकार से सारी भयावह स्थिति का वर्णन करते हुए आग्रह किया कि सरकार राहत कार्यों में तेजी लाए तथा जनता की बुरी दशा में सहानुभूहित का रवैया अपनाए।

सरकार से दो दिन तक लगातार बात करने के पश्चात् डॉ. मुकर्जी ने कलकत्ता में ही एक भाषण में लोगों को मिदनापुर वासियों की बुरी दशा की विस्तृत जानकारी दी। सरकार से हुई बातचीत और सरकार के प्रयत्नों से हुई निराशा की भी पीड़ा व्यक्त की। सरकारी अधिकारियों के रवैए की भी आलोचना की। डॉ. मुकर्जी ने यह भी साफ-साफ बताया कि मुसलिम अफसरों ने खूब अत्याचार किए। अधिकतर पीड़ित थे, फिर बाढ़ से पीड़ित हुए तथा राहत की जगह मुसलिम अफसरों की ऐसी प्रतिशोधात्मक नीति से बंगाली हिंदू नरक की पीड़ा झेलने को विवश हैं। उन्होंने

स्पष्ट कहा कि वहाँ जिला मजिस्ट्रेट एम.एम. खान का रवैया भी राहत कार्यों में रोड़ा बन रहा था।

'भारत छोड़ो' आंदोलन में पकड़े गए कांग्रेसी नेताओं को डिफेंस ऑफ इंडिया रूल के तहत जेल में डाला गया था। डॉ. श्यामा प्रसाद ने उनको रिहा करवाने का भी यत्न किया, परंतु गवर्नर ने असहमति व्यक्त की। डॉ. मुकर्जी ने उनसे जेल में मुलाकात की। इस मुलाकात की गुप्त रिपोर्ट एम.एम. खान ने गृह विभाग को भेज दी।

सरकारी अधिकारियों का असंवेदनशील, दुर्भावनापूर्ण तथा पशुतापूर्ण रवैया देखकर डॉ. मुकर्जी को भारी दु:ख हुआ। यहाँ तक कि हिंदू सरकारी अधिकारी भी दबाव में उनके जैसा ही आचरण कर रहे थे। बाद में वे भारत सरकार से निर्देश निकलवा पाए कि लोगों का घर जलाना तथा लूटना सरकारी नीति का हिस्सा नहीं था। यदि ऐसा हुआ है तो जाँच की जाएगी। दोषी कर्मचारियों को दंड दिया जाएगा। कोंटई में चक्रवात के दौरान रात को हुई दुष्टतापूर्ण घटनाओं की भी जाँच करना तय हुआ। इतनी भयावह परिस्थिति में भागने के लिए नावें भी उपलब्ध नहीं कराई गईं। जो लोग अपने कच्चे-पक्के घरों की छतों पर चढ़े सुरक्षा के लिए चीख रहे थे, उनको बचाने के लिए कारगर कदम नहीं उठाए गए थे।

जो लोग सहायता करना चाहते थे, उन्हें भी नाव न चलाने की सख्त हिदायत दी गई, ताकि वे सहायता न कर सकें। यह अमानवीय व्यवहार आम जनता से किया गया। इसीलिए लाखों की संख्या में लोग मारे गए। बाढ़ तथा बाद में भी लगभग 85 प्रतिशत पशुओं को मौत के घाट उतार दिया गया। दुधारू गाय, भैंसों को पुलिस जबरन छीन ले गई, ताकि लोग दूध न पी सकें।

सबसे निंदनीय बात यह रही कि मजिस्ट्रेट ने जनता पर जुरमाने ठोक दिए। केवल हिंदू जनता पर। बड़ी शर्मनाक बात थी कि सरकार को मुसीबत के समय सहायता न करके जुरमाना लगाए! वह भी भेदभाव के साथ! मजिस्ट्रेट मुसलमान है तो मुसलमान को सहयोग करे, हिंदू को दंडित करे। क्या यह भी जजिया कर का ही रूप नहीं है? अब डॉ. मुकर्जी की सहनशक्ति जवाब दे गई। ऐसी सरकार का हिस्सा बने रहना सचमुच शर्म की बात ही थी। मतभेद तो प्राय: होते रहते हैं, परंतु इतना अन्याय सहकर सरकार में बने रहना अपने धर्म तथा मानवीय संस्कारों से अन्याय होता। अत: 16 नवंबर, 1942 को डॉ. श्यामा प्रसाद मुकर्जी ने त्यागपत्र दे दिया।

डॉ. मुकर्जी के त्यागपत्र का यही एकमात्र कारण नहीं था। सर हरबर्ट गवर्नर तथा अन्य आई.पी.एस. अफसरों के व्यवहार से वे पहले भी दु:खी थे। पहले भी पत्र

लिखकर अपनी नाराजगी व्यक्त कर चुके थे। वायसराय भी गवर्नर की ही बात को महत्त्व देते थे। हिंदू-मुसलिम के मतभेदों को और अधिक बढ़ाना तथा उन्हें मिलने न देने का प्रयास मुसलिम लीग के साथ अंग्रेज भी कर रहे थे। इस समय पर कांग्रेस का रवैया अभी केवल मनमानी करनेवाला था। वह अपने सिवा किसी अन्य को भारतीय जनता का प्रतिनिधि मानते ही नहीं थे। सरकार की दमनकारी नीति इन सब कारणों पर अधिक भारी हो गई और डॉ. मुकर्जी त्यागपत्र देने को विवश हो गए। त्यागपत्र के अनेक अनुच्छेदों में उनकी देशभक्ति पीड़ा बनकर प्रकट हो ही गई। उन्होंने लिखा—"हमें भी ब्रिटिश प्रभुता के बोझ को उतार फेंकने का अधिकार है। इधर ब्रिटेन जर्मनी के हिटलर से स्वयं को बचाने के लिए प्रयत्नशील है। क्या हम देशद्रोही हैं, जो अंग्रेजों का साथ दें, उनका समर्थन करें?"

20 नवंबर, 1942 को गवर्नर ने त्यागपत्र स्वीकृत कर लिया। गवर्नर तो मन-ही-मन खुश ही हुआ होगा, क्योंकि उसके कार्य में डॉ. मुकर्जी ही बाधक थे। वह तो चाहता था कि वह मंत्रियों को बरखास्त कर दे, वह केवल स्वयं या अपने अधिकारियों के द्वारा शासन चलाने का विचार रखता था। फिर भी उसे अन्य मंत्रियों से इतनी परेशानी नहीं थी। वह थोड़ा सा कानूनी दबाव देने से मान जाते थे। डॉ. मुकर्जी की अपनी विचारधारा थी, अपनी कानूनी दलीलें थीं और अन्याय के विरुद्ध बोलने तथा लड़ने की हिम्मत थी। गवर्नर ने एक बार औपचारिकता के लिए बुलाकर भी नहीं पूछा। पत्र में लिखे कारणों के बारे में गवर्नर ने कहा कि आप इन कारणों को सार्वजनिक नहीं करें। साहसी डॉ. मुकर्जी ने स्पष्ट इनकार कर दिया और कहा कि जब मैं मंत्री ही नहीं रहा तो आपकी किसी बात का दबाव क्यों मानूँगा? मेरा अधिकार है तथा कर्तव्य भी कि जनता पूछेगी तो मैं अवश्य बताऊँगा कि मैंने त्यागपत्र किन कारणों से दिया है। इसी के साथ मुलाकात समाप्त हो गई। मुख्यमंत्री फजलुल हक दोनों से आग्रह करके सुलह करवाने की कोशिश में थे, परंतु दोनों अपने-अपने निर्णय पर दृढ़ थे।

आखिर जापान की ओर से दिसंबर 1942 में कलकत्ता पर एक बम गिरा दिया गया। इस समय डॉ. मुकर्जी कलकत्ता में नहीं थे। हरबर्ट ने आशंका जताई कि मुकर्जी को मालूम था कि बम गिरनेवाला है। यद्यपि यह कोरी कल्पना और विरोधी को दोष देने की चेष्टा थी। डॉ. मुकर्जी उन दिनों अपने मधुपुर के घर में विश्राम कर रहे थे। थकान और अशांत होने पर मधुपुर में जाने की आदत बचपन से ही थी। इसके बाद वैसे भी उन्हें कानपुर में हिंदू महासभा के अधिवेशन में पहुँचना था।

हिंदू महासभा का अधिवेशन शुरू हो गया। डॉ. मुकर्जी अधिवेशन में पहुंचे।

लोगों ने उनका उत्साहपूर्वक स्वागत किया। गवर्नर के प्रति उन सबके मन में प्रतिशोध की भावना थी। लोग डायरेक्ट एक्शन करने के मूड में थे, परंतु डॉ. मुंजे और सावरकर दोनों ने इस विचार को नकार दिया। इधर बंगाल की फजलुल सरकार की कठिनाई भी बढ़ गई। वित्तमंत्री का काम भी फजलुल हक को स्वयं सँभालना पड़ा। कांग्रेस एवं मुसलिम मंत्री दल-बदल कर रहे थे। गवर्नर भी फजलुल हक से मिलकर मुसलिम लीग की सरकार लाना चाहता था।

हिंदू महासभा का अब कोई मंत्री नहीं था। वह समर्थन वापस लेती तो सरकार गिर जाती, पर सरकार को बचाने की खातिर सभा ने समर्थन वापस नहीं लिया।

कांग्रेस भी समर्थन वापस इसीलिए नहीं ले रही थी कि लीग को सरकार बनाने का अवसर न दिया जाए। हिंदू महासभा ने लीग के सम्मिलित होने की बात इस शर्त पर मान ली कि फजलुल हक ही मुख्यमंत्री बना रहे। मुसलिम लीग यह शर्त मानने को तैयार नहीं थी। वह तो ऐसा मंत्रिमंडल बनाना चाहती थी, जिसमें लीग के ही सब मंत्री हों और वे अपनी मनमानी कर सकें। हरबर्ट ने साजिश रची और फजलुल हक की ओर से इस्तीफा टाइप करवाकर रख लिया, फिर उसने फजलुल हक पर दबाव डाला कि वह डॉ. मुकर्जी के इस्तीफे के कारणों पर बयान देकर उन्हें गलत और झूठा करार दे। फजलुल इसके लिए तैयार नहीं हुआ, तो उस पर दबाव डाला गया कि वह सहमत नहीं है तो वह भी इस्तीफा दे। जैसे ही फजलुल ने कहा कि वह इस्तीफा देने को तैयार है, तभी गवर्नर ने टाइप किए हुए इस्तीफे पर हस्ताक्षर करवा लिये। वह अपने किसी साथी से सलाह भी नहीं कर पाया। गवर्नर ने भी किसी अन्य को न तो आमंत्रित किया और न ही बहुमत सिद्ध करने की समस्या आई। कुछ दिन गठबंधन करने के लिए उठापटक चलती रही। बजट भी पास नहीं किया जा सका। 31 मार्च, 1943 को वायसराय से सिफारिश करके भारत सरकार अधिनियम की धारा 93 के तहत बंगाल में गवर्नर शासन लगा दिया गया। तुरंत बाद गवर्नर बजट भी पास कर दिया गया।

गवर्नर शासन के विरुद्ध खूब हंगामा हुआ। प्रदर्शन भी हुए तथा सभा भी आयोजित की गई। सभा में फजलुल हक और डॉ. श्यामा प्रसाद मुकर्जी को भी आमंत्रित किया गया। डॉ. मुकर्जी ने गवर्नर के व्यक्तिगत तथा प्रशासनिक क्रियाकलापों की खुलकर आलोचना की। उन्होंने साफ कहा कि गवर्नर की मनमानी नीतियों में चुनी हुई सरकार बाधक थी। अत: बिना किसी ठोस आधार के गवर्नर शासन थोप दिया गया। तब भी हरबर्ट को न शर्म आई, न कोई प्रतिक्रिया व्यक्त की। हाँ, एक बार फिर उसने सरकार बनाने की प्रक्रिया को दोहराया। उसने नजीमुद्दीन

को सरकार बनाने को आमंत्रित किया। उसे कहा गया कि मुसलिम मंत्रियों के साथ तीन हिंदू और तीन अनुसूचित जाति के मंत्रियों को शामिल करने की कोशिश करें। मुसलिम लीग की सरकार में ये मंत्री शामिल हो गए। सोहरावर्दी ने मुख्यमंत्री बनने के लिए बहुत हाथ-पैर मारे, परंतु वह सफल नहीं हो पाया। अंत में उसे आपूर्ति विभाग दिया गया और वह मंत्रिमंडल में ही जगह बना पाया। इन सारी घटनाओं ने वायसराय लिनलिथगो के मन में गवर्नर हरबर्ट की छवि में परिवर्तन कर दिया था। पहले वह हरबर्ट पर विश्वास करता था और अब वह इतना दुःखी था कि उसने सेक्रेटरी ऑफ स्टेट लॉर्ड आमेरी को पत्र में लिखा कि मैं हरबर्ट से तथा उसकी सरकार के कारनामों से दुःखी और अशांत हूँ। हक ने भी मूर्खता की हद कर दी और अपने साथियों की सलाह लिये बिना स्वयं इस्तीफे पर हस्ताक्षर कर दिए। बहुमत होते हुए भी उसने सरकार बरखास्त हो जाने दी। नजीमुद्दीन की सरकार को शपथ दिला दी गई। जबकि वह अब भी बहुमत में नहीं थी। हरबर्ट की तरह किसी भी गवर्नर को स्थानीय राजनीति में नहीं फँसना चाहिए।

जहाँ तक डॉ. मुकर्जी के त्यागपत्र की बात है, वह भी जल्दबाजी में तथा उग्र प्रतिक्रियास्वरूप दिया गया था तथा अन्य साथियों में आत्मविश्वास का अभाव था। यद्यपि स्वयं गवर्नर हरबर्ट सरकार को गिराने की तथा मुसलिम लीग को लाने की कोशिश में था। डॉ. मुकर्जी के त्यागपत्र देने के पश्चात् गठबंधन सरकार स्वयं अस्त-व्यस्त हो गई। इसके पश्चात् चावल की कीमतें दिनोदिन बढ़ती चली गईं। चावल के भंडार चक्रवात, बाढ़ और सरकारी छापों की वजह से नष्ट हो चुके थे। लोगों के पास धन का भी अभाव हो गया था। ऐसे समय कीमतें बढ़ाना स्वाभाविक ही था। जो चावल फरवरी 1942 में लगभग चार रुपए किलोग्राम मिलता था, वही दिसंबर 1942 में 16 रुपए किलो पर पहुँच गया। सितंबर 1943 में वही चावल 100 रुपए प्रति किलो पर पहुँच गया। वास्तव में चक्रवात और बाढ़ के साथ अकाल अक्तूबर 1942 में आया, जिसका प्रभाव 1943 में शुरू से ही था। वह तात्कालिक प्रयासों के अभाव में वर्ष 1943 में निरंतर दिखाई पड़ा। ऐसी परिस्थिति में 1943 में ही डॉ. श्यामा प्रसाद मुकर्जी की बड़ी बेटी सविता का विवाह भी हुआ। सविता 17 वर्ष की हो चुकी थी। उन दिनों बंगाल में लड़कियों के विवाह की वय 16-17 वर्ष ही हुआ करती थी। अतः सविता का भी विवाह कर दिया गया। डॉ. मुकर्जी को वर खोजने के लिए बहुत भाग-दौड़ नहीं करनी पड़ी। एक दिन उनके एक मित्र सुरेशजी चक्रवर्ती मिलने आए। मिलकर खाने-पीने के पश्चात् अन्य बातचीत होती रही। घर-परिवार की जानकारी देते समय सुरेशजी ने बताया कि उनका पुत्र

निशीथ 20 वर्ष का हो गया है। निशीथ के लिए कोई अच्छे परिवार की संस्कारी पुत्री बताना। मैं उसके विवाह के दायित्व से मुक्त होना चाहता हूँ। डॉ. श्यामा प्रसाद ने पुत्री सविता को बुलवाया और निशीथ से उसका विवाह करने का प्रस्ताव रख दिया। सुरेश को तो मानो चंद्रमा हाथ आ गया! निशीथ बनर्जी लिखता था। इंग्लैंड से इंजीनियर की डिग्री प्राप्त था। जातीय व्यवस्था में यह एक आदर्श जोड़ी थी। नाम, गोत्र, कुंडली सब देखकर तय किया गया। डॉ. मुकर्जी ने कहा कि अपनी धर्मपत्नी से भी एक बार सलाह ले लीजिए। 1926 में जनमी सविता ऐशोआराम में पली थी। उसकी ताई तारादेवी ने माँ से भी अधिक प्यार से पाली थी। दोनों ही परिवारों ने अपने रीति-रिवाजों के अनुसार अपने पूर्वजों को स्मरण किया। डॉ. मुकर्जी ने बेटी सविता को पहली शिक्षा यही दी कि कपड़े और गहनों का दिखावा कभी मत करना। सविता ने पूछा, "फिर आप मुझे इतने गहने दे ही क्यों रहे हैं?" डॉ. मुकर्जी केवल मुसकरा दिए, "समय पड़ने पर गहनों का महत्त्व अपने आप समझ में आ जाएगा।"

विवाह में कन्यादान के समय डॉ. मुकर्जी कहीं गायब थे। बड़े भाई रमा प्रसाद ने ही वह रस्म निभाई। विदाई के समय जब श्यामा प्रसाद बेटी को चूमकर विदाई देने लगे तो वह बोली, "आप कल समय पर कहाँ चले गए थे? लगता है, मुझे प्यार नहीं करते?" तब डॉ. मुकर्जी बोले, "तुम श्यामा प्रसाद मुकर्जी की लाड़ली बेटी हो। उस समय कुछ अकाल पीड़ित लोगों को भोजन करवा रहा था। उनको छोड़कर आने में देर हो गई। मेरी बेटी परोपकार और परसेवा के महत्त्व को अच्छी तरह जानती है।" भाव यह है कि इतने बड़े पारिवारिक दायित्व के समय भी श्यामा प्रसाद अकाल पीड़ितों की सेवा करना नहीं भूले। उन लोगों को भोजन कराना बेटी के विवाह से भी अधिक महत्त्वपूर्ण लगा, जबकि अपनी पुत्री भी मातृहीन थी। उसे भी अधिक प्यार की जरूरत थी। डॉ. मुकर्जी को अपने बड़े भाई रमा प्रसाद तथा भाभी तारादेवी पर अत्यधिक भरोसा था। अधिकतर सभी रस्में उन्होंने ही संपन्न कीं। श्यामा प्रसादजी के सभी बच्चों को पाला भी उन्होंने ही था। परिवार संयुक्त ही था। सब भाई-बहन साथ-साथ रहते थे।

बंगाल में अकाल का प्रभाव बरकरार था। बेटी सविता का विवाह करके डॉ. श्यामा प्रसाद को लगा कि अब वे और अधिक निश्चिंत होकर अकाल पीड़ितों की सेवा कर सकते हैं। भूख से व्याकुल हजारों पुरुष, स्त्री और बच्चे शहर की गलियों में घूम रहे थे। उनका घर-बार सब नष्ट हो चुका था। शरीर बाकी था, परंतु मांस नहीं था, केवल हड्डियों का ढाँचा ही था। पता नहीं प्राण कहाँ अटके थे, माताएँ अपने बच्चों को छाती से चिपटाए आने-जानेवाले हर व्यक्ति को घूर रही थीं।

छातियाँ लटक गई थीं। दूध नहीं था, मांस नहीं था, पर निचुड़ी हुई थैलियाँ लटक रही थीं। अंदर बच्चों के प्रति प्रेम भरा था। बच्चों की कुरूपता भी उनकी प्यार भरी आँखें नहीं देख पा रही थीं। बच्चों के सूखी लकड़ी जैसे हाथ-पाँव और शरीर से और अधिक लिपटा जा रहा था। सड़कों के किनारे जहाँ खाली जगह दिखाई पड़ी, इन अकाल पीड़ितों ने वे सब जगह भर दीं। शहर तो शहर, हुगली नदी में भी कहर दिखाई पड़ता था। कभी छोटी किश्ती आती दिखाई देती, तो निकट आने पर पता लगता कि वह किश्ती नहीं लाश है, जो पानी में पड़े-पड़े फूल गई है।

चक्रवात वाले पहले दिन 16 अक्तूबर, 1942 को 30 हजार लोगों के मरने का अनुमान था। और तब से रोज मर ही रहे थे। सरकारी आँकड़े अकाल से मरनेवालों की संख्या 15 लाख बता रहे थे, जबकि जनता पचास लाख कह रही थी। आँकड़े कम-ज्यादा हो सकते हैं, मरनेवालों का कहीं पंजीकरण तक नहीं हो रहा था, परंतु उनकी (जीवितों की) दशा ऐसी थी, जिसकी पहले कभी कल्पना भी किसी ने नहीं की थी। इस भयानक अकाल ने सभी संवेदनशील व्यक्तियों को झकझोरकर रख दिया था। डॉ. मुकर्जी के व्यक्तिगत जीवन पर भी अकाल का भारी प्रभाव दिखाई पड़ा। उनकी दूरदर्शिता को सबके सामने प्रकट किया। पहले तो डॉ. मुकर्जी ने सरकार से अनुरोध किया कि सरकार गाँवों का सारा अनाज भंडार जबरन खाली न करवाए। सरकारी अधिकारी नहीं माने तो उन्होंने त्यागपत्र दे दिया। इस पर सरकार और अधिक निरंकुश हो गई। प्रत्यक्ष अकाल पड़ने पर सरकार का कर्तव्य बनता था कि जनता के जीवन को बचाने का कुछ प्रबंध करे, जो उसने नहीं किए। तब तक व्यापक स्तर पर डॉ. मुकर्जी ने अपनी ओर से ही भोजन वितरण का शुभ कार्य कराया, जिनमें स्वयं देखभाल की और अपना धन खर्च किया। तीसरा बड़ा कार्य था, सरकार और मुसलिम लीग की मिलीभगत से जो घोटाले दलालों के द्वारा किए गए थे, उनका भंडा फोड़ दिया। जनता के सामने उनकी कलई खोल दी गई।

ढाका जिले के आई.सी.एस. अधिकारी अशोक मिश्रा ने मुंशीगंज में अकाल के प्रभाव का वर्णन अपनी डायरी में लिखा है, जो अत्यंत भयानक है—'अगस्त और सितंबर 1943 तक मुंशीगंज की तथा आसपास के गाँव-देहात की दशा बहुत दयनीय थी। इलाके का हर व्यक्ति पीड़ित, भूखा रोगग्रस्त और दुःखी था। शरीर सूखा हुआ, उस पर काले, घने और खड़े बाल पिनों की तरह दिखाई पड़ रहे थे। उनका साधारण देखना भी ऐसा लगता था, जैसे आँखें फाड़कर घूर रहे हों। अधिक देर तक उनकी तरफ देख पाना भी सबके बस की नहीं था। सिंतबर 15 के बाद अक्तूबर तक सामूहिक मौतें होने लगीं। प्रशासन ने भी कुछ लंगर खोले। आश्चर्य

की बात यह है कि भूख से मौतें धीरे-धीरे हुई थीं और सरकारी लंगर से सामूहिक मौतें हुईं। लंगरों में पहले कुछ दिन उबले चावल दिए गए, फिर चावलों में मसूर की दाल मिलाकर खिचड़ी दी गई। भूखों ने खूब खाई। उनके पेट फूल गए। त्वचा रबड़ की तरह खिंचती चली गई और सामूहिक मृत्यु के शिकार बन गए।"

डॉ. मुकर्जी ने एक जगह बताया कि अकाल का असर इतना भयानक था कि जब लंगर में खिचड़ी का देग देखा तो एक आदमी मिदनापुर में उसकी सुगंध से ही बेहोश होकर गिर पड़ा। फिर उठा ही नहीं, वहीं मर गया।

डॉ. अमर्त्य सेन ने भी अकाल पीड़ित जनता का हाल अपने लेखों में किया है। अकाल का प्रबंध प्रारंभ से ही ठीक से सावधानी से किया जाता तो संभवतः इतना बुरा हाल न होता। डॉ. मुकर्जी इस कुप्रबंध के लिए इन्हें दोषी मानते हैं। ब्रिटेन के सेक्रेटरी ऑफ स्टेट लियोपोल्ड आमेरी, वायसराय लिनलिथगो, गवर्नर हरबर्ट तथा नवनियुक्त मंत्री नजीमुद्दीन, आपूर्ति मंत्री सोहरावर्दी शाहिद हुसैन, जो मिदनापुर के ही एक कुलीन परिवार से आता था, वह बड़ा रंगीन मिजाज था और स्वयं कार चलाकर नाइट क्लबों में जाया करता था। वह डांसरों एवं वेश्याओं की भी संगत में रहता था।

सरकार ने सच्चाई को झुठलाने का प्रचार शुरू कर दिया था कि न तो कोई अकाल पड़ा है और न पड़ेगा। अनाज की कोई कमी नहीं है। बेईमान व्यापारियों तथा जमाखोर लोगों के कारण यह अकाल जैसी स्थिति दिखाई पड़ी। सोहरावर्दी ने जनता में इस प्रकार के बयान जनता को बहकाने के लिए दिए। सब जानते थे कि वे सब साफ झूठ बोल रहे हैं। यदि वायसराय पहले ध्यान देते और चिंता करते तो सचमुच अन्य जगहों से अनाज आसानी से मँगाकर अकाल पीड़ित क्षेत्र की सहायता की जा सकती थी। आमेरी महोदय ने बाद में ब्रिटिश प्रधानमंत्री चर्चिल पर दोष मढ़ा। यदि लियोपोल्ड आमेरी, वायसराय लिनलिथगो और गवर्नर हरबर्ट अपने दायित्व को न्यायपूर्वक निभाते तो समस्या का समाधान कर सकते थे, परंतु इन्होंने स्थिति की गंभीरता को नहीं समझा। भले काम के भी बुरे परिणाम आ सकते हैं। यह कोई सोच नहीं सकता, परंतु डॉ. मुकर्जी के साथ ऐसा ही हुआ था। उन्होंने अपना समय और धन अकाल पीड़ितों की सेवा-सहायता में श्रद्धापूर्वक लगाया। यह देखकर गवर्नर हरबर्ट ने वायसराय लॉर्ड लिनलिथगो को एक गुप्त रिपोर्ट भेजी। उसमें लिखा गया कि डॉ. मुकर्जी विधानसभा के मंत्री पद से त्यागपत्र देने के बाद से अकाल पीड़ितों की सहायता में अपना समय और धन लगा रहे हैं। ऐसा वे भारत सरकार को नीचा दिखाने के लिए कर रहे हैं, ताकि जनता के सामने सरकार की कमी उजागर करके

जनता की सहानुभूति पाना चाहते हैं। सरकार ने डॉ. मुकर्जी के बयानों को भारत सुरक्षा कानून की दुहाई देकर प्रतिबंधित कर दिया।

डॉ. मुकर्जी को घर की कोई चिंता नहीं थी, वे पूरी तरह से अकाल पीड़ितों की सेवा में लगे थे। प्रदेश में 'बंगाल रिलीफ कमेटी' का एक नया संगठन शुरू किया। इस कमेटी ने दान एकत्र करके पीड़ित जनता की सहायता की। डॉ. मुकर्जी दान के लिए बंबई तक गए। इसी प्रकार की एक रिलीफ कमेटी हिंदू महासभा ने भी आरंभ की। डॉ. मुकर्जी को उसका अध्यक्ष बनाया गया, जबकि पहली कमेटी के वे उपाध्यक्ष थे और बद्री दास गोयनकाजी अध्यक्ष थे। मिदनापुर क्षेत्र में पीड़ित परिवार अधिकतर हिंदू थे और अब पूर्वी बंगाल में पीड़ितों में मुसलिम अधिक थे। डॉ. मुकर्जी ने दोनों की सेवा बिना भेदभाव के की। यही उनके महान् और न्यायपूर्ण आचरण का प्रमाण है। फिर भी बंगाल सरकार ने हिंदू महासभा को इसका राजनीतिक लाभ न मिले, सदा इसकी ही चिंता की। डॉ. मुकर्जी ने विधानसभा के सदस्यों को भी कमेटी के लिए दान देने के लिए प्रेरित किया। डॉ. मुकर्जी उन पीड़ितों को सिर पर छत देने की कोशिश कर रहे थे, जो सड़कों की पटरियों पर बेघर पड़े थे। अपील का बहुत अधिक प्रभाव नहीं हुआ। डॉ. मुकर्जी ने सहयोग न मिलने पर भी अपना सेवा का मिशन जारी रखा।

डॉ. मुकर्जी के सेवा अभियान से प्रेरित होकर कुछ अन्य लोगों ने भी रिलीफ कमेटी गठित की और पीड़ितों की सहायता के लिए आगे आए। इनमें कुछ प्रमुख कमेटियों के नाम उल्लेखनीय हैं—मारवाड़ी रिलीफ कमेटी, श्रीरामकृष्ण मिशन, आर्य समाज रिलीफ कमेटी, स्टॉक एक्सचेंज रिलीफ कमेटी, गुजरात रिलीफ सोसाइटी, पंजाब रिलीफ सोसाइटी, कलकत्ता रिलीफ सोसाइटी, हावड़ा रिलीफ कमेटी, बंगाल वूमैन फूड कमेटी, बंगाल ऑल फल्ड ऐंड फैमिन रिलीफ कमेटी, दरिद्र बांधव भंडार, बिरला ब्रदर्स सोसाइटी, सूरजमल नागरमल सेवा समिति आदि। ये सभी प्रमुख सेठ-साहूकारों तथा राजनीतिक व्यक्तियों द्वारा प्रारंभ की गई थीं। फिर भी डॉ. मुकर्जी के सेवा कार्य और आर्थिक सहायता का महत्त्व अधिक ही है। वह अन्यों के लिए प्रेरक रहे। इन सब कमेटियों ने राहत पहुँचाने का काम तो किया, परंतु देर से किया। यदि डॉ. मुकर्जी के साथ सेवा सहायता का कार्य प्रारंभ कर दिया जाता तो बहुत से लोग मृत्यु से बचाए जा सकते थे। डॉ. मुकर्जी ने एक और भी सोसाइटी गठित की, जिसे 'राहत समन्वय समिति' कहा गया। इसमें डॉक्टर विधान चंद्र राय भी सम्मिलित थे। ये दोनों उपाध्यक्ष थे और श्री बद्री दास गोयनका को अध्यक्ष बनाया गया था।

राहत समितियों को निम्न प्रकार की गतिविधियाँ संपन्न करनी थीं—

1. बेसहारा तथा भूखे लोगों के लिए भोजन का प्रबंध करना एवं अनाज का वितरण करना।
2. जो कुछ ठीक स्थिति पा चुके थे, उनके लिए अनाज की सस्ती दुकानें तथा कम कीमत पर भोजनालय खोलना।
3. बेसहारा लोगों के लिए सिर छुपाने के लिए आवास देना तथा प्रभावित क्षेत्रों में सस्ते अस्पताल खोलना।
4. जरूरतमंद लोगों को सस्ते वस्त्र तथा मुफ्त वस्त्रों का वितरण।
5. बेसहारा बच्चों, शिशुओं को दवाई एवं दूध की मुफ्त व्यवस्था करना।

समस्त भारत की इन कमेटियों ने 51 लाख दान एकत्र किया तथा उपरोक्त कार्यों में उपयोग किया। बंगाल रिलीफ कमेटी का ही दो-तिहाई योगदान था। उस समय सत्तारूढ़ सरकार में मुसलिम लीग का प्रभुत्व था। कुछ हिंदू भी उसमें सम्मिलित हो गए थे।

डॉ. मुकर्जी ने 14 जुलाई, 1943 और 17 सितंबर, 1943 को जो भाषण दिए, उनमें सरकार की, मुसलिम लीग की खूब छीछालेदर की। ब्रिटिश नौकरशाही की भी बखिया उधेड़ी। यहाँ तक कि मंत्री सोहरावर्दी के भेदभावपूर्ण और पक्षपातपूर्ण रवैए को उजागर किया। इतनी निर्भीकता से और सप्रमाण खुलकर आलोचना करने की हिम्मत आम नेताओं में नहीं होती। वे सत्य को भी लाग-लपेट के साथ सफाई से प्रस्तुत करते हैं।

आपूर्ति मंत्री सोहरावर्दी ने विधानसभा में बताया कि बंगाल के पास खाद्यान्न की कमी नहीं है। हमारे पास पर्याप्त अन्न-भंडार है। इस बयान के बाद डॉ. मुकर्जी ने सदस्यों से कहा कि वे सोहरावर्दी से प्रभावितों के आँकड़े पूछें। कितना खाद्यान्न अपेक्षित है तथा कितना भंडारण में है ? यदि ऐसे आँकड़े एकत्र किए गए हैं तो वे सबके सामने सार्वजनिक किए जाने चाहिए। किसी ने कोई उत्तर नहीं दिया, क्योंकि स्पष्ट उत्तर था ही नहीं। सोहरावर्दी ने यह बयान गवर्नर हरबर्ट को खुश करने के लिए दिया था। वास्तव में सोहरावर्दी हरबर्ट की सिफारिश पर ही मंत्री बना था। वह तो वास्तव में मुख्यमंत्री बनना चाहता था। उसके बयान प्रामाणिक नहीं थे। अत: अगले दिन ही उसे कहना पड़ा—'यदि जरूरी हुआ तो प्रत्येक घर में तलाशी ली जाएगी। तहखानों तथा गोदामों में छिपा चावल हम निकलवाएँगे।' स्पष्ट है कि सरकार के पास पर्याप्त भंडार होते तो तलाशी लेने की क्या आवश्यकता होती? सोहरावर्दी का नाटकीय बयान एक

दिन में ही बदल गया। वह चालाक, झूठा एवं मक्कार व्यक्ति था। डॉ. मुकर्जी ने उसको आईना दिखा दिया। स्पष्ट है कि वह बिना प्रमाण के भाषण कर रहा था, जिसकी कलई खुल गई।

यह अकाल मुसलिम लीग के कारण नहीं आया था। प्राकृतिक कारणों के अतिरिक्त गवर्नर हरबर्ट, वायसराय लिनलिथगो तथा सेक्रेटरी लियोपोल्ड आमेरी, तीनों कुप्रबंधन के लिए जिम्मेदार थे। परंतु सोहरावर्दी की चापलूसी और अयोग्यता उन्हीं अफसरों का झूठा गुणगान कर रही थी। बाद में भी हालात बदलने के लिए राहत कार्यों में सरकार का अपेक्षित सहयोग प्राप्त नहीं हुआ।

फिर भी सोहरावर्दी ने हालात को बदतर बनाने का कुकर्म तो किया। राहत कार्यों के लिए देश के अन्य भागों से अनाज खरीद का दायित्व इस्पहावी नामक व्यक्ति को सौंपा गया। वह बंगाल सरकार का एजेंट था, जो विश्वसनीय नहीं था। सोहरावर्दी ने न कोई टेंडर निकाला, न किसी अन्य से सलाह ली और काम उसे सौंप दिया। यह प्रशासनिक प्रक्रिया की जगह मानो उसका घरेलू कार्य हो। बिना किसी अनुबंध के इस कार्य के लिए अग्रिम दो करोड़ की राशि भी इस्पहानी को दे दी गई। वह व्यक्ति मुसलिम लीग पार्टी का एक फाइनेंसर भी था। निस्संदेह इस खरीद की काररवाई को अवैध कहा जाएगा। डॉ. मुकर्जी ने पूछा कि इस मामले में पड़ोसी राज्य बिहार तथा उड़ीसा से भी पूछा जा सकता था। हो सकता है, सरकारें कुछ समय के लिए उधार भी खाद्यान्न दे देतीं। बिना किसी लिखित अनुबंध के एक एजेंट को दो करोड़ की रकम पकड़ा देना सरासर गैरकानूनी था।

17 सिंतबर के भाषण में तो डॉ. मुकर्जी ने सोहरावर्दी को बेवर्दी (नंगा) कर दिया। उन्होंने खाद्यान्न की खरीद और उत्पीड़न नीति की खूब बखिया उधेड़ी। सरकार की तथा मंत्री की नीति को योजनाहीन तथा मूर्खतापूर्ण करार दिया, जिसके कारण जनसाधारण, व्यापारी, किसान तथा मजदूरों की दशा और अधिक खराब होती चली गई। कंपनियाँ किसी भी मूल्य पर खाद्यान्न खरीद रही थीं, क्योंकि सामान्य व्यापारियों तथा जनसाधारण लोगों में तो खरीद की क्षमता बची ही नहीं थी। चावल के नियंत्रण मूल्य की घोषणा न करने से लोगों की मुसीबत और बढ़ गई थी। बंगाल के देहात से लोगों के रोग और दुःख की खबरें लगातार आ रही थीं। लगातार भूख, रोग और अभावों के कारण मृत्यु के समाचार आ रहे थे।

सरकार ने गलत प्रचार किया था कि अकाल का कारण जमाखोरी है। यह सरकार के कुप्रबंध और योजनाहीन नीति के कारण फैला। दो प्रमुख मीडिया घरानों ने चावल, चीनी और मिट्टी के तेल की जमाखोरी की थी, जो आम बात नहीं थी।

बाद में इन्होंने चावल तो अपने कर्मचारियों में बाँट दिया। चीनी और तेल को बेचकर पैसा कमाया।

भगवान् भी बुरे कर्म का फल देता है। जान आर्थर हरबर्ट गवर्नर स्वयं बीमार हो गया। अधिक बीमारी के कारण उसको छुट्टी दे दी गई और बिहार के गवर्नर रुदर फोर्ड को ही बंगाल का प्रभार भी सौंप दिया गया। अक्तूबर 1943 को वायसराय लिनलिथगो को बदलकर चार्ज लॉर्ड वावेल को दे दिया गया। आर्थर हरबर्ट अचानक 11 दिसंबर, 1943 को संसार छोड़कर कब्र में चला गया। 26 अक्तूबर, 1943 को लॉर्ड वावेल अपनी पत्नी को साथ लेकर शहर की गलियों में घूम-घूमकर जनता का हाल देखने आए। सारे हालात का अध्ययन करने के पश्चात् लॉर्ड वावेल ने 6 जनवरी, 1944 को सेक्रेटरी ऑफ स्टेट लियोपोल्ड आमेरी को एक टेलीग्राम भेजकर सिफारिश की कि मुसलिम लीग की नजीमुद्दीन सरकार को तुरंत बरखास्त किया जाए। धीरे-धीरे अकाल का प्रभाव कम होता चला गया। जिन्होंने उस अकाल को नहीं देखा, वे इतने बुरे हालात की कल्पना भी नहीं कर सकते। ऐसे संकट में भी मुसलिम लीग की सांप्रदायिक अतिवादी नीतियों को अंग्रेज अधिकारी सहयोग कर रहे थे।

'द स्टेट्समैन' दैनिक समाचार-पत्र में डॉ. मुकर्जी द्वारा सरकार के कुप्रबंध की तीखी आलेचना की प्रशंसा प्रकाशित की। डॉ. मुकर्जी के द्वारा अकाल त्रासदी का दुखद वर्णन भी सामने आया। सड़क की पटरियों पर भूख से तड़पते और बेघर घूमते लोगों की अकाल मृत्यु मानवता के लिए कलंक थी। अकाल पूरे देश में नहीं था। बंगाल के भी एक भाग में था। अच्छा प्रशासन अन्य राज्यों से सहायता लेकर शीघ्र समाधान कर सकता था, परंतु लापरवाही और अपनी अक्षमता छिपाने के लिए बाहर से सहायता नहीं ली। खबर को दबाने का प्रयास किया। डॉ. मुकर्जी ने पूरी ईमानदारी से जनता की तन, मन एवं धन साधन से सहायता की। समय और धन लगाकर मानवता की रक्षा करने का सुकर्म किया।

□

8
दुविधा में दुनिया

दिसंबर 1943 में अमृतसर में हिंदू महासभा का अधिवेशन था। डॉ. श्यामा प्रसाद मुकर्जी ने एक महत्त्वपूर्ण भाषण दिया। महत्त्वपूर्ण इसलिए कि उन्होंने इस भाषण में यह सफाई दी कि कांग्रेस नाम की एक विशाल पार्टी के रहते हुए उन्होंने हिंदू महासभा को क्यों चुना? डॉ. मुकर्जी ने कहा कि भारतीय शासन में सांप्रदायिक विचारों का प्रभाव बढ़ता जा रहा है। एंग्लो-मुसलिम साजिश लगातार चल रही है। दोनों वर्ग अपने आप को शासक वर्ग मानकर व्यवहार करते हैं, जबकि हिंदू को दास मानकर व्यवहार करते हैं। ब्रिटिश सरकार मुसलिम लीग की सहायता अपना प्रभुत्व जमाने में करती है। हिंदुओं पर जुल्म एवं अन्याय करने में दोनों पार्टी परस्पर सहयोग करती हैं। इसलिए एक हिंदू पार्टी की सख्त जरूरत थी, जो हिंदुओं की आवाज बन सके, हिंदुओं के अधिकारों के लिए लड़ सके। वैसे तो हिंदू महासभा का लक्ष्य भी भारत की पूर्ण स्वतंत्रता ही था। इस लक्ष्य की पूर्ति के लिए सभी दलों तथा समस्त जनता का सहयोग अपेक्षित था। सभा की नीति भी संपूर्ण भारत का कल्याण करने की ही है।

डॉ. मुकर्जी ने इस भाषण में समानता के अधिकार का उल्लेख किया। इस विषय पर इतनी चर्चा हुई कि बाद में भारतीय संविधान में समानता के अधिकार का समावेश कर लिया गया।

1940 के लाहौर अधिवेशन में मुसलिम लीग ने अलग पाकिस्तान का प्रस्ताव पारित किया था। यद्यपि किसी को कल्पना नहीं थी कि पाकिस्तान क्या होगा, कैसा होगा? कहाँ होगा?

डॉ. मुकर्जी ने सप्रमाण समझाया कि लीग ही नहीं, कांग्रेस भी भ्रमित है। कांग्रेस इस भ्रम में है कि वह हिंदू-मुसलमान दोनों वर्गों का समान रूप से प्रतिनिधित्व

करती है, जबकि लीग प्रचारित करती है कि मुसलमानों की मुसलिम लीग है, कांग्रेस हिंदुओं की प्रतिनिधि है। इस प्रकार हिंदुओं को दोनों ही संरक्षण नहीं देतीं। इस दशा में हिंदू महासभा का महत्त्व और दायित्व बढ़ जाता है। ब्रिटिश अत्याचारों तथा इसलामी ज्यादतियों का विरोध करने के लिए ही मैं हिंदू महासभा में आया। मुझे मालूम है कि सबके प्रति प्रेम तथा उदारता की भावना रखनेवाले हिंदू प्रतिशोध की भावना भी नहीं रखते। तो भी हिंदुओं को जाग्रत् करने के लिए हिंदू सभा की आवश्यकता स्वयंसिद्ध है। महात्मा गांधी और जवाहरलाल नेहरू जैसे नेताओं ने एक गलत धारणा का इतना प्रचार किया कि कांग्रेस मानती थी कि एक मुसलमान कभी गलत और अन्यायपूर्ण काम कर ही नहीं सकता! जबकि दुनिया भर के गलत और अनैतिक काम मुसलमान ही करते हैं।

इन कार्यों की भी कांग्रेस सार्वजनिक रूप से निंदा नहीं करती थी। इसलिए एक ऐसे संगठन की निरंतर आवश्यकता है, जो कांग्रेस और मुसलिम लीग की साजिश को बेनकाब करता रहे तथा हिंदुओं की समस्याओं तथा कठिनाइयों पर विचार करता रहे।

डॉ. मुकर्जी ने इस विचार का भी विरोध किया कि कांग्रेस हिंदुओं को सवर्ण और दलित वर्गों में बाँटती थी। यहाँ तक कि चुनाव क्षेत्रों का वर्गीकरण करते हुए इसी आधार पर सीटें आरक्षित की गई थीं, जबकि मुसलमानों में शिया-सुन्नी का विभाजन नहीं किया गया था।

डॉ. मुकर्जी हिंदुओं में जातिगत भेदभाव के विरुद्ध थे। वह सबको समान आदर देने का विचार रखते थे। ढाका के कॉरपोरेशन पार्क की एक रैली में भी डॉ. मुकर्जी ने जोरदार शब्दों में कहा था कि मुसलिम लीग की अनुचित माँग के सामने कांग्रेस ने घुटने टेक दिए हैं। पाकिस्तान की माँग का विरोध करने के लिए मैं लीग और कांग्रेस से निरंतर लड़ता रहूँगा।

जनवरी 1944 में गवर्नर हरबर्ट की मृत्यु के पश्चात् ऑस्ट्रेलिया के आर.जी. कासे बंगाल के गवर्नर नियुक्त किए गए। अकाल का प्रभाव लगभग समाप्त हो चुका था। खाद्यान्न की समस्या भयावह नहीं थी, परंतु विश्वयुद्ध तो चल ही रहा थ। जापान की ओर से कलकत्ता पर बमबारी की आशंका जनता को परेशान कर रही थी। जिसके पास देहात में घर-मकान थे, वे लोग कलकत्ता से गाँव-देहात की ओर पलायन कर रहे थे। सबको लगता था, बमबारी होगी तो शहर पर होगी, देहात पर नहीं।

सुभाषचंद्र बोस 1941 में ही कलकत्ता से विदेश चले गए थे। जापान और जर्मनी मित्र राष्ट्रों के विरुद्ध थे। सुभाषचंद्र बोस ने 'आजाद हिंद फौज' का नेतृत्व

सँभाल लिया था। वह जापान की मदद से भारत की अंग्रेज सरकार पर आक्रमण कर सकते हैं।

बंगाल में डॉ. श्यामा प्रसाद मुकर्जी ही बड़े कद्दावर नेता थे। सुभाषचंद्र बोस विदेश में थे। उनके भाई शरतचंद्र बोस भी कांग्रेस से अलग हो गए थे। फॉरवर्ड ब्लॉक कुछ चल नहीं पाया था। मुसलिम लीग का विरोध अकेले मुकर्जी को ही करना था। कम्युनिस्ट पार्टी तो बंगाल पर कब्जा करने की फिराक में थी। उनके लिए डॉ. मुकर्जी ही राह का रोड़ा थे। वहाँ कांग्रेस का प्रभाव कम हो चुका था। रूस भी ब्रिटेन के विरुद्ध था, तो कम्युनिस्ट अपने आपको रूस के निकट मानने लगे थे, जिसे साम्राज्यवादी युद्ध कहकर कम्युनिस्ट ध्यान नहीं देते थे। रूस के साथ आ जाने से अब उन्हें वहीं युद्ध जन-जन का संघर्ष लगने लगा था। कम्युनिस्ट अब अंग्रेज शासन पर कीचड़ उछालने तथा अफवाहें फैलाने लगे थे।

उन्हीं दिनों एक और बंगाली बलोचिस्तान में ठेकेदारी करते थे। वह भी अपने नाम के साथ गोत्र मुकर्जी लगाते थे। यद्यपि उनका डॉ. श्यामा प्रसाद मुकर्जी के परिवार से कोई सीधा संबंध नहीं था। वहाँ ठेकेदारी से उन्होंने खूब धन कमाया और कलकत्ता के बेबोर्न रोड पर एक सुंदर भवन का निर्माण कराया। भवन का नाम 'मुकर्जी भवन' रखा। कम्युनिस्टों को एक बहाना अफवाह फैलाने का और मिल गया। उन्होंने कहना शुरू कर दिया कि यह डॉ. श्यामा प्रसाद मुकर्जी ने अपनी काली कमाई से 'मुकर्जी भवन' निर्माण किया है। इसी प्रकार इनके छोटे भाई वामा प्रसाद ने अपने पुरखों के गाँव विराट में एक छोटा सा भवन बनाया। उसे भी कम्युनिस्टों ने अफवाह में जोड़ लिया। जिसकी डॉ. मुकर्जी को सफाई देनी पड़ी।

उन्हीं दिनों कांग्रेस में चक्रवर्ती राजगोपालाचारी, राजाजी तो कांग्रेस से त्यागपत्र दे चुके थे, उन्हें जेल में नहीं डाला गया। वैसे भी वे गांधीजी के भारत छोड़ो आंदोलन के समर्थक नहीं थे। 1944 अप्रैल तक सभी जेल में ही थे। 6 मई, 1944 को गांधीजी को तथा कुछ अन्य को इसलिए रिहा किया गया, क्योंकि ब्रिटिश सरकार किसी अनहोनी घटना का आरोप अपने ऊपर नहीं लेना चाहती थी। जुलाई 1944 में राजाजी पुनः गांधीजी से मिले और कहा कि यदि लीग के फॉर्मूले को सिद्धांततः स्वीकार कर लिया जाए तो अभी आपसी समझौते से एक राष्ट्रीय सरकार बनाई जा सकती है।

प्रस्ताव यह था कि पंजाब और बंगाल के विभाजन के साथ, असम को न देते हुए एक खंडित पाकिस्तान स्वीकार कर लिया जाए। मुसलिम लीग के प्रमुख जिन्ना की माँग थी कि संपूर्ण पंजाब और संपूर्ण बंगाल पाकिस्तान को दे दिया जाए। सी.आर. फॉर्मूले में दोनों प्रांतों के अलगाव का प्रस्ताव था। गांधीजी ने एक

आत्मघाती योजना और थोप दी। गांधीजी के अनुसार, ये स्थानांतरण स्वैच्छिक हो। अर्थात् जो चाहे पाकिस्तान जाए, जो चाहे न जाए। मुसलिम लीग की माँग को बिना लोगों से राय लिये सभी मुसलिमों की राय मान लिया गया। नेहरू ने 'फॉल इन लाइन' थ्योरी 1937 में प्रस्तुत की थी। कांग्रेस ने यह भ्रम पाला हुआ था कि कांग्रेस हिंदू-मुसलिम दोनों की प्रतिनिधि है, परंतु वायसराय लिनलिथगो मुसलिम लीग की बात मानने का मन बना चुके थे। उनकी दी हुई मान्यता से जिन्ना का नाम फैल गया था। अंत में 'सी.आर. फॉर्मूले' का यह संशोधित रूप सबको मान्य हो गया, क्योंकि गांधीजी ने ही इसे स्वीकार कर लिया था। जबकि गांधीजी जेल में थे, उनसे कोई बात तय नहीं हुई थी, तभी मुसलिम लीग ने यह विचार प्रचारित कर दिया था।

हिंदू महासभा के डॉ. मुकर्जी तथा साधारण जनता इस विचार से सहमत नहीं थे। परंतु गांधीजी भीतरघात इस योजना को स्वीकृति दे चुके थे। धीरे-धीरे यह समाचार जनता में फैल गया कि गांधीजी लीग से समझौता करने को तैयार हैं। सावरकर ने भी यह संदेह व्यक्त किया कि गांधीजी तुष्टीकरण की कोशिश करेंगे। मुकर्जी ने भी अपने भाषणों में यह संदेह व्यक्त किया। डॉ. मुकर्जी को दिल्ली में यह पक्की खबर मिल गई थी कि राजाजी का समझौते वाला फॉर्मूला गांधीजी पहले ही मान चुके थे। प्रस्ताव में यह भी सम्मिलित था कि युद्ध की समाप्ति के बाद एक आयोग नियुक्त किया जाएगा, जो उत्तरी-पूर्वी तथा उत्तरी-पश्चिमी जिलों का सीमांकन करेगा, जहाँ मुसलिम आबादी बहुमत में थी। वहाँ जनमत संग्रह के आधार पर सीमांकन किया जाएगा। वे किसी भी ओर जाने का निर्णय कर सकेंगे।

डॉ. मुकर्जी ने इस विचार को विश्वासघात एवं आत्मसमर्पण का जोरदार विरोध किया।

अनुसूचित जातियों में चेतना जगानेवाले महान् नेता डॉ. भीमराव आंबेडकर भी राजगोपालाचारी के सुझाव के विरोध में ही खड़े थे। उनके विचार में यह वैसा ही बेहूदा प्रस्ताव था, जैसा उन राजाओं ने दिया, जो संधि करने के लिए शत्रु राजाओं को अपनी बेटियाँ ब्याह देते थे। ऐसे गठबंधन कभी स्थायी नहीं होते। कुछ लोगों ने राजगोपालाचारी का सुझाव और गांधीजी की स्वीकृति को एक प्रकार से पाकिस्तान बनाने की मुख्य माँग की स्वीकृति माना। हिंदू महासभा ने कलकत्ता विश्वविद्यालय परिसर में इस विचार के विरोध में एक सभा आयोजित की, जिसे कम्युनिस्ट पार्टी के लोगों ने सफल नहीं होने दिया। स्मरणीय तथ्य यह है कि कम्युनिस्ट देशभक्ति की धारणा के ही दुश्मन हैं। वे सदा राष्ट्रीयता की भावना पर आक्रमण करते रहे हैं।

अगस्त 1944 में डॉ. मुकर्जी पूना गए। पूने में एक बड़ी सभा में डॉ. मुकर्जी ने अपने भाषण में गांधीजी के इस प्रस्ताव की स्वीकृति को हिंदुओं के साथ विश्वासघात बताया। पूना से वापस लौटते हुए डॉ. मुकर्जी स्वयं गांधीजी से मिले। उनसे लंबी बातचीत के समय राजाजी राजगोपालाचारी भी उपस्थित रहे। डॉ. मुकर्जी यह कहने से नहीं चूके कि इस प्रस्ताव की स्वीकृति के द्वारा उन्होंने भारतीय एकता और राष्ट्रवाद की भावना को नीचा दिखाया है। उल्लेखनीय है कि गांधीजी कोई तर्कपूर्ण और विश्वसीनय जवाब नहीं दे सके थे। गांधीजी ने कहा, "जीवन के महत्त्वपूर्ण अवसरों पर मैंने अपनी भीतर की आवाज के अनुसार ही काम किए, भीतरी आवाज मुझे सही समझ देती है।" भतीर की आवाज कहकर सही बात को न मानना तथा समझने की कोशिश भी न करना, दूसरे शब्दों में हठधर्मिता ही है।

मो. जिन्ना को गांधीजी ने पत्र में 'ब्रदर जिन्ना' लिखकर संबोधित किया। अंत में भी 'योर ब्रदर गांधी' लिखकर हस्ताक्षर किए। इस पत्र में गांधीजी द्वारा जिन्ना की खुशामद की गई थी और हर वाक्य में अपनापन जताया गया था। मो. अली जिन्ना ने उत्तर में लिखा—"डियर मिस्टर गांधी और अंत में लिखा एम.ए. जिन्ना" अर्थात् ब्रदरहुड की अस्वीकृति। गांधीजी ने ही जिन्ना को 'कायदेआजम' कहकर संबोधित किया। पाकिस्तान अब तक जिन्ना को 'कायदेआजम' मानकर ही आदर देता है, जबकि जिन्ना ने उन्हें 'मिस्टर गांधी' ही कहा।

डॉ. मुकर्जी ने अपनी बात के समर्थन में जुलाई 1944 में ही मनोरंजन चौधरी को भी गांधीजी के पास भेजा। उन्होंने बताया कि 1943 में 'हरिजन' पत्रिका में गांधीजी ने स्वयं ऐसे किसी विभाजन की बात से इनकार किया था, फिर अब क्यों मानने को तैयार हो गए? गांधीजी को यह भी बताया गया कि भारत की जनता विभाजन की नीति से असहमत है। देशभक्त मुसलमान भी जिन्ना के प्रस्ताव से सहमत नहीं हैं। गांधीजी ने डॉ. मुकर्जी के पत्र का कोई उत्तर नहीं दिया। मनोरंजन चौधरी भी निराश होकर चले गए।

9 सितंबर, 1944 को मालाबार हिल्स, मुंबई में गांधीजी तथा जिन्ना की समर्थकों सहित समझौता वार्त्ता हुई। वार्त्ता अठारह दिन तक चली, परंतु निराशाजनक रही। गांधीजी तथा राजगोपालाचारी, नेहरूजी तथा अन्य मिलकर मो. अली जिन्ना को मनाने की कोशिश करते रहे और वह अपनी माँग की और मजबूती से पेश करता रहा। वह पाकिस्तान के नाम से पूरा पंजाब तथा पूरा बंगाल लेने का इच्छुक था। वार्त्ता निराशा के वातावरण में ही समाप्त हो गई। सच तो यह है कि जिन्ना ऊपर से

बात न मानने का क्षोभ दिखा रहे थे, अंदर-ही-अंदर खुश हो रहे थे कि गांधी, नेहरू तथा राजगोपालाचारी उन्हें खुश करने के लिए कितना प्रयत्न कर रहे हैं! उनकी बात को वे उन्हें हद दर्जे तक झुकाकर ही मानने का दिखावा कर रहे थे।

गांधीजी ने जिन्ना की खुशामद करके उसे महान् बना दिया। यदि उसकी बात को कतई महत्त्व न दिया जाता तो मुसलमान भी उसको इतना महत्त्व न देते। कांग्रेस और गांधी, नेहरू के खुशामदी दृष्टिकोण ने ही जिन्ना की इज्जत व कीमत बढ़ा दी। जो देशभक्त मुसलमान जिन्ना के विचार को समर्थन नहीं दे रहे थे, वो भी फिर जिन्ना को महत्त्वपूर्ण मानने लगे। उसके समर्थक बन गए।

बंगाल विधानसभा में मुसलिम लीग का विरोध करके गठबंधन की सरकार को समर्थन देनेवाले पचास विधायक थे। जब मुसलिम लीग को गांधी, नेहरू और कांग्रेस ने इतना महत्त्व दिया, तो वे सब भी लीग की ओर झुक गए।

इस प्रकार कांग्रेस, गांधीजी तथा नेहरूजी ने ही मुसलिम लीग और मोहम्मद अली जिन्ना को प्रमुखता दी तो मुसलिम जनता का उन्हें अपना हितैषी नेता मानना स्वाभाविक सत्य बन गया। अनेक मुसलमान कांग्रेस छोड़कर लीग में सम्मिलित हो गए। डॉ. मुकर्जी ने जिन राष्ट्रीय सोच के मुसलिम लोगों को एकत्र किया था, गांधीजी के इस व्यवहार के कारण वे भी लीग से मिलने में अपनी दूरदर्शिता समझने लगे। मुकर्जी की मेहनत पर पानी फिर गया। विभाजन की बात फैलने लगी।

जो समाचार-पत्र विभाजन के विरोधी विचारों से भरे रहते थे, गांधीजी की स्वीकृति और जिन्ना से खुशामद करने के कारण सभी अब जिन्ना को महत्त्व देने लगे। विभाजन तो होना ही है। यह मानकर कौन सा शहर किधर जाए? इस पर चर्चा शुरू कर दी गई। गांधीजी को महान्, आदर्श पुरुष मानने की भारतीय वृत्ति के कारण ही ऐसा हुआ। हम भारतीय त्याग को स्वार्थ से अधिक महत्त्व देते हैं। गांधीजी का वस्त्र त्यागकर लाठी और लँगोटी धारण करने का भारतीय जनमानस पर गहरा प्रभाव पड़ा था और आज तक भी है। डॉ. मुकर्जी ने जिन राष्ट्रवादी तत्त्वों को एकत्र करने में सफलता पाई थी, वह बरबाद हो गई।

दिसंबर 1944 में हिंदू महासभा का अधिवेशन बिलासपुर में हुआ। डॉ. श्यामा प्रसाद मुकर्जी ने इस समारोह की अध्यक्षता की। उन्होंने देश की राजनैतिक, सामाजिक तथा आर्थिक पहलुओं पर अपनी राय स्पष्ट की। जनता को सभी विषयों पर जानकारी दी। यह भी सबको बताया कि गांधीजी ही मि. जिन्ना से समझौता कर रहे हैं। इस प्रकार उन्होंने जनता को बताया कि गांधीजी ही मुसलिम लीग को मजबूत कर रहे हैं।

महात्मा गांधीजी के प्रभाव का ही परिणाम था कि हिंदू समाज अपनी उदारता और शांतिप्रियता को स्मरण करके उनके विचारों से सहमत हो गया। पहले तो लोग यही समझे थे कि पाकिस्तान बन जाएगा तो मुसलमानों की कट्टरता से सदा के लिए छुटकारा मिल जाएगा। गांधीजी ने बाद में अधिक उदारता दिखाते हुए कह दिया कि जो मुसलिम पाकिस्तान न जाने चाहें, वे हिंदुस्तान में भी रह सकते हैं। यही बड़ा अन्याय हो गया। वह पाकिस्तान भी ले गए और हिंदुस्तान में भी अधिकारपूर्वक रहते रहे! हिंदू सभा से अनेक कार्यकर्ता धीरे-धीरे कांग्रेस में ही मिलने लगे।

वायसराय लॉर्ड वावेल ने सेक्रेटरी लियोपोल्ड आमेरी को लिखा कि डॉ. मुकर्जी तथा सावरकर की जगह भारत के लोग गांधीजी का अनुसरण करेंगे, क्योंकि आम भारतीय शांतिप्रिय है, वह बदला लेना भी नहीं चाहते। वावेल की यह बात 1945 में सही सिद्ध होने लगी। हिंदू सभा के बहुत से सदस्य कांग्रेस में सम्मिलित हो गए।

दूसरी ओर कांग्रेस और मुसलिम लीग ने ब्रिटिश प्रधानमंत्री से लॉर्ड वावेल को ही हटाने की प्रार्थना की। प्रधानमंत्री ने वावेल को वहाँ बुला लिया और बयान दिया कि एक शांत, सज्जन व्यक्ति को भारत के बहुत बोलनेवाले लोगों ने असफल कर दिया। वावेल को भी अपने स्थानांतरण का दुःख था, जो उसने अपने साथी से अभिव्यक्त किया।

1944 के अंत में तथा 1945 के प्रारंभ में डॉ. मुकर्जी ने दो समाचार-पत्र प्रारंभ किए। एक इंग्लिश में 'नेशनलिस्ट' तथा दूसरा बांग्ला भाषा में 'हिंदुस्तान'। शिक्षा समाप्ति पर 'द कैपीटल' नामक समाचार-पत्र में डॉ. मुकर्जी ने प्रशिक्षण लिया था। तभी अंग्रेज संपादक ने उनकी योग्यता का लोहा मान लिया था। 'द नेशनलिस्ट' में डॉ. मुकर्जी ने अंग्रेज सरकार पर सख्त टिप्पणी की। इस पर गवर्नर सर कांसे ने लॉर्ड वावेल को पत्र लिखकर बताया कि डॉ. मुकर्जी इंग्लैंड और मित्र राष्ट्रों की निंदा कर रहे हैं। यह उनकी गलतफहमी ही थी, क्योंकि डॉ. मुकर्जी ने अकाल के समय भी वक्तव्य दिया था कि हम मित्र राष्ट्रों का समर्थन करते हैं। हम ऐसा नहीं चाहते कि अंग्रेजों की जगह जापानी हम पर राज करें। साथ ही बिना सरकारी सहायता के मुकर्जी ने पीड़ित जनता की तन-मन-धन से भरपूर सहायता की थी।

डॉ. मुकर्जी ने दिसंबर 1944 में ही 'जागो हिंदुस्तान' नामक एक पुस्तक प्रकाशित की। इसमें राजनीति में आने के बाद के सभी भाषणों को संगृहीत किया गया था। पुस्तक उनकी विचार-शृंखला को स्पष्ट करती थी। इस पुस्तक में पूर्व में शिलांग से लेकर पश्चिम में लायलपुर तक तथा उत्तर में लुधियाना से दक्षिण

में मदुरै तक हिंदुओं को प्रेरित एवं जाग्रत् करनेवाले सभी भाषणों का संकलन था। पुस्तक में जगह-जगह मुसलिम लीग की विनाशकारी नीति तथा कांग्रेस की घुटने टेक नीति से बचने की प्रेरणा दी गई थी। तब भी हिंदू इन दलों के बहकावे में आ ही गए।

बंगाल कैबिनेट का एक मंत्री था—प्रसन्न पाइन (बडौदा), वह मुसलिम लीग की कठपुतली था। पाइन एक वकील था और हावड़ा का कांग्रेसी था। शरतचंद्र बोस के पत्र के कारण उसे फजलुल हक ने मंत्री बनाया था। उसके कार्यों का कच्चा चिट्ठा खोलकर डॉ. मुकर्जी ने उसके विरुद्ध अविश्वास प्रस्ताव भी विधानसभा में रखा था। उसकी समस्त कमियों की ओर इंगित करते हुए उन्होंने स्पष्ट किया कि उनके पीछे जनता नहीं है। नजीमुद्दीन की सरकार मुसलिम लीग की ही सरकार है। हिंदू मंत्री केवल आँखों में धूल झोंकने के लिए ही रखे हुए हैं। हिंदू-हित की एक बात भी उन्होंने सदन में नहीं रखी। इसी प्रकार का दूसरा हिंदू मंत्री गोस्वामी भी मुसलिम लीग का पिछलग्गू है।

अप्रैल 1945 में सर तेज बहादुर सप्रू की कोशिश से एक दलविहीन बैठक आयोजित की गई। इसकी अध्यक्षता स्वयं श्री सप्रू ने की। इस सभा ने एक कमेटी बनाई, जिसने सभा की सिफारिशों को एक पत्र का रूप देकर लॉर्ड वावेल को भेज दिया गया। सिफारिश में कहा गया था कि मुसलिम वर्ग तथा हिंदू जातियों की समानता के आधार पर भारत में सम्मिलित सरकार बनाई जाए। डॉ. मुकर्जी ने कहा कि यह कमेटी की सिफारिश गांधीजी के संकेत पर ही भेजी गई थी। केंद्रीय विधानसभा के द्वारा भी ऐसी ही सिफारिश भूला भाई देसाई के द्वारा भी की गई। वास्तव में फजलुल हक को बरखास्त करके नजीमुद्दीन (मुसलिम लीग) की सरकार गवर्नर हरबर्ट ने बनवाई। केवल नाम के लिए तीन दिखावटी हिंदू मंत्री बना लिये। वास्तव में गवर्नर मुसलिम लीग का ही वर्चस्व चाहता था। हिंदुओं को वह सही रूप में आगे आने देने के विरुद्ध था।

14 जून, 1945 को एक योजना वायसराय वावेल ने प्रस्तुत की। इसमें कांग्रेस या मुसलिम लीग से भी सलाह नहीं ली गई। वायसराय का एक प्रतिनिधिमंडल बनाया गया, जिसमें सभी दलों के उचित प्रतिनिधि सम्मिलित किए जाएँ। इसमें भाग लेने के लिए कांग्रेस के सभी नेताओं को जेल से रिहा कर दिया गया, ताकि वे योजना के लिए होनेवाली बहस में भाग ले सकें। इसके बाद शिमला में आयोजित एक सम्मेलन में हिंदू-मुसलिम, सिक्ख और अनुसूचित वर्ग के प्रतिनिधि एकत्र हुए। पूर्व मुख्यमंत्री स्तर के दस नेताओं ने भी इस सम्मेलन में भाग लिया। सिक्खों

तथा अनुसूचित जाति के प्रतिनिधियों ने इसमें भाग नहीं लिया। यद्यपि उन्हें और हिंदू महासभा को भी आमंत्रित किया गया था।

मोहम्मद अली जिन्ना की जिद थी कि इस अंतरिम सरकार में केवल मुसलिम लीग के ही प्रतिनिधि होने चाहिए, अन्य कोई नहीं। इसी कारण यह बैठक असफल हो गई। विश्वयुद्ध भी चल ही रहा था। अमेरिका के द्वारा जापान पर अणु बम गिराए जाने के साथ ही युद्ध समाप्त हो गया। सरदार पटेल और पं. नेहरू ने 1857 से अब तक स्वतंत्रता संघर्ष को जनता का सतत संघर्ष माना। कहीं-कहीं लीग की भी आलोचना की गई, जिससे जनता ने कांग्रेस में फिर विश्वास व्यक्त किया। एक ओर तो कांग्रेस अपने आपको विभाजन के समझौते के विरुद्ध बता रही थी, परंतु रायशुमारी के लिए सहमत हो गई थी। कांग्रेस ने कहा कि हमने हिंदू महासभा के सिद्धांत स्वीकार कर लिये हैं तो अब उसके अलग से प्रतिनिधित्व की आवश्यकता ही नहीं रही। ऐसी वाक्चातुरी के जाल में फँसकर हिंदू महासभा के जाने-माने नेता भी कांग्रेस में चले गए। पंजाब के गोकुलचंद नारंग, फ्रंटियर (उत्तरी-पश्चिमी सीमा प्रांत) के मेहरचंद खन्ना, बिहार के डॉ. त्रिपाठी ऐसे बड़ नाम हैं, जो अकेले तो नहीं गए होंगे। इनके साथ हजारों अनुगामी भी होंगे। डॉ. मुकर्जी ने अपनी डायरी में इनकी चर्चा करते हुए लिखा है कि हिंदुओं को ही लगने लगा कि हम दो दल न बनाकर कांग्रेस को ही मजबूत क्यों न बनाएँ? यह कांग्रेस के नेतृत्व की चालाकी और साधारण हिंदुओं के भोलेपन का ही कारण था। परिणामत: हिंदू महासभा प्रासंगिक नहीं रही। दूसरी ओर सावरकर की गतिविधि भी कम हो गई और डॉ. मुकर्जी अकेले पड़ गए। डॉ. मुकर्जी ने आत्मचिंतन भी खूब किया और विचार किया कि इससे ज्यादा त्रासद क्या हो सकता है कि हिंदू अपने बौद्धिक तथा आर्थिक संसाधनों के बावजूद कांग्रेस के छल के सत्य को समझ न पाए?

10 मार्च, 1945 तक बंगाल की कैबिनेट में फिर से फेरबदल की संभावना बन गई थी, क्योंकि वहाँ की सरकार असफल हो गई थी। वास्तव में सरकार कुछ लोगों के खरीदें हुए समर्थन से चल रही थी, उसके पास स्थिर समर्थन नहीं था। परिणामत: 31 मार्च, 1945 को बंगाल में सरकार को बरखास्त करके गवर्नर का शासन लगा दिया गया। डॉ. मुकर्जी ने अपील की कि भारत सरकार की इस ज्यादती के विरुद्ध भारतीय नेता सरकार की दी हुई उपाधियों को वापस कर दें। अत: गोकुल चंद नारंग ने अपनी 'नाइट' उपाधि लौटा दी। सिंध से भी उपाधि लौटाने की सूचना गवर्नर को भेजी गई। इससे एक वातावरण बना और सरकार ने इस प्रकार की विरोधी भावनाओं को पनपता देखकर 21 अगस्त, 1945 को शीघ्र ही प्रादेशिक

विधानसभाओं के चुनाव कराने की घोषणा कर दी। एक गोपनीय दस्तावेज से ज्ञात हुआ कि बंगाल में मुसलिम लीग के पक्ष में सरकार पहले ही निर्णय ले चुकी थी। यह मोहम्मद अली जिन्ना की ही धूर्ततापूर्ण विजय थी। यह अंग्रेजों की विभाजनकारी नीति की सफलता भी मानी जा सकती है। 1946 के चुनाव परिणाम मुसलिम लीग को उत्साहित करनेवाले रहे। विधानसभा की 250 सीटों में से मुसलिम लीग 115 सीटों पर विजयी हुई। जबकि पहले लीग की केवल 39 सीटें थीं। परिणामत: धूर्त सोहरावर्दी बंगाल में अप्रैल 1946 में लीग का मुख्यमंत्री बन गया। यह हिंदू-मुसलिम ध्रुवीकरण का परिणाम हुआ। हिंदू तो हिंदुत्व की जिद छोड़ कांग्रेस में चले गए और मुसलमान कांग्रेस से पल्ला छुड़ाकर मुसलिम लीग में शामिल हो गए। कुछ मुसलिम नेता कांग्रेस में ही बने रहे, जैसे मौलाना अबुल कलाम आजाद और नौशीर अली खान।

लीग की सोच कट्टर इसलामी है, यह तो सारी जनता जान चुकी थी। लीग की पाकिस्तान की माँग पूरी तरह प्रचारित थी। अधिकतर मुसलमान पाकिस्तान के निर्माण की सोच से ही प्रसन्न थे, जबकि वह कहाँ होगा, कैसा होगा? इसकी कोई कल्पना भी नहीं थी। बंगाल के वर्धमान में एक कम्युनिस्ट नेता थे—अबुल हाशिम। उन्होंने वक्तव्य दिया कि "हमें युद्ध में उतरना चाहिए।" स्पष्ट है कि उनका अभिप्राय विश्वयुद्ध से नहीं था, बल्कि हिंदुओं से निर्णायक युद्ध से था।

पंजाब के सर सिकंदर हयात खाँ की छवि हिंदुओं तथा सिक्खों में भी अच्छी थी। वे पाकिस्तान की अवधारणा के विरुद्ध थे। इसी प्रकार फजलुल हक की कृषक प्रजा पार्टी भी धीरे-धीरे समाप्त हो गई। मोहम्मद अली जिन्ना की मुसलिम लीग मुसलामानों को कट्टरता और एकता की ओर आकर्षित करने में सफल हो गई, जबकि हिंदू महासभा हिंदुत्व की उदारता के कारण समाप्त होती चली गई और बड़े-बड़े प्रभावी नेता कांग्रेस के प्रभाव में आते चले गए।

हिंदू महासभा का बंगाल में पर्याप्त प्रचार था, सबका अनुमान था कि 1946 के चुनावों में महासभा अच्छा परिणाम ला सकती है, परंतु कुछ हस्तियों के कांग्रेस में चले जाने से लोगों में हताशा छा गई। कुछ लोग उदारता के भ्रम में भूल गए। शरत चंद बोस जेल से रिहा कर दिए गए। डॉ. मुकर्जी अनेक प्रयत्नों के बावजूद बोस से समझौता न कर पाए। फिर परिणाम ऐसा आया, जो हिंदुओं के लिए निराशाजनक था। लोगों ने न शरतचंद्र बोस को समर्थन दिया, न ही डॉ. मुकर्जी की पार्टी को। समस्त हिंदू वोट कांग्रेस के पक्ष में चले गए। हद तो यहाँ तक हो गई कि एक नगण्य व्यक्ति नगेंद्रनाथ मुखोपाध्याय ने अविरल भारतीय छवि के जाने-माने नेता

डॉ. मुकर्जी को कुछ वोटों से पराजित कर दिया। मुसलमानों के वोट लीग को ही पड़े। मुसलमानों के इस ध्रुवीकरण का लीग को लाभ हुआ। कांग्रेस मुसलिमों का समर्थन न पा सकी। शरतचंद्र बोस का अभिमान और डॉ. मुकर्जी की हिंदुवादी छवि दोनों ही गलत परिणाम के लिए उत्तरदायी बनीं। शरत बोस सीटों पर समझौते के वायदे से मुकर गए। इस ढुल-मुल स्थिति में जनता ने कांग्रेस का रुख कर लिया। हिंदू महासभा का राजनीति से सफाया हो गया। क्षितिज नियोगी तथा अपंद मोहन पोद्दार, जिनकी स्वयं डॉ. मुकर्जी ने सहायता की थी, वे भी कांग्रेस में सम्मिलित हो गए। पंजाब और सीमांत प्रांत के नेताओं की बात हम पहले कर चुके हैं। अवध असेंबली के अध्यक्ष महेश्वर दयाल सेठ एक साल तक हिंदू महासभा के महासचिव रहे। डॉ. मुकर्जी ने उन्हें अखिल भारतीय हिंदू महासभा की कार्यकारिणी का सदस्य बनवाया, वे भी महेश्वर दयाल सेठ कांग्रेस के प्रति नरम रुख अपनाते हुए कांग्रेस में सम्मिलित हो गए। गोरखपुर के महंत दिग्विजयनाथ महेश्वर दयाल के मित्र एवं समर्थक नेता थे। दयाल के कहने के बाद भी वो कांग्रेस में नहीं गए, परंतु सभा से भी उदासीन हो गए। बिहार के राय साहब अरोड़ा भले व्यक्ति थे, परंतु वे अपने स्तर पर लड़ने से डरते थे। उन्होंने भी हिंदू महासभा से किनारा कर लिया। डॉ. त्रिपाठी को सचिव बनाया था। वे बिना किसी को बताए ही चुपचाप कांग्रेस में चले गए। कुमार सदानंद सिंह योग्य व्यक्ति थे, परंतु वे दरभंगा के राजा कामेश्वर सिंह के सचिव थे। उन्हें सामाजिक तथा अन्य सेवा कार्यों के लिए फुर्सत ही नहीं थी। वैसे भी बिहार में कांग्रेस सशक्त थी, अत: जो भी नामचीन हिंदू नेता थे, वे भी सब कांग्रेस में ही चले गए। स्पष्ट कहें तो लोग स्वयं जनता में परिश्रम करने के लिए तैयार नहीं थे। करी-कराई मेहनत का फल लेना चाहते थे। गांधीजी का नाम लेकर राजनीति में चमकना ही उनका लक्ष्य था। हिंदू महासभा को तो स्वयं परिश्रम से खड़ा करना पड़ता। तन-मन-धन सब लगाना पड़ता। हिंदू महासभा का असम और उड़ीसा में प्रभाव पहले ही नगण्य था। आंध्र प्रदेश में रेड्डी ने गत वर्ष 1944 में डॉ. मुकर्जी का भव्य स्वागत किया था। अपने क्षेत्र में एक मीटिंग करवाई थी। परंतु 1945 में रेड्डी ने पत्रों का उत्तर भी नहीं दिया। उसी प्रकार मद्रास में थे पंचनाथनजी। स्वयं एक समझदार और इज्जतदार व्यक्ति थे, परंतु वे अपनी घरेलू परिस्थितियों के कारण आगे बढ़कर कुछ काम नहीं कर पाते थे। महासभा को भला उनका सहयोग कैसे मिल पाता?

ले-देकर महाराष्ट्र ऐसा प्रदेश था, जहाँ कुछ कार्यकर्ता सक्रिय थे। वे भी इसलिए कि लोकमान्य तिलक, सावरकर परिवार और संघ के कुछ कार्यकर्ता समय लगाने को तैयार थे। पूना में हिंदू महासभा का काम और नाम देखकर डॉ. श्यामा

प्रसाद मुकर्जी को प्रसन्नता तो हुई, परंतु अन्य प्रदेशों की स्थिति निराशाजनक थी। सावरकर के यहाँ समर्थक भी थे तो अनेक लोग सावरकर के विरोधी भी थे। सिंध में भी भोजराज आडवाणी अकेले पड़ गए थे। वे हिंदू धर्म के समर्थक तो थे, परंतु कार्यकर्ताओं को साथ नहीं जोड़ पा रहे थे।

बंगाल का हाल पहले बता ही चुके हैं कि मुसलिम लीग का मुकाबला करने के लिए लोगों ने कांग्रेस को मजबूत करना अधिक ठीक समझा। कुल मिलाकर हिंदू महासभा कहीं भी लीग से मुकाबला करेन की मजबूत स्थिति में नहीं थी। प्रेस (समाचार-पत्र) भी हिंदू महासभा का समर्थक नहीं था। कांग्रेस को ही जनता का प्रतिनिधि मान चुका था।

डॉ. मुकर्जी ने पिछले छह वर्षों में अपना घर-बार छोड़कर समय दिया। जन सेवा और अकाल पीड़ितों की सेवा में धन लगाया। मुसलिम अत्याचारों का विरोध सहा। कांग्रेस नेताओं की पोल खोली। सबका विरोध झेला, परंतु उन्हें लगा कि सबकुछ व्यर्थ हो गया। कांग्रेस और मुसलिम लीग के लोग शत्रु बन गए। हिंदू महासभा का अपेक्षित विस्तार हो नहीं पाया।

जितना प्रचार हुआ है, वह भी कुछ लोगों के व्यक्तिगत प्रयास के कारण ही है। हिंदू समाज के साधुओं वाली वेशभूषा का हिंदू समाज पर अधिक प्रभाव पड़ा। कांग्रेस के पास प्रचार के साधन पर्याप्त मात्रा में थे।

सुभाषचंद्र बोस 1941 में ही गुप्त रूप से विदेश चले गए थे। वहाँ जाकर उन्होंने आजाद हिंद फौज का नेतृत्व सँभाला। जापान तथा जर्मनी से सहायता ली। उनके भाई शरतचंद्र बोस ने डॉ. मुकर्जी का सहयोग नहीं किया। जहाँ भी आवश्यकता पड़ी, बोस मुकर्जी से दूर ही रहे। दूसरी ओर जवाहरलाल नेहरू ने घोषणा कर दी थी कि यदि सुभाषचंद्र बोस जापान की सहायता से भारत पर आक्रमण करते हैं तो उनका जमकर विरोध किया जाएगा।। नेहरू ने तो जीवन भर तथा हर स्थिति में सुभाषचंद्र बोस का विरोध ही किया।

जब कांग्रेस ने देखा कि जनता की सहानुभूति सुभाष की आजाद हिंद फौज के साथ है तो उन्होंने अपना ढर्रा बदल दिया। तेज बहादुर सप्रू जैसे प्रसिद्ध वकील पकड़े गए। आई.एन.ए. के सैनिकों की पैरवी करने को खड़े हो गए। यद्यपि गांधी और नेहरू आजीवन सुभाष के विरोध में ही रहे। वकील तो स्वयं जवाहरलाल नेहरू भी थे, परंतु उन्होंने कभी एक दिन भी अदालत में पैरवी नहीं की थी।

बंगाल में सुभाष के समर्थक देशभक्त बढ़ते देखकर कांग्रेस उसका नाम नहीं लेना चाहती थी, यद्यपि 1941 के बाद से गांधीजी और नेहरूजी ने सुभाष का

आजीवन विरोध ही किया। यहाँ तक कि मृत्यु की खबर को सच्ची बताकर प्रसारित किया। कभी असली सुभाष बोस को सामने आने ही नहीं दिया।

बंगाल की एक सभा में डॉ. मुकर्जी ने कांग्रेस की दोहरी चाल को उजागर किया। गांधीजी कैसे नेहरूजी की सहायता और सुभाष बोस का विरोध करते हैं यह जनता को प्रमाण सहित बताया। डॉ. मुकर्जी ने यह रहस्य भी प्रकट किया कि 1939 में गांधीजी ने सुभाष से स्वयं कहा था कि हमें अलग-अलग मार्गों से चलना चाहिए। 1943 में नेहरू ने कहा था कि सुभाष यदि जापान के साथ मिलकर भारत आया तो हम पूरी शक्ति से सुभाष का सामना करेंगे। डॉ. मुकर्जी ने यह भी स्पष्ट किया कि कांग्रेस का आई.एन.ए. प्रेम दिखावा है। वे तो अहिंसावादी हैं। गांधीजी के अनुसार तो एक चाँटा गाल पर लगे, तो हमें दूसरा गाल आगे कर देना चाहिए। क्या बदला लेना और अहिंसा दोनों नीति एक साथ चल सकती हैं? डॉ. मुकर्जी ने यह भी साफ कहा कि उन्होंने जो सेवा की है, उसके बदले कुछ भी न लिया, न लेने की इच्छा की। निस्स्वार्थ सेवा यदि समाज को स्वीकार नहीं है तो कोई बात नहीं, परंतु कांग्रेस हमें ही विरोधी मानकर व्यवहार करने लगेगी, यह कभी नहीं सोचा था। आजतक हम मुसलिम लीग की नीतियों का विरोध करते रहे थे, क्योंकि हम समझते थे, लीग देश को तोड़ने के लिए कार्य कर रही है, जो हमें स्वीकार नहीं है।

अब पता लग रहा है कि कांग्रेस भी लीग तथा अंग्रेजों जैसे ही विचार रखती है, वह अंग्रेजों से मिलकर भारत को स्वतंत्र कराना चाहती है। इतना ही नहीं, वह स्वयं स्वतंत्र भारत का शासन अपने हाथ में लेना चाहती है। इसलिए अन्य दलों का विरोध करती है। डॉ. मुकर्जी ने बताया कि समाज की दृष्टि में हमारी सेवा निरर्थक है तो कोई बात नहीं, हमें देश की सेवा करनी है, तो हम किसी भी साधन से करेंगे।

22 नवंबर, 1945 को डॉ. मुकर्जी कुछ चुनाव क्षेत्रों में प्रचार करके लौटे। रात को कलकत्ता आकर पता चला कि दिन में हिंसा हुई है तथा पुलिस के द्वारा गोली भी चलाई गई है। कुछ युवकों ने बैठकें कीं, फिर एक जुलूस निकाला। पुलिस ने जुलूस को रोका। जुलूस धर्मतल्ला स्ट्रीट से लाल बाजार होता हुआ डलहौजी स्क्वायर तक जानेवाला था। पुलिस ने इसे प्रतिबंधित क्षेत्र बताते हुए जुलूस को जबरन रोक दिया। लाठीचार्ज और गोलीबारी करके पुलिस ने जुलूस तितर-बितर कर दिया। अनेक लोग लाठी से घायल हुए, कइयों को गोली लगी। दस लोग मारे गए। कोई कह रहा था, मरनेवालों की संख्या बीस से भी ज्यादा है। सच का किसी को पता नहीं था। अफवाहें हवा में तैर रही थीं। अभी भोजन तो दूर, ठीक से हाथ-मुँह भी नहीं धो पाए थे। डॉ. मुकर्जी ने डॉ. राधाविनोद पाल को फोन किया। पता चला कि उस समय वह

छात्रों के साथ नहीं थे। 9.30 बजे चिंता से व्याकुल श्यामा प्रसाद डॉ. राधा विनोद पाल के घर जा पहुँचे। वहाँ पाल नहीं थे, अत: मुकर्जी मेडिकल कॉलेज अस्पताल पहुँचे। गेट पर भारी भीड़ थी। पुलिस ने डॉ. मुकर्जी को जाने दिया। अंदर डॉ. मुकर्जी प्रिंसिपल डॉ. लिनडोन से मिले। उन्होंने मुकर्जी को आश्वासन दिया कि घायल छात्रों की देखभाल पूरी जिम्मेदारी से की जाएगी। तभी डॉ. राधा विनोद पाल तथा वी.सी. राय भी आ पहुँचे। घायलों से मिलकर जब तीनों बाहर निकले तो पुलिस अधिकारी टायसन से भेंट की। टायसन ने बताया कि अभी भी छात्रों की भीड़ धर्मतल्ला स्ट्रीट पर जमी हुई है। पुलिस भी लाठी-बंदूक लिये उन्हें घेरकर खड़ी है। अपराह्न छात्रों ने माँग की थी कि डॉ. मुकर्जी या शरतचंद्र बोस को बुलाया जाए। वे आश्वासन देंगे, तो हम घर चले जाएँगे। डॉ. मुकर्जी को कोई सूचना नहीं मिली। वह सारे दिन चार अलग-अलग जगह चुनाव प्रचार में गए हुए थे। शरतचंद्र बोस को सूचना दी गई तो उन्होंने आने से इनकार कर दिया। संदेश भेजा कि अच्छे बच्चे की तरह अपने-अपने घर लौट जाओ। किसी विरोधी ने भड़काया है तो मैं जिम्मेदारी नहीं ले सकता। जबकि डॉ. मुकर्जी स्वयं कलकत्ता से बाहर थे। पता नहीं किसके आह्वान पर छात्रों ने यह कदम उठाया था? तभी डॉ. वी.सी. राय एक जरूरी कॉल आने पर मरीज देखने चले गए। डॉ. मुकर्जी तथा डॉ. पाल धर्मतल्ला स्ट्रीट गए।

पहले तो पुलिस ने उन्हें रोका, परंतु सारी बात की जानकारी मिली तो जाने दिया। छात्र डॉ. मुकर्जी के आने की सूचना पाकर जोर-जोर से नारेबाजी करने लगे। छात्रों ने यह भी बताया कि शरतचंद्र बोस आ जाते तो दोपहर को ही समस्या समाप्त हो जाती। डॉ. मुकर्जी ने सोचा कि शरतचंद्र ने ऐसा कदम क्यों उठाया?

डॉ. मुकर्जी का ही एक भतीजा रामेश्वर बनर्जी पुलिस की गोली से मारा गया था। उसका पार्थिव शरीर भी परिजनों को सौंपा नहीं गया था। कांग्रेस की वीना दास और श्रीमती ज्योति पंथी गांगुली भी पहुँची हुई थीं। वे तो शरतचंद्र बोस के व्यवहार से बहुत दु:खी थीं। उनके घर भी होकर आई थीं। वह हैरान थीं कि शरत के पास कुछ चमचे टाइप लोग आसपास बैठे हैं, जो उस खतरनाक स्थिति में उनको निकलने नहीं देना चाहते थे। लोग हितैषी होने का नाटक करने के लिए ऐसा कर सकते हैं, परंतु नेता को ऐसा व्यवहार डुबो देता है। शरत बोस ने किरण शंकर राम को वहाँ भेजा। उसे छात्रों ने घास नहीं डाली। उनकी जीवनी में लेखक गोर्डन ने लिखा है कि शरतचंद्र बोस सुभाषचंद्र बोस के भाई थे, परंतु सुभाष की तरह जननेता नहीं थे। उनमें नेता जैसे लक्षण खोजना हमारी ही ज्यादती है। अनेक लोगों ने डॉ. मुकर्जी को वहाँ से जाने नहीं दिया। उन्हें लग रहा था कि मुकर्जी के वहाँ से जाते ही

छात्रों तथा पुलिस की ओर से हादसा हो सकता था। दोनों पक्ष अपनी जगह दृढ़ता से खड़े थे।

डॉ. मुकर्जी प्रातः से ही चुनाव प्रचार में घूम-घूमकर थक गए थे। घर पहुँचते ही अस्पताल और घटनास्थल पर आ गए। अब उनमें खड़े रहने की और शक्ति नहीं थी। आखिर रात में तीन बजे वे घर जा सके। फिर भी सवेरे जल्दी तैयार होकर डॉ. पाल से मिलने यूनिवर्सिटी पहुँच गए। तब दस बजे थे। उस दिन कॉलेज बंद रखने का सुझाव देना चाहते थे। डॉ. पाल से मिलने के पश्चात् वे मेडिकल अस्पताल गए एवं कॉलेज का परिसर तब भी लोगों से भरा हुआ था। डॉ. मुकर्जी ने अस्पताल जाकर अनेक घायलों का हाल-चाल पूछा। तभी एक सज्जन ने आकर बताया कि अभी उनके भतीजे रामेश्वर बनर्जी का शव परिवार को नहीं मिला है। डॉ. मुकर्जी उस सज्जन के साथ प्रिंसिपल डॉ. लिडोन से मिलने पहुँचे। तभी उन्हें सूचित किया गया कि वेलिंगटन स्क्वायर पर लाखों लोग फिर एकत्र हो गए हैं। वो प्रदर्शन करना चाहते हैं, जबकि पुलिस उन्हें रोकने की पूरी सख्ती से कोशिश करेगी। फिर गोली चलने की संभावना है। तब डॉ. मुकर्जी बेलिंगटन स्क्वायर पहुँचे। हालात को देखकर बहुत दुःखी हुए। तब के पुलिस कमिश्नर रायसन से मिले। उन्हें समझाया कि इन लोगों को प्रदर्शन करने की इजाजत दे दी जाए। संख्या अधिक है, यदि गोली चला दी गई तो मृतक संख्या हजारों में पहुँच जाएगी। पुलिस कमिश्नर ने उनकी सलाह पर प्रदर्शनकारियों को उनके निश्चित मार्ग पर जाने दिया। एक जबरदस्त हादसा टल गया। गोली नहीं चली और प्रदर्शन के पश्चात् भीड़ स्वयं तितर-बितर हो गई।

उसके पश्चात् रामेश्वर के माता-पिता के साथ उसका शव लेने मुर्दाघर पहुँचे। वहाँ जाकर उचित तैयारी के साथ शव लिया गया। शव के साथ भी लाखों की भीड़ पीछे चल रही थी, परंतु मौन। तभी शहर के किसी अन्य भाग से शोरगुल आने लगा। किसी विदेशी ट्रक ड्राइवर ने एक बच्चे को कुचल दिया था। भीड़ ने न केवल ट्रक को फूँक दिया, बल्कि उस ड्राइवर को भी आग में झोंक दिया। आगजनी हुई तो गोलियाँ भी चलीं। भीड़ के साथ मीलों पैदल चलना पड़ा।

डॉ. मुकर्जी श्मशान में पूरे समय रहे। बहुत लोग संवेदना प्रकट करने आए। रामेश्वर के माता-पिता से मिलकर शोक व्यक्त किया। बहुत से केवल डॉ. मुकर्जी से ही मिले। चिता की अग्नि जल रही थी तो कपाल क्रिया भी की गई। उलटा हुआ, पुत्र की क्रिया पिता के द्वारा की गई। जब घर को लौटे तो रात्रि के ग्यारह बज रहे थे। डॉ. मुकर्जी सोच रहे थे, बहुत लोग आए थे, परंतु शरतचंद्र बोस नहीं आए! लौटते समय एक सज्जन और मिले, जो इकलौते पुत्र को पुलिस फायरिंग में हजरा पार्क में

खो चुके थे। उन्हें ऐसे लोग भी मिले, जिन्होंने बहुत चिल्लाकर, रुदन मचाकर अपना दुःख प्रकट नहीं किया, बल्कि चुपचाप दुर्दिन का दुर्भाग्य सह लिया।

इन सबको देखकर डॉ. मुकर्जी को लगा कि एक क्रांति की ज्वाला लोगों में सुलग रही है। उन्हें लगा कि इस चिनगारी को सही दिशा देकर ज्वाला में परिवर्तित करने की आवश्यकता है। इसे सजग होकर तथा अनुशासन में मार्गदर्शन की अपेक्षा है। यदि ठीक से क्रांति की राह चल पाए तो अंग्रेज अधिक दिन तक नहीं ठहर सकेंगे। पैरों में भारी दर्द के कारण उन्हें नींद भी नहीं आ पाई थी। अगले दिन उन्हें बराकपुर की यात्रा करनी थी। पिछले दिन हड़ताल सफल रही थी। हजारों लोग पटरियों पर जा बैठे थे। अतः रेलगाड़ियाँ नहीं चलीं। सरकार द्वारा लगाए गए अवरोधों को जनता द्वारा जगह-जगह तोड़ दिया गया था। सुशील के साथ कार में डॉ. मुकर्जी बराकपुर चल दिए। कलकत्ता की सड़कों पर तब भी कहीं-कहीं आग के निशान दिखाई पड़ रहे थे। प्रातः काल का समय था। बस, ट्राम कल से ही बंद थीं। कार से जाना जोखिम भरा भी था। पुलिस ने भी कई जगह कार रोकी, परंतु डॉ. मुकर्जी को पहचानकर अनुमति दे दी गई। थकान के बावजूद यात्रा करना, जगह-जगह बहस करना, भाषण देना और आगे बढ़ जाना। कांचन पारा, भाटवारा, नैहाटी, जगदलपुर, श्यामनगर और इच्छापुर जहाँ-जहाँ पहुँचे और रुके, वहीं भव्य स्वागत किया गया। 'आनंद बाजार पत्रिका' और 'हिंदुस्तान स्टैंडर्ड' ने कल की घटनाओं को प्रकाशित नहीं किया था। जिन्होंने स्वयं घटना को देखा था, वे इसे समाचार-पत्रों का छल-कपट बताकर निंदा कर रहे थे। चुनाव अभियान पूर्ण करके इच्छापुर में सभा रखी गई थी। इधर थकान से मुकर्जी का बुरा हाल था। टाँगों में तो दर्द था ही, सिर में भारी दर्द हो रहा था। कुछ देर बाद उनके सीने में भी अचानक दर्द हुआ। उनकी कार टीटागढ़ की ओर बढ़ रही थी। दर्द बहुत तीव्र था। रात्रि 9 बजे तक कार सुशील चटर्जी के घर पहुँच गई। जाते ही लेटना पड़ा तथा चिकित्सक को बुलाया गया। कलकत्ता घर पर भी खबर भेजी गई। स्थिति गंभीर हो गई थी। बड़े भाई रमाप्रसादजी को सुशील ने सबकुछ बता दिया। डॉ. विधान चंद्र राय और इंद्र माधव वसु को भी सारी जानकारी दी गई। फिर भी कलकत्ता में कई तरह की अफवाहें फैल गईं। कुछ लोग तो अखबार के दफ्तर में फोन करके पता करने लग गए।

रात्रि 11 बजे तीनों भाई आए (रमाप्रसाद, उमाप्रसाद तथा वामा प्रसाद), भाभी तारादेवी और डॉ. वसु बराकपुर जा पहुँचे। निश्चय किया गया कि तुरंत कलकत्ता के लिए चल पड़ें। गाड़ी में उन्हें धीरे-धीरे लिटाया गया तथा चल पड़े। रात्रि में 1 बजे ये लोग कलकत्ता पहुँचे। कमजोरी बहुत अधिक लग रही थी। दर्द कम था। सवेरे

कई जाने-माने चिकित्सक देखने आए। डॉक्टरों ने सलाह दी यदि जीवित रहना है तो शरीर को पूरा आराम देने की जरूरत है। यदि इतना ही परिश्रम करते रहे तो जीवन भर के लिए रोगी हो सकते हो।

डॉ. वी.सी. राय की राय थी कि कम-से-कम 15 दिन तक घर से बाहर झाँकने तक की इजाजत नहीं है। पंद्रह दिन पश्चात् ही चुनाव थे। सभाएँ शुरू हो चुकी थीं। अगले दिन भी दो सभाएँ थीं। डॉ. मुकर्जी उनमें नहीं गए। डॉ. निर्मल चंद्र चटर्जी इनकी जगह इन सभाओं में गए। सीरमपुर की सभा में श्री देवेंद्रनाथ मुकर्जी गए। उत्तरपाड़ा में भी चटर्जी गए। डॉ. मुकर्जी घर निष्क्रिय नहीं बैठे रहना चाहते थे। ज्यों ही उन्होंने निकलने का विचार बनाया, डॉ. मुकर्जी पुन: बीमार हो गए। कलकत्ता के प्रसिद्ध हृदय रोग विशेषज्ञ डॉ. शुभो दत्ता के अनुसार, उन्हें दो हलके झटके हृदय में लग चुके थे। डॉक्टर का मानना था कि दिल का दौरा पड़ने पर मांसपेशियाँ मर जाती हैं। प्राय: ऐसा ऑक्सीजन की कमी के कारण होता है। यह 1945 का समय था, हृदय रोग विज्ञान इतना अधिक विकसित नहीं था। तब तक ई.सी.जी. की मशीन भी आविष्कृत नहीं हुई थी। ऐसी भयानक बीमारी का इलाज इन दिनों हवा बदलकर स्वास्थ्यवर्धक जलवायुवाले स्थान पर भेजकर किया जाता था। यही रोगियों की रामबाण औषधि मानी जाती थी। वस्तुत: दूसरे नेता चुनाव प्रचार की जिम्मेदारी लेने के लिए तैयार नहीं थे। डॉ. मुकर्जी चिंता करके भी कमजोरी के कारण प्रचार करने में असमर्थ थे। परिणाम यही हुआ कि हिंदू महासभा के प्रत्याशियों की हार हुई। यहाँ तक कि स्वयं डॉ. मुकर्जी को भी एक सामान्य व्यक्ति नगेंद्रनाथ उपाध्याय के सामने हार का मुँह देखना पड़ा। इसके पश्चात् गांधीजी, नेहरूजी तथा सरदार पटेल कलकत्ता पधारे।

जनता में उन्हें देखने की होड़ सी लग गई। डॉ. मुकर्जी का स्वास्थ्य पूरी तरह ठीक नहीं हुआ था। नेहरू, पटेल, गोविंद बल्लभ पंत और रफी अहमद किदवई मुकर्जी से मिलने उनके घर भी गए। अनेक लोगों ने सलाह दी कि अब उन्हें कांग्रेस में ही मिल जाना चाहिए। कई घनिष्ठ मित्रों ने तो दबाव भी बनाया। परंतु डॉ. मुकर्जी ने ऐसा नहीं किया। उनका स्पष्ट मत था कि न तो कांग्रेस हिंदुओं के प्रति अपना दृष्टिकोण बदल सकी है और न उन्होंने ही अपना विचार परिवर्तित किया है। डॉ. मुकर्जी ने अपनी डायरी में एक जगह लिखा है कि *"मैं राजनीति में पद, यश या धन पाने की इच्छा से नहीं आया था। मेरा उद्‍देश्य हिंदू समाज पर हो रहे अन्याय का विरोध करना था। वह अन्याय आज भी हो रहा है, तो मैं राजनीति से हटकर घर कैसे बैठ जाऊँ? मैं अपने लक्ष्य के लिए कार्य करता रहूँगा। मुझे न तो मुख्यमंत्री*

बनने का लालच है, न कोई कोटा, परमिट या व्यवहार में छूट चाहिए, तो मैं अपना उद्देश्य क्यों छोड़ दूँ? हिंदू धर्म मानवता के हित के लिए है। धर्म की सेवा करना मैं अपना कर्तव्य मानता हूँ। मेरी दलील समझने को कोई तैयार नहीं दिखाई देता। वास्तव में लोग तर्कबुद्धि से भले-बुरे का विचार नहीं करते। आम आदमी उसी के साथ लग जाते हैं, जिधर अधिक जनमत दिखाई पड़ता है।" डॉ. मुकर्जी की कही हुई 80 वर्ष पुरानी बात आज भी उतनी ही सत्य दिखाई पड़ती है। आजकल बड़ा जनमत प्रधानमंत्री मोदीजी के साथ है। कांग्रेस के जबरदस्त प्रचार का भी प्रभाव नहीं हो रहा है। उसकी सदस्य संख्या हर बार पहले से घट जाती है। गांधीजी ने स्वयं डॉ. मुकर्जी को एक पत्र हिंदी में लिखा तथा उनकी बीमारी का हाल पूछा। मुकर्जी ने उत्तर लिखकर धन्यवाद दिया।

चुनाव के परिणाम आने प्रारंभ हो गए। मुसलिम बहुल स्थानों पर कांग्रेस कहीं नहीं जीती, सब जगह मुसलिम लीग की विजय हुई। हिंदू महासभा की भी सब जगह पराजय हुई। वहाँ लोगों ने कांग्रेस को जिताया। स्पष्ट है कि मुसलिम लीग को हराने के लिए लोगों ने कांग्रेस को मजबूत किया। कांग्रेस की मुसलिम तुष्टीकरण की नीति का मुसलमान जनसंख्या ने कोई लाभ नहीं दिया।

डॉ. श्यामा प्रसाद मुकर्जी कलकत्ता विश्वविद्यालय की गत 22 वर्ष से सेवा कर रहे थे। सीनेट मेंबर से लेकर कुलपति के गरिमामय पद पर रहते हुए छात्रों की, प्राध्यापकों की तथा कर्मचारियों की लगातार सेवा की। अब उन्होंने अग्रज श्री रमा प्रसादजी को विश्वविद्यालय की ओर से असेंबली सदस्य के नाते खड़ा किया। परिवार के लोग उन्हें अब भी आराम करने को कह रहे थे। इसलिए डॉ. मुकर्जी मधुपुर गए। उससे पहले वे अपनी बड़ी पुत्री सविता एवं नातिन मंजू के साथ कुछ समय बिताना चाहते थे। अत: पहले उनके पास जमशेदपुर गए। वहाँ से लौटकर मधुपुर आए तो सविता और मंजू को दामाद निशीथ ने सेवा के लिए साथ ही भेज दिया। माँ योगमाया तथा छोटा पुत्र देवतोष भी मधुपुर साथ आ गए। बड़ा बेटा अनुतोष भी बर्नपुर से बीच-बीच में आता रहता था। अनुतोष बर्नपुर में इंडियन आयरन ऐंड स्टील कंपनी में काम करता था। मधुपुर में एक मास तक वे सब तरह के झंझटों से दूर होकर रहे।

इस एक मास के मधुपुर निवास ने उनके जीवन में सचमुच मधु घोल दिया। तन भी स्वस्थ हुआ और परिवार में बच्चों के साथ समय बिताकर मन भी प्रसन्न हो गया। डॉ. मुकर्जी 23 दिसंबर, 1945 (क्रिसमस) को मधुपुर आए थे और 27 जनवरी, 1946 तक रहे। इस बीच उनका पी.ए. बृंदवरन (स्टेनोग्राफर) भी साथ

था। उसकी सहायता से डॉ. मुकर्जी ने 5 जनवरी, 1946 से अंग्रेजी में अपने विचार लिखने शुरू किए। अपने विश्वविद्यालय सेवाकाल के अनुभव तो लिखे ही, एक वर्ष तक बंगाल मंत्रिमंडल के वित्त मंत्री काल के भी खट्टे-मीठे अनुभव डायरी में दर्ज किए।

बँगला भाषा में भी उन्होंने अपने बचपन के संस्मरण लिखे। उनकी डायरियों का संकलन श्री असीम कुमार दत्ता ने किया है। डायरियों में दर्ज इन सभी संस्मरणों को डॉ. मुकर्जी इस विचार से नोट करते थे कि वृद्धावस्था में आत्मकथा लिखते समय इनका सदुपयोग कर लेंगे। बात तो बिल्कुल ठीक थी, परंतु ऐसा समय कभी नहीं आया। उस डायरी की जानकारी का उपयोग हमारे जैसे लेखक कर पाए। अन्यथा बहुत सी बातों की वास्तविकता से भावी पीढ़ी अनभिज्ञ ही रह जाती। डायरी में उन्होंने ऐसे पल भी नोट किए, जब मात्र 31 वर्ष की आयु में उनकी प्रिय पत्नी का स्वर्गवास हो गया। वो पल कितने दुखदायी तथा निराशा भरे थे! उनके चार बच्चों का भविष्य अंधकारमय था। माँ समान करुणामयी तारा भाभी ने बच्चों की पूरी जिम्मेदारी सँभालकर उनकी चिंता हरण कर ली।

डायरी ने उन्होंने अकाल एवं दंगा पीड़ित जनता की भयंकर तथा दुखद परिस्थिति का भी विवरण प्रस्तुत किया। मुसलिम लीग के हिंदुओं पर थोपे गए अलगाववादी विचारों का तथा हिंदू महासभा के प्रयासों का भी विवरण दर्ज किया। समाज की निस्स्वार्थ सेवा के लिए किए गए अपने प्रयासों का भी ब्योरा डायरी में कहीं-कहीं दिया गया है।

वास्तव में मधुपुर में एक मास रहकर उन्होंने परिवार के साथ रहकर शांति का अनुभव किया। इसी के साथ जब 9 जनवरी को उनके शरीर में भारी दर्द हुआ तथा श्वास में भी कठिनाई हुई, शरीर में कंपन होने लगा, चादर, रजाई, कंबल भी ओढ़ने पड़े। डॉ. मजूमदार को बुलवाया गया तो पता चला कि मलेरिया हो गया है। अगले दिन पूरी रात जागने से सिर में भारी दर्द हो गया। कमजोरी हद दर्जे तक बढ़ गई। भविष्य अंधकारमय दिखाई देने लगा। उन्हें लगा कि जीवन अब नहीं बचेगा, परंतु 14 जनवरी तक मलेरिया का अंत हो गया, केवल कमजोरी रह गई। फिर से डायरी लिखनी प्रारंभ कर दी।

प्राय: डायरी में व्यक्तिगत बातें ही लिखी जाती हैं। परंतु डॉ. मुकर्जी ने देश की तत्कालीन परिस्थितियों का भी निष्पक्ष तथा स्पष्ट वर्णन किया है। गांधीजी की अहिंसा नीति की भी आलोचना की। कांग्रेस की अहिंसा और तुष्टीकरण नीति को उन्होंने कायरता तथा घुटने टेक नीति कहा है, बल्कि देश विभाजन के लिए मुसलिम

लीग के समान ही कांग्रेस को भी जिम्मेदार ठहराया। उन्होंने डायरी में स्पष्ट लिखा कि हिंदुओं को मुसलिम दंगाइयों से बचाने के लिए कांग्रेस एक उँगली तक नहीं हिलाएगी। हिंदू भाइयों की मृत्यु पर सहानुभूति भी व्यक्त करने में उसे सांप्रदायिक का डर सताएगा। उन्होंने मिदनापुर का अकाल, हिंदुओं पर प्रत्यक्ष आक्रमण की काररवाई, नोआखली के नरसंहार के सामने कांग्रेस के प्रत्यक्ष समर्पण का चित्र खींचा। उनकी डायरी में लिखी एक-एक पंक्ति सत्य का प्रत्यक्ष दर्शन है। उन्होंने यह लिखने में तथा कहने में कभी संकोच नहीं किया कि हिंदू अपने बौद्धिक और वित्तीय संसाधनों के होते हुए भी सामने खड़े सत्य को पहचानने में असफल रहे। मुसलिम लीग मुसलमानों को एक लक्ष्य के प्रति जागरूक करके एकत्र करने में सफल रही। हिंदू इस ज्वलंत समस्या को सामने देखकर भी अपने स्वार्थ एवं जातीय स्वाभिमान में फँसा रहा।

उन्होंने डायरी में वह भी बताया कि मोहम्मद अली जिन्ना ने प्रत्यक्ष काररवाई का जो मुद्दा उठाया, कांग्रेस ने ढुल-मुल नीति अपनाई। खुलकर समर्थन भी नहीं किया, परंतु अंदरखाने यह मान लिया कि स्वतंत्रता के लिए विभाजन को स्वीकार करने के सिवाय कोई विकल्प नहीं। इसी के साथ यह भी कटु सत्य है कि गांधीजी और नेहरूजी अधिक प्रतीक्षा करते तो निर्णायक अधिकार उनके हाथ से खिसक जाता। अतः बाहर से कभी हाँ, कभी ना दिखाते हुए भी कांग्रेस विभाजन की बात स्वीकार कर चुकी थी।

10 जनवरी, 1946 को डॉ. मुकर्जी ने अपनी डायरी में लिखा, "इसमें कोई विवाद नहीं हो सकता, यदि हिंदू-मुसलिम दोनों समूह भारतीय संस्कृति को सँभालकर रखने के लिए साझा तौर पर काम करें और अपने विश्वासों के अनुसार मिलकर मित्रता से रहें। हिंदू चिंतित नहीं है कि वो खुद कैसे रक्षा करेंगे? मुसलिम यदि हिंदुओं पर प्रभावी होने की कोशिश करेंगे। ऐसा हुआ तो यह एक गृहयुद्ध की समस्या हो जाएगी। हम गृहयुद्ध नहीं चाहते। कांग्रेस हिंदू-मुसलिम समस्या सुलझाने में नाकाम रही है, बल्कि भविष्य में भी इसे सुलझाने में कभी सफल नहीं होगी, क्योंकि कांग्रेस ने इस समस्या को सदैव तुष्टीकरण से, घुटना टेक नीति से ही सुलझाने का यत्न किया है। यदि कोई समझौता नहीं हो पाया तो हिंदू संगठन के लिए बना संगठन दोषी माना जा सकता है, जबकि मुसलिम लीग पहले ही जिद करके अपनी बात मनवाना चाहती है।"

सच तो यह है कि डॉ. श्यामा प्रसाद मुकर्जी केवल नेता नहीं, एक सच्चे इनसान थे। उनमें दोगलापन नहीं था। किसी स्वार्थ के लिए वो अपने विचारों को

नहीं बदलते थे। कांग्रेस की नीतियों के कारण मुसलिम लीग यह जंग जीत जाएगी, यह आशंका उन्होंने समय से पहले ही व्यक्त कर दी थी। विश्व की अन्य देशों की घटनाओं से भी यही निष्कर्ष निकलता है कि विभाजन से कहीं भी कोई समस्या नहीं सुलझ पाई। डायरी में लिखे निम्नांकित शब्द उनकी सात्त्विक ईश्वर भक्ति की ओर संकेत करते हैं—

"हे दयावान ईश्वर! मुझे अपने भीतर आपकी झलक पाने दो। मैं अपने लिए कोई चीज नहीं माँगता, सिर्फ मुझे अपने चरणों में जगह दे दी। मुझे उठाओ और अपनी गोदी में बिठा लो। मुझे शक्ति प्रदान करो, ताकि मैं आपकी प्रार्थना कर सकूँ। प्रभो! मैंने बहुत पाप किए हैं। अपनी संतुष्टि के लिए कभी झूठ का भी सहारा लिया है। यह आपसे छिपा नहीं है। अपनी असीम कृपा से मुझे क्षमा कर दो और फिर कभी पथभ्रष्ट न होने की प्रेरणा दो। मुझे अहंकार से मुक्ति दो। दूसरों की सेवा के लिए समर्पण भाव से लगने में मेरी सहायता करो। मैं अपनी पूरी योग्यता के अनुसार ईश्वरीय इच्छा का पालन कर सकूँ, ऐसी शक्ति दो। मुझे कोई प्रसिद्धि और गौरव नहीं चाहिए। आप मुझे अपने चरणों में ही पड़ा रहने दो, जिनसे मैं प्रेम करता हूँ, उनसे भी किसी तरह की स्वार्थपूर्ति नहीं करना चाहता। मैंने इस संसार की निरर्थकता महसूस कर ली है। मेरे मन की साध है कि मैं आपके दर्शन करूँ। मैं जान गया हूँ कि हम सब सिर्फ यात्री हैं। आज यहाँ है, कल कहीं और चले जाएँगे। अत: छोटी-छोटी नगण्य चीजों के लिए क्यों शिकायत करें? जानवरों का प्राकृतिक व्यवहार देखा है! आदमी उससे अधिक समझ रखता है। वह परमात्मा को उसकी कृपा रूप में पहचान सकता है। हे परमात्मा! मुझमें नई चेतना जगाओ। अपनी प्रार्थना करने की शक्ति दो। मैं सोते-जागते आपको ही स्मरण करूँ। मेरे मन से घृणा का भाव निकाल दो। मैं जानता हूँ कि मेरा जीवन दीप एक दिन अचानक बुझ जाएगा। मैं यह जानकर न उदास हूँ, न निराश हूँ। परंतु इस दीप के बुझने से पहले मैं पूरी तरह आपके चरणों में समर्पित होना चाहता हूँ। आप मुझपर अपनी करुणा बरसाओ।"

डॉ. मुकर्जी की डायरी में इतनी ईमानदारी से दिल खोलकर लिखी गई प्रार्थना उनके मन-मस्तिष्क का स्पष्ट चित्र है। ऐसी प्रार्थना उन्होंने कई बार लिखीं। वे मन से ईश्वर में लीन होने की भावना रखते थे।

डॉ. मुकर्जी यहाँ अपने निजी धर्म या हिंदूवाद की अपनी धारणा का अनुपालन करते हैं। इस मान्यता को अद्वैतवाद माना जा सकता है। अपने भीतर परमात्मा को मानना, उसे पहचानना और उसकी प्रार्थना करना, उसी को सर्वत्र और सदैव उपस्थिति को अनुभव करना ही तो ज्ञान है। अपने धर्म में आस्था रखना तथा अन्य

धर्मों के प्रति द्वेष न रखना परमपिता की सच्ची भक्ति है। यही हिंदू धर्म है। यह विश्वास ही सच्ची मानवता का अहसास दिलाता है।

मधुपुर के मकान में निवास करते हुए उन्होंने इस दिव्य शांति का अनुभव किया था। 19 जनवरी, 1946 को उनकी नातिन मंजू अपने माता-पिता के साथ जमशेदपुर से मधुपुर आई थी। उसे देखकर डॉ. मुकर्जी को उसके बचपन की स्मृतियाँ दिखाई देने लगी। उसके द्वारा अपनी नानी का चित्र देखकर प्रसन्न होना और उसे चूम लेना डॉ. मुकर्जी को भीतर तक भावविभोर कर गया। उन्हें भी अपनी धर्मपत्नी सुधा देवी की याद बिजली सी चमक गई।

मधुपुर में तन-मन स्वस्थ हो गया। उन्हें फिर देश, धर्म, कर्तव्य दिखाई देने लगे। तभी उन्हें सूचना मिली कि ब्रिटिश सरकार की ओर से भेजा गया एक प्रतिनिधिमंडल भारत आया हुआ है। वह कलकत्ता भी आनेवाला है। प्रो. राबर्ट रिचर्डस उसका नेतृत्व कर रहे हैं। उन्होंने डॉ. मुकर्जी से भी मिलने की इच्छा व्यक्त की है। 27 जनवरी, 1946 को प्रतिनिधिमंडल से मिलने के लिए मुकर्जी मधुपुर से कलकत्ता पहुँच गए। उन्होंने जाते समय मधुपुर को धन्यवाद दिया। वहाँ रहकर उन्होंने स्वास्थ्य, शांति और ईश्वरीय प्रेरणा को प्राप्त किया।

□

9

नोआखली का नरसंहार (1946)

बंगाल ही ऐसा प्रदेश था, जहाँ मुसलिम लीग की सरकार थी। दोबारा बरखास्त किए जाने पर भी लीग सरकार बनाने में सफल रही थी। नजीमुद्दीन के बाद इस बार सोहरावर्दी को मुख्यमंत्री का दायित्व सौंपा गया। वह तो स्वभाव से ही चालाक और शरारती था। मोहम्मद अली जिन्ना ने जान-बूझकर ही उसे यह पद दिया था। 'प्रत्यक्ष काररवाई' का जो विचार जिन्ना ने बाद में प्रगट किया, वह सोहरावर्दी को पहले समझा दिया था। उसने इस काररवाई की तैयारी 1945 से ही शुरू कर दी थी। ऑस्ट्रेलिया से आए नए गवर्नर कात्से के स्थान पर अब फ्रैडरिक बरोज गवर्नर था। योजना के अनुसार गवर्नर से संबंध बढ़ा लिये गए थे। कलकत्ता के पुलिस मुख्यालय में महत्त्वपूर्ण पदों पर जहाँ हिंदू अधिकारी थे, उन्हें स्थानांतरित कर दिया गया तथा उन स्थानों पर नए मुसलिम अधिकारी लगा दिए गए। जहाँ तक सिपाही का सवाल था, उनकी नियुक्ति का आधार ही बदल दिया। कलकत्ता में पुलिस में पहले चार जिलों के सिपाही चुने जाते थे। इनको 'ABCD' कहा जाता था।

A से आरा B से बलिया C से छपरा और D से देवरिया। ये उत्तर प्रदेश और बिहार के ऐसे जिले थे, जहाँ के लोग तगड़े और मजबूत होते थे। इस नीति को भी बदला गया। वास्तव में ये हिंदू जवान होते थे। प्रायः हनुमानजी के भक्त! मुसलिम लीग इनसे हिंदू विरोधी अभियान में सहयोग की आशा नहीं कर सकते थे। अतः इनका भी स्थानांतरण कर दिया गया और अधिकतर मुसलिम सिपाही नियुक्त किए गए। जुलाई 1946 में मोहम्मद अली जिन्ना ने 'प्रत्यक्ष काररवाई' की घोषणा कर दी। सोहरावर्दी ने पुलिस कमिश्नर के पद पर भी नियाज मुहम्मद खान की नियुक्ति कर दी।

मिदनापुर में जिला मजिस्ट्रेट भी मुसलमान लगा दिया। मुसलिम लीग नरसंहार की योजना की तैयारी पहले से ही कर रही थी।

16 अगस्त, 1946 को नियाज मुहम्मद खान ने सोहरावर्दी के आदेश का पालन करते हुए कलकत्ता में पंजाबी मुसलमानों तथा पठानों को पुलिस में बड़ी संख्या में भरती कर लिया। ये कबायली जनजातियों से थे, जैसे अफरीदी, मुहम्मद, वजीरी, खट्टक और युसुफजई। ये जातियाँ बर्बर और जंगली मानी जाती हैं। ये लोग महिलाओं का सम्मान नहीं करते। परदे के बिना किसी औरत को देख लें तो उस पर टूट पड़ते थे। हैरीसन रोड पर एक छह मंजिल की इमारत थी 100 नंबर। उसमें अचानक मुसलमान घुस आए तथा लूटपाट की। औरतों के साथ सामूहिक बलात्कार किया गया। इसमें एक नर्स हॉस्टल भी था। पठान पुलिसवालों ने उनकी सहायता के स्थान पर नर्सों से बलात्कार किया। खूब हाहाकार मचा, परंतु रक्षक ही भक्षक बन गए तो कौन बचाता? कट्टर मुसलिम मुहम्मद शम्स उद-दोहा को डिप्टी कमिश्नर नियुक्त किया गया। योजनाबद्ध ढंग से हिंदू अफसरों की जगह मुसलिम अफसर तैनात किए गए, ताकि मुसलमान मनमानी कर सकें और पकड़े भी न जाएँ। जिन पदों पर मुसलिम अफसर नहीं नियुक्त किए जा सके, उनपर ईसाई एंग्लो-इंडियन अफसर लगा दिए गए, जो जान-बूझकर असलियत को मानने और समझने को तैयार नहीं थे।

डॉ. श्यामा प्रसाद मुकर्जी सबकुछ समझकर चिंतित थे, परंतु कुछ कर नहीं पा रहे थे। इससे पूर्व वे स्वयं एक हिंदू कांग्रेसी से चुनाव हार चुके थे। 1946 में वो विश्वविद्यालय क्षेत्र से असेंबली में सदस्य चुने गए थे। दुर्भाग्य देखिए, मुसलिम लीग को 119 में से 113 सीटें मिली थीं। इस दशा में हिंदुओं की कौन सुनता? हिंदुओं ने तो वोट कांग्रेस को दिए थे और कांग्रेस मुसलिम लीग के आगे घुटने टेक चुकी थी। जबकि मुसलमान लीग के पीछे एकजुट थे। लीग सरकार के घोर अन्याय और अत्याचार के विरोध में कांग्रेस ने कुछ नहीं किया और कुछ नहीं कहा। हिंदू महासभा तो अब कुछ कहने लायक ही नहीं थी। उसके पीछे संख्याबल ही नहीं रहा था। चुनाव के परिणाम ने महासभा की शक्ति को क्षीण कर दिया था।

हिंदू समाज ने जो नादानी की, उसका दुष्परिणाम भी तो हिंदू समाज को ही भुगतना पड़ा। हिंदू महासभा ने जो अबतक हिंदू हित के लिए संघर्ष किया था, वह निरर्थक रहा। हिंदू समाज तो नादानी कर ही गया। साथ ही कांग्रेस भी अपनी हिंदू हित में काम न करने की नीति के कारण पाप की भागी हो गई। वोट लिये, परंतु हित में काम नहीं किया।

ब्रिटेन में चुनाव के पश्चात् लेबर पार्टी जीत गई और कंजरवेटिव पार्टी हार गई। चर्चिल प्रधानमंत्री पद से हट गए और एटली ने प्रधानमंत्री पद की शपथ ली। एटली भारत को तुरंत स्वतंत्र करने के पक्ष में थे।

प्रधानमंत्री एटली ने भारत के नेताओं से वार्त्ता करने के लिए एक प्रतिनिधिमंडल भारत भेजा था। इस प्रतिनिधिमंडल के कलकत्ता पहुँचने की जानकारी मिली, तभी डॉ. मुकर्जी मधुपुर से कलकत्ता आए।

ब्रिटिश सरकार के प्रतिनिधिमंडल में दस सदस्य थे। आठ थे हाउस ऑफ कॉमंस के तथा दो हाउस ऑफ लॉर्डस के। यह प्रतिनिधिमंडल भारत में 5 जनवरी, 1946 को पहुँच गया था। इसका नेतृत्व कर रहे थे प्रोफेसर रॉबर्ट रिचर्डस। 1924 भारत के सेक्रेटरी ऑफ स्टेट भी रहे थे। ब्रिटिश सरकार के प्रतिनिधि के नाते उन्हें काम करने की विशेष शक्ति नहीं दी गई थी। वह प्रतिनिधिमंडल सभी दलों के सदस्यों से मिला। प्रतिनिधिमंडल का सभी दलों ने स्वागत किया। इस बातचीत का निष्कर्ष कैबिनेट मिशन को भेजा गया। सेक्रेटरी फॉर स्टेट (भारत) के लिए लॉर्ड पैथिक लॉरेंस था।

मिशन 23 मार्च, 1946 को भारत आया तथा सभी दलों के प्रतिनिधियों से मिला। वह मई तक कई संस्थाओं से भी सलाह-मशविरा करता रहा। कांग्रेस, मुसलिम लीग और हिंदू महासभा से भी बातचीत की गई। डॉ. मुकर्जी ने कहा कि भारत को अविलंब स्वतंत्र घोषित किया जाए तथा देश की एकता, अखंडता को सुरक्षित रहने दिया जाए। स्पष्ट था कि विभाजन न किया जाए। डॉ. मुकर्जी ने निर्भीक कहा कि विभाजन की व्यवस्था स्वीकार नहीं की जाएगी, परंतु महासभा नाम की महासभा थी, उसके पास पूरे देश में गिने-चुने प्रतिनिधि थे, जबकि कांग्रेस और मुसलिम लीग की कई चुनी हुई सरकारें थीं। वजन कहनेवाले व्यक्ति की योग्यता का नहीं होता, बल्कि उसके पीछे के संख्या बल का ही वजन पड़ता है। दुर्भाग्य से दोनों दल देश के विभाजन का मन बना चुके थे।

सभी सदस्यों से बातचीत के पश्चात् मिशन ने कुछ प्रस्ताव तैयार किए। इसे 'ग्रुपिंग प्लान' कहा गया। प्रस्तावों का सार यह था कि देश की रचना संघीय शासन के नाते की जाएगी, जिसमें प्रांतों की सरकारें अपने प्रांत का शासन सँभालेंगी। आबादी को धार्मिक आधार पर बाँटा जाएगा। पूरे देश के विभाजन की बात मिशन ने नहीं रखी थी। केंद्र का शासन सब प्रांतों से चुनकर आए प्रतिनिधि चलाएँगे। सामान्यत: सभी दलों ने प्रस्ताव मान लिये थे।

कांग्रेस के तत्कालीन अध्यक्ष जवाहरलाल नेहरू ने 10 जुलाई, 1946 का

बंबई में एक प्रेस कॉन्फ्रेंस में घोषणा कर दी कि देश के भावी शासन के लिए एक संविधान सभा बनेगी, जो सभी प्रकार नियम-कानून तय करेगी। आनेवाली तमाम परिस्थितियों का सामना करते हुए हम अपना संविधान बनाएँगे। कैबिनेट मिशन ने सुझाव दे दिए। हम उनकी राय मानने को बाध्य नहीं हैं। मुसलिम लीग तो कुत्ते की पूँछ की तरह फिर टेढ़ी की टेढ़ी ही रही। 29 जुलाई को लीग ने कैबिनेट मिशन से सहमति वापस ले ली। फिर पुरानी माँग (अलग पाकिस्तान बनाने की) पर वापस आ गई। वह किसी संविधान की नहीं मानेगी। पाकिस्तान का संविधान वह स्वयं तय करेगी। कांग्रेस में कई मुसलिम नेता भी थे। मौलाना अब्दुल कलाम आजाद विश्वयुद्ध के दौरान कांग्रेस अध्यक्ष भी रहे थे। जिन्ना उन्हें मजाक में कांग्रेस का 'मुसलिम शो बॉय' कहा करते थे। ऐसे ही कुछ मुसलमानों के कारण कांग्रेस दोनों वर्गों का प्रतिनिधित्व करती थी।

मोहम्मद अली जिन्ना ने अलग पाकिस्तानी माँग के लिए एक स्पष्ट धमकी दी कि 16 अगस्त, 1946 तक मुसलिम लीग की बात नहीं मानी गई तो हम 'डायरेक्ट ऐक्शन' करेंगे। सभी नेता चिंतित हो गए। गांधीजी ने नेहरूजी को जिन्ना के पास भेजा, ताकि वह इस प्रत्यक्ष काररवाई से बाज आएँ। जवाहरलाल नेहरू बंबई में उनके घर पहुँचे। उनसे पूछा कि 'डायरेक्ट ऐक्शन' से उनका क्या अर्थ है ? क्या यह हिंसक होगा ? जिन्ना ने नेहरू की कोई बात नहीं मानी और बताया कि 16 अगस्त को सारे देश के मुसलमान अलग पाकिस्तान की माँग करेंगे। रोका जाएगा तो हिंसा भी हो सकती है। बहुत प्रयास के बाद भी नेहरूजी जिन्ना को मना नहीं सके। जिन्ना के अनुयायी नारा लगा रहे थे—"लड़के लेंगे पाकिस्तान, लेके रहेंगे पाकिस्तान।"

नेहरूजी 10 जुलाई के अपने बयान को वापस लेने को भी तैयार हो गए, परंतु जिन्ना अपने फैसले से नहीं डिगे। वे पाकिस्तान लेने के लिए जनता में सीधे हिंदू-मुसलिम युद्ध के लिए तैयारी कर चुके थे। कारण था, हिंदुओं का समझौता और शांति का स्वभाव। अहिंसा का रास्ता। उन्हें लगता था, हिंदू तो हमारा कुछ नुकसान कर ही नहीं सकता। कांग्रेस का स्वभाव ही उन्हें हिंदू स्वभाव दिखाई दे रहा था।

मौलाना आजाद ने अपनी आत्मकथा में लिखा कि—"नेहरूजी अपने उग्र स्वभाव के कारण कई बार देशहित को भूल जाते थे।" हालाँकि नेहरूजी के संबंध में 30 पृष्ठ उन्होंने 30 साल बाद खोलने को कहा था। डॉ. मुकर्जी हताश थे। उनके पीछे चलनेवाले हिंदू कांग्रेस ने धोखे से छीन लिये थे। उनको अब कोई उपाय सूझ नहीं रहा था। कांग्रेस पहले विभाजन का विरोध करती रही और फिर अचानक विभाजन के लिए तैयार हो गई थी। मुसलिम लीग की उग्रता निरंतर बढ़ती जा रही

थी। हिंदुओं का ही नहीं, वे उन मुसलिमों का भी विरोध कर रहे थे, जो कांग्रेस के साथ थे। उदाहरण के लिए मौलाना आजाद या बंगाल कांग्रेस के प्रदेश अध्यक्ष नौशेर अली खाँ। नौशेर अली के घर के आगे रोज लीग प्रदर्शन करती और नारे लगाती—"नौशेर अली का नाश हो।" तंग होकर नौशेर अली ने मकान खाली कर दिया। फिर क्या था? उस मकान पर बोर्ड टाँग दिया गया—"मुसलिम लीग का दफ्तर"। नौशेर अली राजनीति से पीछे हट गए। यों तो सारी कांग्रेस ही मुसलिम विरोध से पीछे हट गई थी। उसे मुसलिम लोगों के खो जाने का भय बना रहता था।

मुसलिम लीग की प्रत्यक्ष काररवाई तो सारे देश में हुई थी, परंतु यहाँ हम डॉ. श्यामा प्रसाद मुकर्जी के क्षेत्र कलकत्ता और नोआखली में बिगड़े हालात पर ही बात करेंगे। बंगाल और बिहार में हुए इन दंगों ने हिंदू-मुसलमानों में एक विभाजन रेखा भी खींच दी। लोगों ने मानवता की भावना को ही समाप्त कर दिया। भाईचारा नाम की चीज भारत से नष्ट हो गई। बल-प्रयोग के आह्वान के लिए लीग ने विज्ञापन भी प्रकाशित किए। मुसलिम लीग के वश में होता तो पूरा हिंदुस्तान कब्जा करके पाकिस्तान की घोषणा कर देते!

बंगाल का मुख्यमंत्री सोहरावर्दी एक शरारती व्यक्ति था। उसने 16 अगस्त, 1946, शुक्रवार को छुट्टी की घोषणा कर दी। तरह-तरह के विज्ञापन प्रकाशित करके हिंसा के लिए भड़काया गया। 'डॉन' अखबार में तो हिंसा करने का खुला विज्ञापन दिया। कलकत्ता मुसलिम लीग का सचिव था—एस.एन. उसमान। उसने तो हद पार कर दी। बांग्ला भाषा में इश्तहार छापकर बँटवाया, जिसमें लिखा था—

"काफिरो! तुम्हारा अंत ज्यादा दूर नहीं है। अब नरसंहार होगा।" एक अखबार में छपा—एक अंग्रेज पर आक्रमण करना अपराध है। एक मुसलिम को चोट पहुँचाना भी अपराध है। उनका अभिप्राय था कि एक हिंदू को मारना कोई अपराध नहीं है। मुसलिम लीग के छोटे-बड़े सभी नेताओं ने दंगों के लिए भड़कावे के खूब बयान दिए। लियाकत अली खान ने अमेरिका की एक समाचार एजेंसी को बताया कि 'प्रत्यक्ष काररवाई' का मतलब है—गैर-संवैधानिक तरीकों का सहारा लेकर किसी भी तरह विरोध की काररवाई करना है। 'प्रत्यक्ष काररवाई' का अर्थ है कानून के खिलाफ कुछ भी अपराधी गतिविधि करना। 1 अगस्त को नजीमुद्दीन ने कहा—अभी हमने अंतिम रूप नहीं दिया है। अहिंसा के मार्ग को छोड़कर हिंसा के सैकड़ों तरीके हो सकते हैं। उन्होंने कहा, "बंगाल के निवासी अच्छी तरह जानते हैं कि प्रत्यक्ष काररवाई में उन्हें क्या-क्या करना है? अतः हमें खुलकर बताने की या किसी को समझाने की जरूरत नहीं है।" एक और इश्तेहार बाँटा गया—

"कायदेआजम जिन्ना से हमें विद्रोह करने का संदेश मिला है। यह हमारे लिए युद्ध नीति है। खुली लड़ाई का दिन आ गया है। मुसलिम देश बनाने की बड़ी इच्छा है। इस जंग में लड़कर हम जन्नत जाएँगे। यह एक जेहाद है। जीतेंगे या मरेंगे।"

भारतीय कम्युनिस्ट पार्टी का सीधे-सीधे 'प्रत्यक्ष काररवाई' से कोई संबंध नहीं था, परंतु जूट मिलों के मजदूरों में अधिक संख्या मुसलमानों की थी, अतः यूनियन के नेताओं ने खुलकर हड़ताल का समर्थन किया। कर्मचारियों को ही नहीं, इलाके के दुकानदारों को भी हड़ताल में शामिल होने को विवश किया। उस काल के साहित्यकारों ने 'प्रत्यक्ष काररवाई' के नाम पर मुसलमानों द्वारा किए गए नरसंहार का वर्णन किया है। तत्कालीन ब्रिटिश लेखकों ने भी इस संबंध में जानकारी प्रस्तुत की है। एक अमेरिकी स्कॉलर रिचर्ड डी. लेबर्ट ने उन दंगों पर व्यापक शोध किया था तथा एक व्यापक विवरण अपने शोध ग्रंथ में लिखा था। इस ब्योरे का उपयोग जिन्ना के जीवनी लेखक ने तथा बोस के जीवनीकारों ने भी किया। मुसलिम इतिहासकार मिजानुर रहमान का लिखा हुआ वर्णन भी विश्वसनीय है। ये रहमान एक पत्रिका के संपादक थे। इनका कहना है कि जमीन पर हुआ 'प्रत्यक्ष काररवाई' का खेला अधिक भयावह था, जबकि लीग सरकार की ओर से दिया गया विवरण बहुत कम करके दिखाया गया है।

हिंदू कम्युनिस्ट लेखक सोमनाथ लाहिड़ी ने भी नरसंहार की घटना को कम करके दिखाया है, जो हैरान करनेवाला है। वास्तव में कम्युनिस्टों को तो हिंदू कहना ही गलत है। कम्युनिस्ट न तो हिंदू होते हैं, न मुसलिम। धन का वितरण ही उनका प्रमुख लक्ष्य है। अब्दुल मंसूर अहमद ने तो नजीमुद्दीन (पूर्व मुख्यमंत्री) के शब्दों को दोहराते हुए स्पष्ट कर दिया—"हमारा संघर्ष अंग्रेजों के नहीं, हिंदुओं के खिलाफ है।" मुसलमानों में यह होड़ लगी हुई थी कि कौन कितने हिंदुओं का कत्ल करे! परंतु यह हिंदुओं की नादानी और नासमझी ही थी कि उन्होंने जिहाद का अर्थ और लक्ष्य जानने का प्रयास नहीं किया। वे गांधी, नेहरू के बहकावे में भाईचारे की आँख मिचौली खेलते रहे। 16 अगस्त को भी कुछ हिंदू अपनी दुकान खोलने बाजार चले गए। उनके साथ जमकर मारपीट की गई। बहुतों को जान से मार दिया गया। ध्यान देने योग्य बात यह है कि पुलिस और सेना को बैरकों में ही रहने के आदेश दिए गए थे। फिर भी कुछ चैतन्य अधिकारी (जैसे लिवरमोर) फोर्ट विलियम कॉलेज की छत से स्थिति पर नजर रखे हुए थे। जैसे ही सुबह का उजाला बढ़ने लगा, वैसे ही मुसलिम मजदूरों की भीड़ 'शहीद मीनार' की ओर बढ़नी शुरू हो गई। इसी स्थान पर सोहरावर्दी और नजीमुद्दीन प्रत्यक्ष कार्टकोंड पर विचार प्रकट

करनेवाले थे, बल्कि कहना चाहिए कि उकसाकर उत्तेजित करनेवाले थे।

सेना के गुप्तचर भी भाषणों की रिपोर्ट बना रहे थे। सेना के अफसर स्टेनले बोलपार्ट ने रिपोर्ट नोट की—सोहरावर्दी ने कहा था—"हम देखेंगे कि अंग्रेज बंगाल का शासन कैसे नेहरू को सौपेंगे?" सोहरावर्दी के भाषण को सुनने यह भीड़ नहीं आई थी, बल्कि वे लोग तो पुरानी देशी बंदूकें, तलवारें, कट्टे और चाकू, यहाँ तक कि ईंट, पत्थर भी साथ लेकर आए थे। मुसलिम लीग के झंडों के बहाने लाठी-डंडे भी उनके पास थे। नेताओं ने मंच से नारे लगवाए। जिसका अर्थ था, उन्हें निर्देश दे दिया—

"मुसलिम लीग जिंदाबाद
पाकिस्तान जिंदाबाद
अल्लाह हू अकबर
लड़ के लेंगे पाकिस्तान
लेके रहेंगे पाकिस्तान।"

भीड़ नारे लगाती रही और फिर लूटमार शुरू हो गई। सबसे पहले चौरंगी चौक पर बंदूक की एक दुकान लूट ली गई, क्योंकि वह सभास्थल के बिल्कुल पास में थी। सोहरावर्दी दंगों के लिए भीड़ को उकसा रहे थे। वह कह रहे थे—एक-दो दुकान लूटने से कोई अंतर नहीं पड़ेगा। मारो कम, हल्ला ज्यादा मचाओ। भड़क गई भीड़ पूरे शहर में मुसलमानों के झुंड फैल गए। दंगे इकतरफा थे। केवल हिंदुओं को लूटा जा रहा था। एक जगह थी विचुबागान। वहाँ उड़िया हिंदुओं की दुकानें थीं। पंद्रह मिनट में ही लगभग 300 हिंदू भीड़ द्वारा मार दिए गए। कोई मशीनगन नहीं चली। छुरों से पेट, गला या कोई भी अंग काटकर हत्या कर दी गई। हिंदू-मुसलमान की पहचान दूर से ही हो जाती है। हिंदू धोती, खुला पाजामा या पैंट पहनते हैं। प्रायः तिलक लगाते हैं। हिंदू महिलाएँ प्रायः साड़ी पहनती हैं। बिंदी और माँग में लगा सिंदूर देखकर साफ पता लग जाता है, जबकि मुसलिम औरतें बुरका पहनती हैं। पुरुषों की जालीदार गोल टोपी, घुटने से नीचे तक लंबा कुर्ता और ऊँचा पाजामा मुसलमानों की पहचान है। स्पष्ट है कि भीड़ को हत्या करने में कोई भ्रम नहीं हुआ। खोज-खोजकर हिंदुओं को कत्ल किया गया। लुटेरे कोई बहादुर नहीं थे। वे केवल गुंडे थे। कुछ कॉलेजों के छात्र भी थे। वे अपनी जिहाद की कल्पना को साकार कर रहे थे। आगजनी भी लूटमार का एक आवश्यक अंग है, अतः भीड़ में कुछ लोग केवल आग लगाने का ही काम कर रहे थे। नारे वही थे, जो सभा में गूँजे थे—'अल्लाह हू अकबर', 'लड़ के लेंगे पाकिस्तान' और 'लेके रहेंगे पाकिस्तान'

इत्यादि। हजारों घर जल गए, हजारों हिंदू मारे गए। हुगली नदी में स्वचलित नौकाओं से हिंदू मल्लाहों की देशी छोटी नावों को टक्कर मारकर डुबो दिया गया। सड़कें सुनसान थीं। कोई भावुक इनसान किसी महिला या बच्चे को बचाने का प्रयत्न करता तो वही शिकार बन जाता। मुसलिम अफसरों की ओर से पुलिस बैरकों में बंद रही। कोई सिपाही 17 अगस्त को भी सड़कों पर भी दिखाई नहीं दिया।

सोहरावर्दी स्वयं कलकत्ता के लाल बाजार के नियंत्रण कक्ष में बैठा था। हर जगह का हाल वह पूछ रहा था, परंतु हालात सुधारने के लिए किसी से कुछ भी नहीं कह रहा था। सभी सेना के अफसरों को भी यही आदेश था कि वे अपने बैरकों से बाहर न आएँ। फायर ब्रिगेड लगातार अपने काम में जुटी थीं।

मुसलिम भीड़ ने आग बुझानेवालों को रोकने का भी प्रयास किया। कलकत्ता के सभी सैनिक अफसरों ने इस बात को नोट किया कि सोहरावर्दी दंगों में पीड़ितों की सहायता के लिए आगे नहीं आए। उसका समर्थन ही अधिक था।

नोआखली की कोई पहचान नहीं थी। कलकत्ते के पास नोआखली की प्रसिद्धि और पहचान अब नोआखली के नरसंहार से बन चुकी है। नोआखली में पवित्र गंगा यहाँ चौड़ी होकर गंगा सागर में गिरती है। यहाँ गंगा का नाम 'पद्मा नदी' हो जाता है। यही 'मेघना' भी कही जाती है। लगभग सौ कि.मी. तक बहकर गंगा सागर में समा जाती हैं। यहाँ गहराई कम होने के कारण पानी रेत में मिलकर दलदल बनाते हैं। यहाँ दलदल कुछ छोटे-छोटे द्वीप बनाती है। यहीं पद्मा नदी के बाईं ओर नोआखली जिला बसा हुआ है। इन द्वीपों को 'चार' कहकर भी पुकारा जाता है। यहाँ जलस्तर एक मीटर से भी कम है। यहाँ हिंदू आर्थिक दृष्टि से संपन्न थे और मुसलिम कमजोर। बस यही अंतर नरसंहार की घटना को जन्म दे गया। मुसलमानों में मानो बदला लेने का भाव पहले से सुलग रहा था। वहीं लीग के इशारे पर भीषण रूप घर-घर उभर आया। कलकत्ता में जो दंगा भड़काने का काम सोहरावर्दी ने किया था, इस क्षेत्र में मुसलिम जनसंख्या 80 प्रतिशत थी और हिंदू जनसंख्या 20 प्रतिशत थी। अल्पसंख्यक हिंदू अधिकतर वकील, अध्यापक, डॉक्टर, दुकानदार या छोटे व्यापारी थे। मुसलमान बहुसंख्यक कारीगर, खेतिहर, मजूदर आदि थे। कुल मिलाकर हिंदुओं के पास खाने-पहनने का प्रबंध ठीक-ठाक था, मुसलमानों से बेहतर दिखता था। यही मन में बदले की भावना छिपी थी। जब इस दुर्भावना को मुसलिम लीग का समर्थन मिला और सहारा मिला तो आग भड़क गई। मुसलमानों ने हिंदू महिलाओं से लूटमार की, छेड़छाड़ की, बेइज्जती की, बलात्कार किए। पुरुषों को कत्ल किया। सारा वातावरण नरसंहार की पीड़ा से कराहने लगा। नोआखली में

मुसलमानों का हिंदुओं की ओर से किसी पलटवार का भी डर नहीं था। दोनों कारण स्पष्ट थे। एक तो हिंदुओं की संख्या कम थी, दूसरे वे स्वभाव से ही हिंसक नहीं थे। गुलाम सरवर उर्दू में बोलता था और बंगाली हिंदू हिंदी, उर्दू को समझते ही नहीं थे। वे केवल बंगाली भाषा ही समझते थे। गुलाम सरवर के भाषण के कुछ वाक्यों का हिंदी अनुवाद देखिए—

"भाइयो! बढ़िया चावल, जो तुम उगाते हो, उसे कौन खाता है—हिंदू।"

"जो मोटे केले तुम उगाते हो, उन्हें कौन खाता है—हिंदू।"

"हमारी बीमार औरतों को कौन छूकर देखता है—हिंदू डॉक्टर।"

"मुसलिम कुपोषित और गरीब क्यों हैं? क्योंकि हमें पूरा और पौष्टिक भोजन नहीं मिलता।"

"ये हिंदू इतने मोटे और स्वस्थ क्यों हैं? क्योंकि इन्हें खाने की कमी नहीं होती।"

ये बातें पूरी तरह सत्य नहीं हैं, परंतु लोगों के दिल में नफरत पैदा करने के लिए कम नहीं हैं।

दुर्गा पूजा के बाद दीवाली की रात भी त्योहार होता है। दुर्गा पूजा में भी बड़े-बड़े पांडाल सजाकर पूजा की जाती हैं। दीवाली की तो लोग मानते हैं कि लक्ष्मी देवी स्वयं प्रसन्न होकर हमारे घर आती हैं। लक्ष्मी माता के स्वागत के लिए ही घर सजाए जाते हैं। ऐसे दिन में भी नोआखली में जबरदस्त दंगे चल रहे थे। हिंदुओं के मंदिरों को अपवित्र करना, जो हिंदू मिले, उस पर आक्रमण करके कत्ल कर देना। कम-से-कम हाथ-पैर तोड़कर अपाहिज कर देना दंगों का लक्ष्य था।

महात्मा गांधीजी को नोआखली के भयानक नरसंहार की जानकारी दी गई। जब नरसंहार चरम पर था, तब कोई नहीं पहुँचा। गांधीजी 7 नवंबर, 1946 को नोआखली पहुँचे और फिर 1947 की फरवरी तक रहे। वहाँ अनशन किया और हिंदू बदले की काररवाई न कर पाएँ, यही प्रयत्न किए। गांधीजी से मिलने नोआखली तत्कालीन सभी बड़े नेता आए। लोहियाजी, जे.बी. कृपलानी, सुचेता कृपलानी, सुरेंद्र मोहन घोष, अशोक गुप्ता, ए.बी. सेनगुप्त आदि गांधीजी को मिलने तथा उनके अनशन का समर्थन करने पहुँचे। जवाहरलाल नेहरू तथा राममनोहर लोहिया भी वहाँ गए, परंतु तब तक नरसंहार लगभग समाप्त हो चुका था। एक महत्त्वपूर्ण व्यक्ति सर लूई फिशर भी गांधीजी के साथ वहाँ गए थे। वे जाने-माने लेखक तथा पत्रकार थे। उन्होंने इस बीच हुई दुर्घटना का वर्णन गांधीजी की जीवनी में लिखा है—

"आर्थर हैंडरसन ने 4 नवंबर, 1946 को हाउस ऑफ कॉमंस में जानकारी दी कि नोआखली के नरसंहार में मरनेवालों की कोई गिनती नहीं की गई। बंगाल सरकार ने हताहत संख्या 218 बताई है, जबकि हताहत संख्या हजारों में है। मृतक भी कई सौ हैं। दो जिलो में ही 10 हजार घर फूँक दिए गए, वे मृतक भी कम कैसे होंगे?"

उन्होंने यह भी बताया कि "9,895 लोगों को इसलाम स्वीकार करना पड़ा। हिंदू महिलाओं को अपहरण करके जबरन धर्म परिवर्तन करवा के मुसलिम मर्दों ने अपना घर बसा लिया। हिंदू महिलाओं की चूड़ियाँ तोड़ी, बिंदी-सिंदूर मिटाए और जबरन मुसलिम बना दिया गया। मंदिरों की मूर्तियाँ तोड़ दी गईं। मंदिरों में गोमांस फेंककर उन्हें अपवित्र कर दिया गया। पंडितों को मारपीट कर, कुरान पढ़ने को बाध्य किया गया।"

डॉ. श्यामा प्रसाद मुकर्जी ने इस संबंध में क्या कदम उठाए? प्रश्न यह है कि उस समय कोई भी अकेला क्या कर सकता था? मात्र गोली चलाना ही विकल्प था, जिसपर सरकार ने पुलिस और सेना को भी रोक रखा था। सरकार इस प्रकार मुसलिम लीग की 'प्रत्यक्ष काररवाई' का साथ दे रही थी। 1945 तक कांग्रेस विभाजन के प्रस्ताव का सख्त विरोध कर रही, परंतु बाद में जाने कैसे यह परिवर्तन आ गया! स्वयं गांधीजी भी पहले कहते थे—'भारत का विभाजन मेरे जीते जी नहीं हो सकता।' वे भी विभाजन के लिए सहमत हो गए। कई राजनीतिज्ञों का मत है कि जवाहरलाल नेहरू ने ही गांधीजी को यह मानने को विवश किया होगा, क्योंकि कहावत है "सारा जाता देखिए तो आधा दीजिए बाँट।" कुछ मुसलमानों का विचार यह बन रहा था कि स्वतंत्रता देनी है तो अंग्रेज सत्ता मुसलमानों को ही सौंपें, क्योंकि उन्होंने मुसलमान बादशाहों से ही राज लिया था। अत: नेहरूजी ने गांधीजी से कहा होगा—जो मिले, स्वीकार कर लेना चाहिए। भविष्य में क्या हो, पता नहीं। कौन नेता हो? क्या निर्णय करें? अत: अपने सामने जो सम्मति बने, उसे मानने में ही भलाई है। इतिहासकार मि. बनर्जी ने लिखा है—"अविश्वास, मानसिक विकार, नस्लीय धमकियों तथा सांप्रदायिक संघर्ष के माहौल की अब कल्पना नहीं की जा सकती। सारा देश ही उसकी चपेट में आ गया था। अबुल मंसूर अहमद के एक मित्र ने उससे पूछा था—"इस माहौल में तुमने कितने हिंदू मारे?" मानो यह कोई प्रतियोगिता थी या कोई खेल था!

मुसलिम लीग, जो देश के सारे मुसलिमों की प्रतिनिधि थी, वही जबरदस्ती अपनी राय मनवाने के लिए दंगे करवा रही थी। दूसरी ओर कांग्रेस थी, जो हिंदू-

मुसलिम दोनों वर्गों का प्रतिनिधित्व करती थी और मुसलमानों के रूठ जाने के डर से उसकी सब जिद को मानने के लिए विवश थी। तीसरी पार्टी थी—हिंदू महासभा, जिसका प्रतिनिधित्व डॉ. मुकर्जी करते थे, परंतु उनके साथ हिंदू समाज भी नहीं था। जिसके पीछे जन-बल ही नहीं है, उसकी बात भला कोई क्यों माने? अत: मुकर्जी उस माहौल को रोकने में असमर्थ हो गए थे। फिर भी उन्होंने लगातार सेवा कार्य किया। मृतकों का संस्कार और घायलों का उपचार करवाने में मुकर्जी सदैव अग्रणी रहे।

इन निर्मम हत्याओं के पश्चात् बंगाल की विधानसभा में एक अविश्वास प्रस्ताव लगाया गया। वह प्रस्ताव पारित न हो सका, परंतु बहस के दौरन उन्होंने एक जानदार भाषण दिया, जो यादगार बन गया। डॉ. मुकर्जी ने बंगाल सरकार के मंत्रियों को बहुत सुनाया कि उस नरसंहार के लिए उकसानेवाले मंत्री जिम्मेदार हैं। कांग्रेस को भी लीग को तुष्टीकरण के लिए खूब सुनाया। फिर भी जो हो चुका था, उसका उपाय ही नहीं था। डॉ. मुकर्जी ने साफ-साफ कहा—

"स्पीकर सर! सारी दुनिया के किसी भी हिस्से की, किसी भी विधानसभा में ऐसा माहौल नहीं रहा होगा कलकत्ता तथा नोआखली में जैसा हुआ, शायद इतिहास में उसकी कोई तुलना न होगी। ब्रिटिश इंडिया के इस बड़े विशिष्ट शहर कलकत्ता में जो बर्बरता की गई, उसकी कोई तुलना नहीं की जा सकती। मैं यह भी कहना चाहता हूँ कि यह घटना अचानक नहीं हुई, अपितु एक भ्रष्ट, अक्षम और सांप्रदायिक प्रशासन की जान-बूझकर की गई गलतियों का दुष्परिणाम थी। दरअसल, कैबिनेट मिशन तो मुसलिम लीग को समझाने में असफल रही। तभी देश में ऐसी स्थिति पैदा हुई। ब्रिटिश साम्राज्यवादियों के द्वारा बिगड़ैल बच्चे तथा सिर चढ़ाए हुए बच्चे की तरह मुसलिम लीग को ब्रिटिश सरकार ने अपनी बात मनवाने को जोर नहीं दिया। बिगड़ैल बच्चे (मुसलिम लीग) ने क्रोध में आकर तोड़-फोड़ शुरू कर दी।"

नजीमुद्दीन से पूछा गया तो उन्होंने साफ कह दिया कि मुसलमानों का अहिंसा में विश्वास नहीं है।

'मॉर्निंग न्यूज', 'द स्टार ऑफ इंडिया' तथा 'आजाद' अखबारों में समाचार छपे, जिनमें स्पष्ट था कि किन नेताओं ने कहाँ-कहाँ भड़काऊ भाषण देकर दंगों की सहायता की। हिंदुओं से नफरत व्यक्त करने के लिए नेताओं ने जहरीले भाषण किए। जो लोग तटस्थ रहे, वे भी बड़े दोषी हैं, जो उस समय करना चाहिए था, सो नहीं किया गया। मि. ग्लैडिंग का कहना है कि सौभाग्य से उनके किसी साथी को

चोट नहीं आई। डॉ. मुकर्जी ने कहा कि यदि यही व्यवहार किसी एक अंग्रेज परिवार से भी हुआ होता तब वह कैसा सोचते, क्या करते? यह संवेदनहीनता है।

नोआखली में डॉ. मुकर्जी की भूमिका नगण्य रही। स्थानीय पुरुषों ने हिंदू-मुसलमानों से छेड़छाड़ और बलात्कार किए। डॉ. मुकर्जी ने खतरा उठाकर समाज सेवा का कठिन कार्य किया। 1946 से पहले 1941 में भी नोआखली में सांप्रदायिक दंगे हुए थे। तब भी हिंदुओं को प्रशासन से कोई संरक्षण नहीं मिला था, न कोई प्रत्यक्ष सहायता प्राप्त हुई थी। उसी दौरान पार्वती नगर में एक महाजन को मार दिया गया था। गंजरामपुर और लक्खीपुर में महिलाओं से छेड़छाड़ के मामले भी सामने आए थे। तब अरुण स्कूल के मैदान में एक हिंदुओं की सभा हुई थी। उस सभा में डॉ. श्यामा प्रसाद मुकर्जी आए थे। अध्यक्षता प्रिंसिपल राधा गोविंद नाथ ने की थी; उन्होंने हिंदुओं को निर्भय होकर मुकाबला करने की सलाह दी थी। सन् 1946 में नोआखली से नलिनी रंजन मिश्रा ने हिंदु महासभा के टिकट पर विधानसभा का चुनाव लड़ा, लेकिन अधिकांश हिंदुओं ने कांग्रेस के हिरेनचंद्र घोष चौधरी को वोट दिया। परिणामतः मुसलिम भीड़ ने नलिनी रंजन मिश्रा पर आक्रमण कर दिया। बड़ी मुश्किल से जान बच पाई।

यह कहने में कोई संकोच नहीं कि हिंदुओं ने अपनी शक्ति अपनी गलतियों से कम कर दी है। यदि कोई सवर्ण हिंदू दलित, शुद्र या चांडाल से छू जाए या उसका छुआ हुआ भोजन खा ले तो वह भ्रष्ट हो गया। यदि गलती से या जबरन उसे गोमांस खिला दिया जाए तो उसका हिंदुत्व नष्ट हो जाता है। इस प्रकार की कमजोरी का लाभ उठाया दंगाई मुसलिम गुंडों ने। कोई जान-बूझकर, धोखें से मित्र बनाकर धर्मभ्रष्ट कर देते, फिर हिंदू समाज ही अपने बंधु को त्याग देता। उससे कोई व्यवहार, व्यापार का संबंध न रखता तो धर्मांतरण या आत्महत्या के अतिरिक्त कोई विकल्प ही न रहता। 1946 में नरसंहार के साथ बंगाली हिंदुओं को इन कमजोरियों का भी दुष्परिणाम भुगतना पड़ा। आपको यह जानकर आश्चर्य होगा कि रवींद्रनाथ टैगोर के परिवार के किसी पुरखे को ऐसे एक गाँव से होकर गुजरना पड़ा, जहाँ एक मुसलिम परिवार में गोमांस की गंध उनकी नाक में भी पहुँच गई। इसके परिणामस्वरूप जिन-जिन ब्राह्मणों को इस घटना का पता चला, उन्होंने उनके परिवार की 'पीर अली ब्राह्मण' कहकर बदनामी की। उनके परिवार से विवाह संबंध करने बंद कर दिए। जिस स्त्री को कोई मुसलमान जबरन छू दे, तो भी वह कुलीन ब्राह्मण घर के योग्य नहीं रहती, जबकि उस स्त्री की कोई गलती नहीं, तो भी उसे मजबूरन अपना धर्म छोड़ना पड़ता। कहने का अभिप्राय यह है कि हिंदू समाज ने

अपने शत्रुओं को स्वयं ऐसे अवसर दिए हुए थे कि वे अनेक प्रकार से हिंदू समाज को हानि पहुँचा सकें। 1946 में कत्लेआम के अतिरिक्त ऐसे अनेक तरीके प्रयोग करके हिंदुओं पर अत्याचार किया। गुलाम सरवर के गुंडों ने हिंदुओं पर ये सब तरीके प्रयोग किए। किसी को जबरन गोमांस खिलाया, तो किसी को धोखे से भ्रष्ट किया। महिलाओं का अपहरण तथा जबरन शीलहरण तो उनका मुख्य ढंग था। एक बार उनके चंगुल में आई हिंदू महिला को फिर हिंदू ही घृणा का पात्र बना देते थे। इसलामी गुंडे तो अत्याचार कर ही रहे थे, ये तटस्थ दिखावा करनेवाले हिंदू भी कम जिम्मेदार नहीं थे। श्रीमती सुचेता कृपलानी और अशोक गुप्ता जैसे कुछ लोग जब हिंदू समाज को शुद्धीकरण करने पहुँचे तो बंगाली हिंदू उत्साहित नहीं हुए। उन्होंने उदासीपूर्ण व्यवहार किया, कहा, "अब पुनः हिंदू बनने से भी कोई लाभ नहीं होगा। समाज हमें कभी स्वीकार नहीं करेगा।" उन्हें भरोसा था कि कोई हिंदू उनके हाथ का पानी भी नहीं पी सकता।

डॉ. श्यामा प्रसाद मुकर्जी इस परिस्थिति में स्वामी विवेकानंद द्वारा स्थापित श्री रामकृष्ण मिशन के पास गए। मिशन के महात्मा प्रचारकों से निवेदन किया कि शुद्धीकरण के मामलों को वे सँभालें।

डॉ. मुकर्जी का सुझाव मिशन ने सहर्ष स्वीकार कर लिया। स्वामी माधवानंदजी ने तुरंत एक पुस्तक प्रकाशित की। स्वामी माधवानंद मिशन के महासचिव थे। पुस्तिका में पुनः शुद्धीकरण के पक्ष में अनेक माननीय विद्वानों के विचार संकलित किए गए थे। नवद्वीप समाज, महापली समाज, बाकुला समाज, कोरलीपारा समाज, विक्रमपुर समाज के अनेक पंडितों की सम्मति को प्रकाशित किया गया था। महामहोपाध्याय विधुशेखर शास्त्री, कलकत्ता उच्च न्यायालय के जज विनय मुकर्जी तथा संस्कृत समाज के अध्यक्ष इत्यादि प्रतिष्ठित महानुभावों ने इस विचार का समर्थन किया। डॉ. मुकर्जी ने देश भर के संस्कृत विद्वान्, धर्मगुरुओं तथा विद्वानों से संपर्क किया तथा हिंदुओं को निर्देश दिलवाने का प्रयास किया, ताकि वे साहसी बनें। आपसी घृणा और छूआ-छात से ऊपर उठें। एक-दूसरे का विपत्ति में सहयोग करें। कांची कामकोटि पीठ के जगद्गुरु शंकराचार्य, गोवर्धन पीठ के जगद्गुरु शंकराचार्य, काशी की विद्वन्सभा, सभी के द्वारा इस विचार का समर्थन करवाया कि "हिंदु कदाचित् न पतितो भवन्ति!"

अर्थात् जो हिंदू उत्पन्न हुआ है, वह कभी पतित नहीं होता। जो संसार में अन्य स्थानों पर जन्म लेने के बाद भारतभूमि में हिंदू धर्म में जनम लेता है, वह मोक्ष मार्ग पर बढ़नेवाला है। ऐसा विश्वास रखकर सदाचरण करना चाहिए। सच तो यह है कि

नोआखली कांड को दंगा कहकर उसे हव्वा माना जा रहा है। वास्तव में यह वहाँ के बहुसंख्यकों का अल्पसंख्यक हिंदुओं पर योजनापूर्वक, साजिशपूर्ण आक्रमण ही था। आक्रमणकारी मुसलिम गुंडा सेना को जबरदस्ती हिंदू रहित करके पाकिस्तान बनाने की साजिश थी। हमलावर गुंडों को वास्तव में कलकत्ते की अपनी मुसलिम लीग की सरकार की शह थी। सरकार ने अपनी पुलिस को पहले ही हस्तक्षेप न करने की हिदायत दे रखी थी।

बहुत कम हिंदू परिवार नोआखली से बचकर भागने में सफल हो पाए। लूट तो उन्हें भी लिया गया। प्रशासन ने नफरत भड़कानेवालों के विरुद्ध कोई कारगर कदम नहीं उठाया। हजारों की संख्या में हिंदू बिना किसी सामान के जान पर खेलकर भागे। ऐसे लोगों के पास कपड़ा, भोजन और आवास कुछ भी नहीं बचा था। ऐसे लोगों की संख्या 50,000 से अधिक थी, तो मारे जानेवालों की संख्या तो इससे भी कहीं अधिक थी। ऐसे ही अनेक हिंदू परिवार डरे-दुबके, फँसे भी पड़े थे। उनकी स्त्रियों के साथ जो भयानक दुराचार हुआ, उसका तो वर्णन ही करना शर्मनाक है। मजहब के ठेकेदार मौलवियों ने मानवता को शर्मसार कर दिया था।

अल्पसंख्यक हिंदुओं ने विरोध करने तथा बचाव करने का साहस तक खो दिया था। जबरदस्ती हुए धर्मांतरण के बाद भी उन्होंने भय के कारण स्वेच्छा से धर्मांतरण के कागजों पर हस्ताक्षर कर दिए थे। गाँव-गाँव हिंदुओं को साहस और मनोबल बढ़ाने के लिए बाहर से किसी के आने की प्रतीक्षा थी। 1941-42 में भी जो संपत्तियों की हानि हुई थी, उस हानि का दंड अपराधियों पर तय किया गया था, परंतु 1946 में इस ओर कोई कारगर कदम नहीं उठाया गया। प्रशासन पूरी तरह अपराधियों को संरक्षण दे रहा था।

डॉ. श्यामा प्रसाद मुकर्जी ने अपने भाषण में कहा, "हिंदू समाज को एक स्पष्ट दृष्टि और भविष्य के विचार के साथ इस संत्रास से बाहर आना चाहिए। अन्यथा समाज का भविष्य अंधकारमय है। मैंने बचाव, सहायता और पुनर्वास के लिए नोआखली और चौमुहानी में समितियों का गठन कर दिया है। पाँच-पाँच कार्यकर्ताओं के दस समूह सशस्त्र रक्षकों के साथ जल्दी ही प्रभावित इलाकों को चल पड़ेंगे। पूर्वी बंगाल के एक छोटे से हिस्से का ही यह हाल हमने देखा है। पूरे देश में इस प्रत्यक्ष काररवाई के नाम पर जाने क्या-क्या हुआ होगा! हमने जो देखा और जो सुना, वह एक सभ्य समाज के लिए शर्मनाक है। प्रशासन पूरी तरह निष्क्रिय रहा। इसके लिए गवर्नर और बंगाल का मंत्रिमंडल भी बराबर का दोषी है। स्पष्ट है कि यदि प्रशासन ऐसे लोगों के हाथ में रहा तो कानून व्यवस्था समाप्त ही हो जाएगी।

"बरबादी की इस घड़ी में हिंदू समाज को एकजुट रहना चाहिए। अन्यथा समाज नष्ट हो जाएगा। शायद भगवान् ने इस प्रकार हिंदुओं को नोआखली के हिंदुओं को यह नहीं भूलना चाहिए कि बंगाल में ही तीन करोड़ हिंदू और भी रहते हैं। सभी संगठित हो जाएँ तो इन समस्याओं पर काबू पाना बहुत कठिन नहीं होगा। भारत हमारा देश है। हमारी मातृभूमि है। हमें अपने देश एवं समाज की रक्षा स्वयं ही करनी है। हमें हिम्मत जुटानी ही होगी।"

नोआखली से कलकत्ता लौटने के पश्चात् डॉ. मुकर्जी ने एक स्वयंसेवी समूह गठित किया। नाम दिया 'हिंदुस्तान नेशनल गार्डस', क्योंकि 'मुसलिम नेशनल गार्डस' भी गठित हो चुका था। इस कदम से कमाल हो गया। हिंदुओं में भय का वातावरण नहीं रहा। उनमें साहस का संचार हो गया। डॉ. मुकर्जी ने एक और अच्छा कार्य यह किया कि सोहरावर्दी सरकार की निरंतर आलोचना की। उन्होंने नोआखली और चाँदपुर की अत्याचारी घटनाओं के लिए बंगाल की सरकार को जिम्मेदार ठहराया। गुलाम सरवर, जो चुनाव में हार गया, रातोरात लोकप्रिय हो गया और जनता उसके बहकावे में आ गई। वह कत्लेआम मचाने में कैसे सफल हो गया? डॉ. मुकर्जी ने यह भी बताया कि दिल्ली में उन्हें पता लगा कि नोआखली में दो लड़कियाँ पंजाब की मिलीं। क्या वे अपनेआप वहाँ घूमने आई थीं? अनुमान लगाया जा सकता है कि हालात किस कदर खराब थे! इन सब घटनाओं से लगता है कि इनके मनों में पाकिस्तान बन चुका था। मुसलिमों ने अपने को बहादुर महसूस किया, क्योंकि उन्हें सरकार का, पुलिस का तथा मुसलिम लीग का सहयोग और संरक्षण प्राप्त था। उन्होंने महसूस किया कि वे अपार शक्तिशाली हो गए हैं। लेकिन सरकार ने इन हालातों में कोई कदम नहीं उठाए। सरकारी अफसर अपनी जिम्मेदारी निभाने में असफल रहे।"

डॉ. मुकर्जी ने बंगाल के मुख्यमंत्री सोहरावर्दी से पूछा, "सरकार डेढ़ लाख (1,50,000) मुसलमानों का बिहार से बंगाल क्यों लाए? किसके खर्च पर लाए? जान-बूझकर उन्हें उन जिलों में बसाया गया, जो जिले हिंदू बहुल थे। दिखाने को तो कहा गया कि बिहार के वासियों को राहत दी गई, परंतु यह भी सत्य छिपाया नहीं जा सकता कि इस प्रकार हिंदू बहुल इलाकों को मुसलिम बहुल बनाने की साजिश की गई।"

"अब भी सरकार को चाहिए कि पचास प्रतिशत नियुक्ति हिंदू अफसरों की की जाए। कुछ जगहों पर 10 प्रतिशत हिंदुओं को राइफल (बंदूक) जैसे शस्त्रों के लाइसेंस दिए जाएँ।"

नोआखली पर चर्चा करते समय हमें डॉ. मुकर्जी और गांधीजी के विचारों पर चर्चा करनी चाहिए। 'प्रत्यक्ष काररवाई' के समय गांधीजी कलकत्ता से दूर रहे, परंतु चार महीने की लंबी अवधि तक अर्थात् फरवरी 1947 तक वहाँ रहे। इस बीच अन्य कांग्रेस नेता भी गांधीजी को मिलने वहाँ आते रहे, परंतु गांधीजी ने कोई सार्वजनिक संदेश या भाषण नहीं दिया। देश-विदेश के समाचार-पत्रों में गांधीजी का नोआखली जाने को समाचार प्रकाशित हुए। गांधीजी दूर-दराज के गाँवों में गए, वहाँ प्रार्थना सभाओं का आयोजन किया। पैदल यात्राएँ भी कीं। अटखेड़ा और लाभचार जैसे अजनबी गाँवों में गांधीजी का मिशन हिंदुओं में प्रेम और विश्वास को प्रचारित करना था, ताकि वे अपने-अपने गाँव लौट सकें। अमेरिकी पत्रकार लुईस फिशर भी गांधीजी के साथ नोआखली गए थे। उन्होंने लिखा है कि गांधीजी ने यह यात्रा नंगे पाँव की। विरोधी तत्त्वों ने मार्ग में रोड़े, कंकर और काँच बिखेर दिए थे। एक दिन किसी मुसलमान के आँगन में बैठकर अहिंसा पर प्रवचन कर रहे थे, तभी सुचेता कृपलानी ने एक कागज पर लिखकर गांधीजी को बताया कि उनके दाईं ओर बैठे व्यक्ति ने अनेक हिंदुओं की हत्या की थी। पर गांधीजी बोलते रहे और हलके से मुसकरा दिए। उस व्यक्ति को कुछ नहीं कहा।

27 जनवरी, 1947 को उनसे पघना नामक गाँव में किसी ने प्रश्न किया—एक महिला पर जब हमला हो रहा हो तो उसे क्या करना चाहिए? उन्होंने कोई स्पष्ट उत्तर नहीं दिया और यही सलाह दी कि बलात्कार पीड़ित महिला को आत्महत्या कर लेनी चाहिए। गांधीजी ने कई महीने लगाए, परंतु न हिंदुओं का विश्वास वापस आया, न ही मुसलिम लीग के गुंडों को अपने किए पर कोई पछतावा हुआ। गांधीजी अपने मिशन में असफल रहे। देश की आजादी के 75 वर्ष पश्चात् भी हिंदुओं की संख्या नोआखली में अभी तक नहीं बढ़ी।

लॉर्ड माउंटबेटन ने अपनी डायरी में लिखा था—"विभाजन एक पागलपन है। यह पागलपन प्रत्येक पर सवार है और उन्होंने कोई विकल्प छोड़ा ही नहीं है। भारतीय नेताओं की विभाजन स्वीकार करने की गलती पर एक दिन सब पछताएँगे। अमेरिका में भी शताब्दियों पूर्व गृहयुद्ध हुआ था। वहाँ भी विभाजन का विचार ही कारण था। गांधीजी ने विभाजन की माँग स्वीकार कर ली तो मोहम्मद अली जिन्ना विजयी माने गए। अमेरिका में भी अब्राहम लिंकन ने विभाजन का विरोध किया, फिर गृहयुद्ध में कूद पड़े थे। लिंकन संयुक्त राज्य के विजेता के रूप में उभरे।"

मोहम्मद अली जिन्ना विभाजनकारी नीति पर अड़ गए। यदि गांधी, नेहरू ने उनकी विभाजन की बात न मानी होती तो भी एक वर्ष बाद जिन्ना की मृत्यु हो ही

जाती, क्योंकि वे तपेदिक (Tuberculosis) के मरीज थे। केवल एक वर्ष बाद स्वाभाविक काल के ग्रास बन गए। डॉ. मुकर्जी का मानना था कि गांधीजी भी पहले विभाजन के विरोधी थे। जवाहरलाल नेहरू ने उन्हें दबाव डालकर मना लिया। नेहरूजी को लगता था कि यदि स्वतंत्रता अब नहीं ले पाए तो प्रधानमंत्री का पद फिर किसी और को ही मिलेगा, जो उस समय कांग्रेस पार्टी का मुखिया होगा। गांधीजी नहीं रहे तो भी कोई और व्यक्ति नेहरूजी को महत्त्व प्रदान करे, यह आवश्यक नहीं। कांग्रेस के अधिकांश सदस्यों ने पटेलजी को प्रमुख चुना था, परंतु गांधीजी ने हठपूर्वक नेहरूजी को अध्यक्ष बनवाया। गांधीजी ने एक पत्रकार को बताया कि सरदार पटेल प्रधानमंत्री बनते तो इतिहास में यह आरोप लगता कि महात्मा गांधी ने अपने गुजराती भाई को पक्षपात करके प्रधानमंत्री बनवाया।

10 जनवरी, 1946 को मधुपुर में विश्राम करते समय डॉ. मुकर्जी ने डायरी में लिखा था—"यदि हिंदू और मुसलिम एक साथ भारतीय संस्कृति एवं परंपरा को बरकरार रखने और अपने विश्वासों के अनुसार साथ-साथ रहते तो फिर कोई समस्या नहीं होनी चाहिए, परंतु यदि मुसलिम अपने मजहब के प्रति अत्यधिक सम्मान दिखाकर हिंदुओं पर हावी होने की कोशिश करें, तो हिंदुओं को भी क्या अपने समाज को बचाने की कोशिश नहीं करनी चाहिए? लगता है, हिंदू-मुसलिम समस्या गृहयुद्ध के बिना सुलझाई ही नहीं जा सकती। हम हिंदू गृहयुद्ध नहीं करना चाहते, परंतु यदि दूसरा पक्ष ऐसा करने को विवश करता है तो हम हार जाएँ क्या?"

डॉ. मुकर्जी ने 4 जनवरी को एक जगह लिखा था—"अंतिम विश्लेषण यह है कि बल के प्रत्युत्तर में बल का ही प्रयोग किया जाना चाहिए। सशस्त्र हिंसा का प्रतिरोध न करनेवाली नीति (अहिंसा नीति) समाज को पराजित और विघटित कर देती है।"

डॉ. श्यामा प्रसाद मुकर्जी का तर्कपूर्ण, विवेकपूर्ण चिंतन कितना सही था! यह विचार उन्होंने विभाजन से पहले ही व्यक्त किए थे। उस समय तक कम-से-कम हिंदू यह नहीं सोच सकते थे कि विभाजन की विभीषिका झेलनी ही पड़ेगी। हिंदू महासभा को हिंदुओं ने ही हाशिए पर पहुँचा दिया था। डॉ. मुकर्जी जानते थे कि अपने विचार के वे अकेले ही हैं। हिंदू कांग्रेस और गांधीजी पर देवता की तरह विश्वास करने लगे थे। गांधीजी का निर्णय देश के लिए अहितकर हो सकता है। गांधीजी को लोग महात्मा ही नहीं, देवता मानते थे, परंतु विभाजन की बात मानकर उन्होंने जो गलती की, उसका परिणाम भावी पीढ़ी भोग रही है और भोगती रहेगी।

□

10

गुरुकुल विश्वविद्यालय में दीक्षांत भाषण (25 अप्रैल, 1943)

डॉ. श्यामा प्रसाद मुकर्जी

गुरुकुल विश्वविद्यालय के सदस्यो!

इस वार्षिक दीक्षांत समारोह को संबोधित करने के लिए आपने मुझे जो सम्मान दिया है, उसके लिए मैं आपका आभारी हूँ। इस महान् विश्वविद्यालय में मैं पहली बार आया हूँ। इसे राष्ट्रीय संपत्ति मानते हुए हमें गर्व होता है। इसके प्रसिद्ध एवं सम्मानीय संस्थापक और उनका स्थान लेनेवाले लोग, जिनमें न केवल शिक्षा के नए आदर्शों को विकसित करने का साहस तथा दूरदृष्टि थी, बल्कि अपने महत्त्वपूर्ण और पवित्र लक्ष्यों को समर्पित संस्थानों की स्थापना और विकास कर उसे व्यवहार में उतारने की क्षमता और दृढ़ता भी थी, मैं उनको नमन करता हूँ। आज हम इतिहास के दोराहे पर खड़े हैं। हमारी प्रिय मातृभूमि स्वतंत्रता की प्राप्ति के लिए संघर्षरत है, जो उसका जन्मसिद्ध अधिकार है। शिक्षा के माध्यम से भारत की स्वतंत्रता की लड़ाई जीती जाएगी।

राजनीतिक पुनर्निर्माण का यह वृहद् कार्य प्रशिक्षित, अनुशासित भारतीयों के संगठित प्रयास से ही संभव है। भारत के महान् और स्वर्णिम इतिहास, उसकी शक्ति और दुर्बलता से परिचित ये लोग देश के सामने ऐसी कार्ययोजना रख सकते हैं, जो भारतीय परंपराओं से साम्य रखते हुए आधुनिक विश्व की परिस्थितियों के भी अनुकूल होगी। यदि कोई निष्पक्ष इतिहासकार ब्रिटिश भारत में शिक्षा की खोज करे तो सत्ताधारी वर्ग का प्रयास शायद ही प्रशंसनीय मिले। हम इस देश के बच्चों की

शिक्षा के प्रति समर्पण और उत्साह की कमी के कारण नहीं पिछड़े हैं, जो उन्होंने शताब्दी से पहले शिक्षा नीति तैयार करते समय की थी। यह नीति बैंटिग और मैकाले द्वारा तैयार की गई थी और इसमें भारतीयों के कल्याण का ध्यान नहीं रखा गया था, बल्कि सत्ताधारी वर्ग के हितों के संवर्धन का ही ध्यान रखा गया था। किसी भी देश की शिक्षा का उचित विकास तब तक नहीं हो सकता, जब तक वह वहाँ के राष्ट्रीय जीवन से प्रेरित न हो। अपनी जड़ों से कटी हुई विदेशी ताकत द्वारा थोपी गई शिक्षा अंततः असफल ही होती है।

सरकारी अनुदान को केवल यूरोपीय शिक्षा के प्रति प्रयोग करने का निर्णय कर बैंटिग ने भारतीयों की संस्कृति नष्ट करने के युग की शुरुआत की। लोगों के बीच ज्ञान के प्रसार के खतरनाक परिणाम की संभावना से आशंकित मैकाले और उसके सहकर्मियों ने भारतीयों के एक विशेष वर्ग का पक्ष लेने का निर्णय किया। इसका उद्देश्य उन्हें स्वावलंबी और देशभक्त भारतीय बनने में मदद करना नहीं था, बल्कि जैसा मैकाले ने खुद कहा था—'एक ऐसा वर्ग तैयार करना था, जो खून और रंग से तो भारतीय हो, लेकिन मन, बुद्धि और नैतिक मूल्यों से अंग्रेज हो।' रिकॉर्ड से पता चलता है कि इन शासकों को भारत के गौरवशाली अतीत का तथा महान् सभ्यता का ज्ञान नहीं था। वास्तव में पश्चिमी संस्कृति के तथाकथित गुणों पर अत्यधिक जोर दिया और उस हर चीज के प्रति खुले रूप से तिरस्कार की भावना रखी, जो भारतीयता से जुड़ी थी। हम इस बात को गलत नहीं मान रहे हैं कि पश्चिमी शिक्षा के द्वार भारतीयों के लिए खोले गए, बल्कि इस बात को गलत मान रहे हैं कि यह शिक्षा हमारी सांस्कृतिक विरासत की कीमत पर भारत लाई गई। पश्चिमी शिक्षा और हमारी संस्कृति की शिक्षा का सामंजस्य बिठाना चाहिए था, न कि हमारी शिक्षा पद्धति की उपेक्षा करनी चाहिए थी।

भारतीय इतिहास के विभिन्न खंडों में इस प्रकार के अनेक दृष्टांत हैं कि जिस काल में यूरोप के देश अज्ञानता और क्रूरता में डूबे हुए थे; उस काल में हमारे संत-महात्माओं ने ऐसी बौद्धिक प्रधानता हमारे राजकीय समर्थन से प्राप्त कर ली थी, जो किसी भी राष्ट्र के लिए ईर्ष्या का विषय हो सकती है। हमारे देश में एक ऐसे समाज का विकास हुआ था, जिसने न केवल स्कूली शिक्षा, बल्कि दर्शन, ज्ञान एवं धर्म को बढ़ावा दिया था, बल्कि स्थापत्य कला, मूर्तिकला, चिकित्सा, विज्ञान एवं खगोल विद्या के ज्ञान-विज्ञान को भी बढ़ावा दिया। किसी भी देश की परंपराओं के अनुरूप विचारों और सोच से शिक्षा पोषित होनी चाहिए। भारत में पश्चिमी शिक्षा के लोकप्रिय होने के पीछे मुख्य कारण नौकरी (सरकारी) का आकर्षण था। यह शिक्षा

सभ्यता प्रसार के लिए नहीं, बल्कि नौकरशाही व्यवस्था के सुचारु संचालन के लिए जरूरी रोजगार के अवसर खोलने के लिए पश्चिमी शिक्षा को बढ़ावा दिया गया।

मैकाले की भविष्यवाणी परिणाम देखते हुए आंशिक रूप से झूठी साबित हुई। शिक्षित भारतीयों के राष्ट्रीय अंत:करण को दबाया नहीं जा सका और विदेशी शासन के अंधभक्त बनना तो दूर, वे खुद क्रांति के जनक बन गए। जनसामान्य की शिक्षा की इस तरह उपेक्षा हुई, जिसका किसी सभ्य प्रशासन के इतिहास में उदाहरण नहीं मिलता। शिक्षा पद्धति भारत की वास्तविक जरूरतों को पूरा करने में नाकामयाब रही और शीघ्र ही इसके दोष देशभक्त भारतीयों के सामने उजागर हो गए। इसमें कोई संदेह नहीं कि लोगों की आवश्यकताओं और इच्छाओं के अनुरूप शिक्षा पद्धति में समय-समय पर दूरगामी बदलाव करने के प्रयास किए गए।

उच्च शिक्षा एवं अनुसंधान के क्षेत्र में कला और विज्ञान में देखा गया है कि भारतीय विद्वानों की मूल सोच को दबाया नहीं जा सकता है और वे उतने ही क्षमतावान हैं, जितने विदेशी हैं। चिंतन के कुछ क्षेत्रों में आंशिक सफलता मिली है, लेकिन असंतोष की भावना भी स्पष्ट है, जिसमें पूरी व्यवस्था में आमूल-चूल परिवर्तन की जरूरत दिख रही है। शिक्षा की समस्या स्वाभिमानी भारतीयों को स्वीकार्य तरीके से तब तक हल नहीं की जा सकती, जब तक इसे विदेशी अधीनता से मुक्त और राष्ट्रीय इच्छा का प्रतिनिधित्व करनेवाली सरकार के हाथों में न छोड़ दिया जाए। वास्तव में हम दुष्चक्र में उलझे हुए हैं। स्पष्ट रूप से रेखांकित और निर्देशित शिक्षा के बिना और अपने भाग्य का स्वयं निर्माता जाने बिना हम अपनी इच्छा और जरूरतों के अनुरूप अपनी शिक्षा नीति को नया स्वरूप नहीं दे सकते। हालाँकि जब तक मौजूदा स्थिति कायम है, यह स्पष्ट है कि हमें मौजूद तंत्र का सर्वोत्तम प्रयोग करना है तथा निरंतर प्रयास तथा आंदोलन से परिवर्तन और सुधार करने हैं, जिससे हम अपने लक्ष्य के जितना संभव हो, निकट पहुँच सकें। उच्चतम स्तर पर राष्ट्रभाषा को शिक्षा और निर्देशों के माध्यम के रूप में स्वीकार किया जाना पहली जरूरत है; जिसे पूरा किया जाना अभी बाकी है। आपने अपनी गतिविधियों के विकास के लिए यही रास्ता चुना है। हर प्रांत की अपनी एक प्रमुख भाषा है और इसे उस क्षेत्र में अपनाया जाना चाहिए। अगर वहाँ ऐसी दूसरी भाषा भी है, जिसे जाननेवाले पर्याप्त संख्या में हैं, हालाँकि एक ही प्रांत में भाषाओं की विविधता से उलझनें पैदा हो सकती हैं। प्रशिक्षित विद्वानों की देखरेख में प्रांत में एक ब्यूरो का गठन किया जाना चाहिए, जो सरकार और विश्वविद्यालयों के सहयोग से काम करे। यह ब्यूरो प्रांतीय भाषा में हर विषय की पाठ्यपुस्तकें तैयार करे।

साधारण उद्देश्यों के लिए प्राथमिक स्कूल के बाद कामचलाऊ अंग्रेजी का ज्ञान पर्याप्त है, केवल उन मामलों को छोड़कर, जिनमें विद्वानों की सीमित संख्या अंग्रेजी भाषा और साहित्य विषयों में ज्ञानार्जन करना चाहती है। इसी तरह विभिन्न विषयों के अध्ययन में ऐसे बदलाव किए जाने चाहिए, जो देश की स्थितियों के अनुकूल हों। इतिहास, अर्थशास्त्र और सामाजिक विज्ञान जैसे विषयों को भारतीय संदर्भ में पढ़ाया जाना चाहिए। जैसे विज्ञान, जिसकी कोई भौगोलिक सीमा नहीं है, उनकी शब्दावली वही होनी चाहिए, जो विश्व के दूसरे देशों में प्रचलित है, क्योंकि केवल इसी तरह हम विश्व की प्रगति के संपर्क में रह पाएँगे और इस तरह वे श्रमिक अपने कार्यक्षेत्र से इतर भी साथी श्रमिकों के साथ जुड़े रह सकेंगे। राष्ट्रीय शिक्षा को बढ़ावा देने के लिए सुसज्जित पुस्तकालयों, प्रयोगशालाओं और विचार गोष्ठियों एवं संग्रहालयों पर खर्च करना है, लेकिन हमें इमारतों और छात्रावासों पर अनावश्यक खर्च कम करना है। भारत जैसे गरीब देश में हमारा उद्देश्य हरसंभव तरीके से खर्च कम करना होना चाहिए, ताकि बचत का इस्तेमाल शिक्षा के विकास के लिए हो सके। शिक्षा हासिल करनेवालों को ऐसा प्रशिक्षित जीवन जीने का अभ्यास करना चाहिए कि उनके लिए यह संभव हो सके कि शिक्षा पूर्ण होने के बाद वे उस वातावरण में बिना किसी बाधा के तालमेल बिठा सकें, जिसमें वे पहले से रहने के अभ्यस्त थे।

हमारे देश के लिए इससे बड़ी बाधा का कारण और कोई नहीं हो सकता कि तथाकथित शिक्षित भारतीयों के एक अलग वर्ग का निर्माण हो, जो कम सुविधा संपन्न अपने लाखों देशवासियों के रहन-सहन के तरीकों और विचारों से नितांत अलग हो। शिक्षित वर्ग को इन कम सुविधासंपन्न देशवासियों की सेवा में अपना जीवन अर्पित करना चाहिए।

शिक्षा को लोगों के सामाजिक और आर्थिक परिवेश से अलग नहीं किया जा सकता। शिक्षा प्राप्त करनेवाले सभी विद्यार्थियों को रोजगार की गारंटी नहीं दी जा सकती। लेकिन व्यवस्था इस तरह बनाई जानी चाहिए कि विद्यार्थियों को मिलनेवाला प्रशिक्षण अस्तित्व के लिए संघर्ष में मददगार हो, न कि बाधा उत्पन्न करे। इस क्षेत्र में देश की सरकार इसे महत्त्वपूर्ण कर्तव्य मानेगी कि शैक्षिक संस्थानों की गतिविधियों के साथ व्यापार, वाणिज्य, कृषि और उद्योग संबंधी गतिविधियों का प्रभावशाली ढंग से समन्वय किया जाए। इस उद्देश्य से शिक्षा को बहुपक्षीय होना चाहिए और विभिन्न प्रकार की संस्थाओं का विकास किया जाना चाहिए, ताकि देश की आर्थिक और औद्योगिक प्रगति के अनुकूल लोगों को विभिन्न गतिविधियों के

लिए प्रशिक्षित किया जा सके। अगर ये सभी एजेंसियाँ समग्र रूप से राष्ट्र की सेवा के अपने अंतिम लक्ष्य को प्राप्त करने के प्रयास करेंगी तो इनके हितों में टकराव नहीं होगा।

शिक्षक और छात्र के बीच पिता-पुत्र के समान संबंध होना चाहिए। ऐसा होने पर ही शिक्षा का उचित स्तर बनाए रखा जा सकेगा और इसके उद्देश्य पूरी तरह प्राप्त किए जा सकेंगे। स्वयंस्फूर्त निष्ठा और स्नेह से उत्पन्न आज्ञाकारिता स्थायी होती है। नियमों और दंड का भय दिखाकर थोपा गया अनुशासन विद्यार्थियों का चरित्र-निर्माण करने में अक्षम रहता है। गुरुकुल शिक्षक के घर का आपका मूल विचार प्राचीन भरतीय मानसिकता का एक उपहार है और यह भारत के कई हिस्सों में पश्चिमी (Western) नकल के बने रिहायशी स्कूलों के बनावटी माहौल में नहीं उतर पाया है।

धर्म की विस्तृत व्याख्या की जा चुकी है। भारतीय गुरुकुल की अवधारणा में शिक्षा को धर्म की मुख्यधारा से अलग नहीं किया जा सकता। भारतीय युवा को अपनी विरासत के विषय में दृढ़ और स्पष्ट रहना चाहिए। प्राचीन ऋषियों के उपदेशों के शाश्वत मूल्यों का अर्थ उसे समझाया जाना चाहिए। उसकी जिज्ञासा को अवरुद्ध करने के लिए नहीं, बल्कि उसके आधारभूत मूल्यों के बारे में उसे स्वयं निर्णय करने के लिए। हमारे समाज में सभ्यता का मतलब है कि हमारी भावनाओं का विकास इस तरह हो कि हम इस समाज में एक-दूसरे को समझ सकें और उनका सम्मान कर सकें।

यही कारण है कि हमारे सामाजिक जीवन में राजनैतिक चेतना नहीं, बल्कि नैतिक चेतना की ज्यादा प्रधानता रही है। अगर आज हम विभाजन और विघटन का सामना कर रहे हैं, तो यह कमी उन व्याख्याकारों की है, जो ऐतिहासिक कारणों से हमारे समाज के आधारभूत आदर्श सेवा और समानता की जड़ों पर प्रहार करके समाज के मूलभूत ढाँचे का कमजोर कर रहे हैं।

हमारे युवाओं को अपनी विरासत पर गर्व करना भी सिखाया जाना चाहिए। केवल इसी तरह वे प्रगति में बाधक हीनता की भावना और आत्मविश्वास की कमी को दूर का पाएँगे। हमारा दावा है कि पश्चिम की ओर मुड़ने की बजाय हम अपने तरीके से अपने समाज का आधारभूत रूप से पुनर्निर्माण कर सकते हैं। हमारे जैसे देश में, जहाँ लोग विभिन्न धर्मों और मतों के हैं, हमारी गतिविधियाँ ऐसी होनी चाहिए कि सबके बौद्धिक और सांस्कृतिक विकास का पूरा अवसर हो, हर व्यक्ति अपने धर्म के प्रति निष्ठावान हो, एक-दूसरे का सहायक और विश्वासी हो और सभी

भारत की एकता की भावना के प्रति निष्ठा रखें। आज विश्व एक ऐसे संकट का सामना कर रहा है, जो मानव सभ्यता के इतिहास में ज्ञात नहीं था। पश्चिमी सभ्यता विश्व को शक्ति और स्वतंत्रता देने में नाकाम रही है। भौतिक प्रगति तथा वैज्ञानिक एवं औद्योगिक उन्नति के बावजूद यूरोप में शासक वर्ग पर शक्ति, प्रतिष्ठा और आधिपत्य की भावना हावी रही है।

विश्व की भविष्य की खुशहाली उन लोगों की सोच पर निर्भर होगी, जिनके हाथों में ताकतवर राष्ट्रों का नियंत्रण होगा। समानता, स्वतंत्रता और प्रजातंत्र के सिद्धांतों के लिए मुँह से वे चाहे जितनी सहानुभूति दिखाएँ, अगर कार्यरूप में वो आक्रमण और कमजोर तथा कम संपन्न राष्ट्रों के शोषण की नीति से संचालित होंगे तो वे कभी बेहतर विश्व की शुरुआत की उम्मीद नहीं कर सकते। दुनिया का भविष्य स्वतंत्र राष्ट्रों के संघ में निहित है। जहाँ प्रत्येक राष्ट्र को अपने जीवन का विकास अपने श्रेष्ठ आदर्शों और परंपराओं के अनुरूप करने का अवसर हो। अगर यह लक्ष्य सबको स्वीकार्य हो तो विश्व के सभी हिस्सों में शिक्षा प्रणाली को ऐसा आकार देना होगा कि उचित अंतरराष्ट्रीय व्यवहार और समझ विकसित हो सके। मनुष्य को अपने साथियों के अच्छे जीवन के लिए सोचना चाहिए। प्रत्येक व्यक्ति को अपने मन और शक्ति के स्वस्थ विकास और इनके बेहतर इस्तेमाल का उचित अवसर दिया जाना चाहिए। उसमें सामाजिक उत्तरदायित्व की भावना और सार्वजनिक कल्याण के लिए इच्छा होनी चाहिए। उसे स्वतंत्र राय रखनेवाला, दूसरों की विशिष्टता का सम्मान करनेवाला और विरोधी विचारों के प्रति भी साहिष्णु होना चाहिए। उसे यह महसूस होना चाहिए कि उसका उत्तरदायित्व केवन अपने देश के नागरिक के रूप में ही नहीं है, बल्कि विश्व के नागरिक के रूप में भी है। सबके लिए समान न्याय होना चाहिए। सरकार को आम सद्भावना और समर्थन पर आधारित होना चाहिए, न कि पाश्विक शक्तियों पर। एक अत्यंत महत्त्वपूर्ण समस्या जो हमारे सामने है, वह है सबकी जरूरतों और महत्त्वाकांक्षाओं के अनुरूप राष्ट्रीय शिक्षा की योजना पुनः बनाना। हमें नहीं पता कि हमारी राजनीतिक परिस्थिति कब हमें इस सुधारवादी योजना को साकार करने की अनुमति देगी? लेकिन युद्ध के बाद यह पुनर्निर्माण का हिस्सा होना चाहिए।

हमें अविलंब सबके हितों का प्रतिनिधित्व करनेवाला एक कुशल तंत्र बनाना चाहिए, जो भविष्य के शैक्षिक तंत्र की खोज करे। यह काम आसान नहीं होगा। भाषाओं, परंपराओं और समुदायों की जरूरतों और रोजगार जैसे मुद्दों का बारीकी

से निरीक्षण करना होगा। शिक्षा के उद्देश्यों को स्पष्ट तरीके से परिभाषित किया जाना चाहिए।

संक्षेप में कहें तो हमारा उद्देश्य प्रत्येक भारतीय बच्चे को, जहाँ तक संभव हो, पूर्ण बनाना है, ताकि वह अपने समुदाय के साथ एकता का अनुभव कर सके। अतीत की परंपराओं के साथ अपने जीवन और वर्तमान के कार्यों तथा भविष्य के लिए अपनी महत्त्वाकांक्षाओं और उत्तरदायित्वों को साझा कर सके। भारत जैसे विशाल देश में खास प्रांतों की अलग समस्याएँ हो सकती हैं। हमारा उद्देश्य हर बच्चे के मन में भारत की एकता के लिए दृढ़ निष्ठा की भावना विकसित करना ही होना चाहिए। उनके दैनिक कार्यों को इस तरह व्यवस्थित करना होगा कि वह इस बात के प्रति जागरूक बने कि वह जो कर रहा है, अपने राष्ट्र की प्रगति के लिए कर रहा है और इस तरह व्यापक रूप में मानवता की प्रगति के लिए कर रहा है।

आपका महान् संस्थान भारत की शिक्षा संबंधी समस्या के समाधान में महत्त्वपूर्ण योगदान करेगा। शिक्षा के क्षेत्र में कठोर अनुशासन को अपनाना वास्तव में इसके लिए घातक होता है। आपने दिखा दिया कि भारतीय सभ्यता के आधारभूत मूल्यों और वैज्ञानिक युग की वास्तविक जरूरतों के बीच उचित तालमेल से इस देश की शिक्षा की व्यवस्था की जा सकती है। आपने बड़ी बाधाओं के बावजूद मानव सभ्यता को अहंकारी और स्वार्थी भौतिकवाद की विनाशक शक्तियों से बचाए रखा है।

भारतीय समाज के पुनर्निर्माण में आपको प्रमुख भूमिका निभानी है और आपके अनुभव इस देश की भविष्य की शिक्षा नीति और प्रशासन को बहुत प्रभावित करेंगे। तमाम विविधताओं के बावजूद भारत विचारों और कार्यों में एक है, जो वास्तव में अद्भुत है। राजनीतिक रूप से पराधीन होते हुए भी हम अपना सिर ऊँचा रख सके हैं, क्योंकि घुल-मिल जाने की स्वाभाविक क्षमता भारतीयों में है।

हमारी संस्कृति का लक्ष्य जीवन को पूरी तरह अर्थपूर्ण बनाना है। जीवन का संपूर्ण ज्ञान प्रकृति, मनुष्य और ईश्वर तीनों के मिलन में है। सेवा और प्रेम मनुष्य को पूर्ण बनाते हैं। मेरा दृढ़ विश्वास है कि भारत की प्रगति उचित और सही है। हिमालय और पवित्र नदी गंगा अनंतकाल से भारतीय सभ्यता के शानदार इतिहास के साक्षी रहे हैं। इस सभ्यता को कोई विदेशी शक्ति नष्ट नहीं कर सकती। हम अपने गौरवमय अतीत से प्रेरणा लें, वर्तमान की कठिनाइयों का सामना साहस और शक्ति से करें और भविष्य के स्वतंत्र और एकीकृत भारत के पुनर्निर्माण में निर्भीकता से अपना विनम्र योगदान करें। आओ हम लाखों पीड़ित भारतीयों की आवाज बनें और

अपने प्रिय कवि के शब्दों में सत्य और न्याय के मार्ग पर चलने की दृढ़ता व्यक्त करते हुए घोषणा करें कि अपनी मातृभूमि की स्वतंत्रता के लिए कोई भी बलिदान बड़ा नहीं है—

"जहाँ चित्त भय से शून्य हो
जहाँ गर्व से माथा ऊँचा करके चल सकें
जहाँ ज्ञान मुक्त हो
जहाँ दिन-रात वसुधा को खंडों में विभाजित करके
छोटे और छोटे आँगन न बनाए जाते हों
जहाँ हर वाक्य हृदय की गहराई से निकलता हो
जहाँ हर दिशा में कर्म की अजस्त्र नदी के स्रोत फूटते हों
और निरंतर अबाधित बहते हों
जहाँ विचारों की सरिता
तुच्छ आचारों की मरुभूमि में न खोती हो
जहाँ पुरुषार्थ सौ-सौ टुकड़ों में बँटा हुआ न हो
जहाँ सभी कर्म, भावनाएँ, आनंद, अनुभूतियाँ
तुम्हारे अनुगत हों,
हे पिता! अपने हाथों से निर्दयतापूर्ण प्रहार कर
उसी स्वातंत्र्य स्वर्ग में इस सोते हुए
भारत को जगाओ।"

(25 अप्रैल, 1943)

□

11

विभाजन के समय बंगाल

आज का कोलकाता तब कलकत्ता नाम से जाना जाता था। भारत का सबसे बड़ा शहर। 1911 तक तो यह ब्रिटिश भारत की राजधानी था। डॉ. मुकर्जी ने अपनी जीवन-यात्रा यहीं से प्रारंभ की। मुसलिम लीग की माँग ज्यों-की-त्यों मान ली जाती तो कलकत्ता पाकिस्तान में होता, जो बाद में बँगलादेश बना। 1947 से पूर्व समस्त बंगाल को एक स्वतंत्र राष्ट्र घोषित करने की भी चर्चा चली थी। यदि ऐसा होता तो वह इसलामी राष्ट्र होता और सारे हिंदुओं को जहन्नुम पहुँचा दिया जाता। डॉ. श्यामा प्रसाद मुकर्जी को ही यह श्रेय जाता है कि पश्चिमी बंगाल आज भारत का भाग है और कलकत्ता इस प्रांत की राजधानी है। इस प्रांत में अब 73 प्रतिशत हिंदू हैं तथा 27 प्रतिशत मुसलमान हैं। सभी गणतंत्र प्रणाली में स्वतंत्रता से रह रहे हैं।

सन् 1940 में मुसलिम लीग मुसलमानों में ध्रुवीकरण का बीज बो चुकी थी। बंगाल में प्रांतीय सरकार के चुनाव में मुसलिम लीग एक शक्ति बनकर उभरी थी। कृषक प्रजा पार्टी और हिंदू महासभा भी थी। कांग्रेस ने सरकार बनाने से इनकार कर दिया था। जिसके परिणामस्वरूप कृषक प्रजा पार्टी ने हिंदू महासभा और मुसलिम लीग से मिलकर सरकार बनाई। इसी समय लीग ने अपना प्रभाव बढ़ा लिया। कांग्रेस की यह गलती थी। यदि वह सरकार बनाती तो मुसलिम लीग को इतना आगे बढ़ने का अवसर ही न मिलता। वस्तुतः यह कांग्रेस का अहंकार था। वह अपने आपको हिंदू-मुसलिम या ईसाई सबकी प्रतिनिधि मानती थी। मुसलिम लीग ने मुसलमानों के दिमाग में यह बैठा दिया था कि मुसलमानों की एकमात्र प्रतिनिधि केवल मुसलिम लीग है। इस विचार को शक्ति मिली अंग्रेजों की फूट डालनेवाली कूटनीति से। गवर्नर हरबर्ट सदा मुसलिम नेताओं को बढ़ावा देते रहे।

जो मुसलमान देशभक्त भी थे, मोहम्मद अली जिन्ना के प्रचार से उनका भी विचार बदल गया। कांग्रेस के कार्यकर्ताओं का मुल्लाओं ने देहातों में भी विरोध किया। उनके विचार से राजनीति बिना मजहबी विचार के महत्त्वहीन है। कांग्रेस ने यद्यपि मुसलमानों के पक्ष में अपने अनेक निर्णय लिये, परंतु लीग मुसलमानों को कट्टर बनाने में सफल हो गई। 1940 में ही कराची में जिन्ना ने पाकिस्तान अलग बनाने का प्रस्ताव पारित किया। यद्यपि तब तक पाकिस्तान कैसा होगा, कहाँ बनेगा। इसकी स्पष्ट रूपरेखा उसके दिमाग में नहीं थी। पाकिस्तान का अभिप्राय है, ऐसे लोगों का निवासस्थान, जो पवित्र हैं। हर तरह के पाप करके भी मुसलमान अपने आपको पाक मानते हैं।

1946 में बंगाल के मुख्यमंत्री सोहरावर्दी ने 'प्रत्यक्ष काररवाई' (Direct action) की घोषणा की। इसका सीधा मतलब था हिंदुओं का कत्लेआम अर्थात् किसी विषय पर कोई वार्त्ता नहीं, कोई तर्क-वितर्क नहीं, बस हिंदुओं की हत्या! समाचार-पत्र बताते हैं कि चार दिन में 17,000 हिंदुओं को मौत के घाट उतारा गया, जबकि यह संख्या जनता में 30,000 से भी अधिक बताई जाती है।

वास्तव में बंगाल में मुसलिम लीग हिंदुओं को डराकर उन इलाकों से पलायन करने को मजबूर करना चाहती थी। सोहरावर्दी और जिन्ना जैसे मुसलिम नेताओं ने एक प्रकार से गृहयुद्ध छेड़ दिया। वे अहिंसावादी गांधी को हिंदू नेता मानते थे, जबकि गांधीजी सदा मुसलिम हित के लिए काम करते रहे। वास्तव में गांधीजी हिंदू-मुसलिम एकता करके अंग्रेजों के समक्ष अपनी शक्ति दिखाना चाहते थे। दूसरी ओर जिन्ना हिंदुओं की अहिंसा को कमजोरी मानकर अपनी मारक क्षमता से भयभीत करना चाहते थे। लीग को लगता था कि उच्च वर्ग के अहिंसक हिंदुओं को तो थोड़े से मुसलमान भी भयभीत कर देंगे। महासभा की अखंड भारत की माँग तो असफल तभी हो गई, जब कांग्रेस विभाजन की माँग मानने को तैयार हो गई। 1946 से चला यह गृहयुद्ध 1947 तक भी चलता रहा। आजादी पाने पर भी यह समाप्त नहीं हुआ। पाकिस्तान का क्षेत्र तय होने पर नागरिकों की अदला-बदली का काम हुआ। यह स्थिति अत्यंत भयावह थी। पश्चिमी सीमा प्रांत, सिंध तथा पंजाब से हिंदू यों ही नहीं आए! उन्हें अपना सामान, धन, मकान सब छोड़कर इधर आना पड़ा। मुसलमानों ने उन लोगों को मारकर बुरी हालत में भागने पर मजबूर किया। जबकि यहाँ से जो मुसलमान राजी से चले गए, उनके अतिरिक्त बहुतों को जाने नहीं दिया। स्वयं गांधीजी ने कहा, जो पाकिस्तान नहीं जाना चाहते, उन्हें यहाँ पूरी सुरक्षा दी जाएगी। वे आराम से यहाँ रह सकते हैं।

इस प्रकार के गृहयुद्ध की भविष्यवाणी डॉ. मुकर्जी ने 10 जनवरी, 1946 को कर दी थी। उन्होंने डायरी में लिख दिया था कि लीग की बात मान ली गई और विभाजन हुआ तो गृहयुद्ध की तरह हिंदू-मुसलिम आपस में दुश्मन की तरह लड़ेंगे। सोहरावर्दी और जिन्ना की इच्छा और कोशिशों के बावजूद कलकत्ता के हिंदू न डरे न भागे, बल्कि पूरी शक्ति से लड़े भी। नोआखली में नरसंहार जबरदस्त हुआ। वहाँ हजारों हिंदू मारे भी गए, लूटे भी गए। महिलाओं को अपमानित भी किया तथा बलात्कार भी किए गए। लाखों लोगों का धर्मांतरण भी जबरन करवाया गया। बिहार तक यह प्रक्रिया खूब चली, परंतु कलकत्ता में और आसपास मुसलमान सफल नहीं हुए। सोहरावर्दी पूरे बंगाल के इसलामीकरण का लक्ष्य लेकर चल रहे थे। डॉ. मुकर्जी के प्रयासों से उनके इरादे सफल नहीं हो सके। उन्हें कलकत्ता सहित पूरा बंगाल मिल जाता तो वहाँ गणतंत्र नहीं, इसलामी शासन होता। सोहरावर्दी ने कलकत्ता में वैध और अवैध ढेर सारी संपत्तियाँ बनाई थीं। अत: वह 1947 में भी पाकिस्तान नहीं गया। संपत्तियाँ बेचने के बाद 1948 में पाकिस्तान गया।

डॉ. श्यामा प्रसाद मुकर्जी ने देश का विभाजन रोकने के लिए बहुत लंबा और अनथक संघर्ष किया। जिन्ना और सोहरावर्दी पूरा बंगाल ही पाकिस्तान बनाने में सफल हो जाते तो भारी नरसंहार होता, लूट होती और लाखों हिंदू मारे जाते। डॉ. मुकर्जी ने सोचा, उस कहावत के अनुसार, "सारा जाता देखिए तो आधा लीजिए बाँट", इसी के अनुसार उन्होंने हिंदुओं को लामबंद करके संगठित कर लिया। डॉ. मुकर्जी ने हिंदू भद्रलोक को एकत्र करके 'बंगाल पार्टीशन लीग' की स्थापना की। लोगों को समझाया कि 'प्रत्यक्ष काररवाई' दिवस के नरसंहार को न भूलें। उन्होंने समझाया कि मुसलिम लीग सरकार अपने शासन में हिंदू हितों की रक्षा करने में असफल रही है। इसमें जमींदार, व्यापारी, क्लर्क तथा अन्य सफेदपोश लोग सम्मिलित थे। डॉ. मुकर्जी ने हिंदुओं को इस विचार से जोड़ने की हरसंभव कोशिश की। अपनी पूरी मेहनत तथा सब संसाधन लगा दिए। डॉ. मुकर्जी का फरवरी 1947 में यह आंदोलन शुरू किया। इसके लिए पूरे बंगाल में तूफानी दौरा किया। कुछ लोगों ने आलोचना की कि यह आंदोलन एक रूप में विभाजन का समर्थन करनेवाला है।

9 मार्च, 1947 को डॉ. मुकर्जी ने एक विस्तृत बयान दिया, जिसमें बताया कि मुसलिम लीग तो पूरा पंजाब और पूरा बंगाल माँग रही है। इन क्षेत्रों में रहनेवाले हिंदू उनके अत्याचारों के शिकार होंगे। इस समस्या का एक ही विकल्प है कि पाकिस्तान तो उन्हें दे, परंतु हिंदू बहुल क्षेत्रों को भारतीय संघ राज्य में रहने दें। अपनी बात को मनवाने के लिए हमें एकजुट होकर खड़ा होना चाहिए।

15 मार्च, 1947 को एक दो दिवसीय सम्मेलन आयोजित किया गया। बंगाल के सभी हिस्सों से हिंदू इसमें सम्मिलित हुए। डॉ. मुकर्जी इसके अध्यक्ष थे। वक्ताओं में डॉ. सिन्हा, डॉ. आर.सी. मजूमदार, डॉ. सुनीति कुमार चटर्जी, श्री भवतोष दत्त, श्री ईश्वर दास जालान और हेमेंद्र प्रसाद घोष जैसे विद्वज्जन थे। सम्मेलन में अलग हिंदू प्रदेश का प्रस्ताव सर्वसम्मति से पारित किया गया। ज्ञापन बनाने की कमेटी भी तय कर दी गई। कांग्रेस का अभिमत इस समय बुरी तरह बँटा हुआ था। गांधीजी इस आंदोलन को समर्थन नहीं दे रहे थे। शरतचंद्र बोस अपनी विश्वसनीयता खो चुके थे। इस प्रकार डॉ. मुकर्जी हर प्रकार से लक्ष्य की ओर बढ़ रहे थे।

'अमृत बाजार' पत्रिका ने 22 अप्रैल, 1947 का एक अभिमत चयन (Opinion Poll) करवाया, जिससे इस आंदोलन को बड़ी शक्ति प्राप्त हुई। हिंदू क्षेत्रों को भारत में सम्मिलित रखने के पक्ष में 98.6 प्रतिशत मत आए तथा संपूर्ण क्षेत्र पाकिस्तान में मिलाने के लिए केवल 0.6 प्रतिशत मत मिले। इस मतदान का परिणाम लेकर डॉ. मुकर्जी लॉर्ड माउंटबेटन वायसराय से व्यक्तिगत रूप से जाकर मिले। 23 अपैल, 1947 को उनकी लंबी चर्चा हुई। मई 1947 में कलकत्ता में एक महासभा की गई, जिसमें कांग्रेस भी सम्मिलित हुई। इस सभा की अध्यक्षता इतिहासकार यदुनाथ सरकार ने की। वैसे वो डॉ. मुकर्जी के मित्र नहीं थे, परंतु इस मामले में दोनों की सहमति बन गई थी। 2 मई को ही डॉ. मुकर्जी ने एक लंबा पत्र लॉर्ड माउंटबेटन को लिखा तथा सारी परिस्थितियों से अवगत कराया। अपने सुझाव पर बल देते हुए उन्होंने इसे एकमात्र विकल्प बताया था। यदि पाकिस्तान बनाने में सारा बंगाल और सारा पंजाब दे दिया गया तो यह हिंदुओं के साथ बड़ा अन्याय होगा।

उन्होंने दलील दी कि बंगाल विभाजन का पहला कारण शुद्ध प्रशासनिक है। छह करोड़ से अधिक जनसंख्या वाला बंगाल एक पूरे देश के समान है। हिंदू जनसंख्या को वहाँ तंगी भोगनी पड़ेगी। अत्याचार सहने होंगे। गत दस वर्षों में भी बंगाल में हिंदुओं को अन्याय और अपराधों का शिकार होना पड़ा है। इस प्रकार विस्थापन की हानि काफी कम होगी, क्योंकि बंगाल में हिंदू बहुल क्षेत्र और मुसलिम बहुल क्षेत्र पहले ही अलग-अलग है। अत: उन्हें विस्थापित नहीं होना पड़ेगा। अधिक आजादी अपने-अपने क्षेत्रों में ज्यों-की-त्यों बनी रहेगी। अनुसूचित जाति की जनसंख्या भी हिंदू समुदाय के साथ ही रहेगी।

जिन्ना का अलग पाकिस्तान का दावा इस आधार पर था—हिंदू और मुसलिम दो अलग धर्म हैं, दो अलग कौम हैं। वे एक साथ शांति से रह ही नहीं सकते।

इसलिए हिंदुओं को मुसलिम शासित प्रदेश में रहने के लिए क्यों बाध्य किया जाए। इसलिए बंगाल के हिंदू बहुल क्षेत्र को हिंदुस्तान के साथ जुड़ने की सुविधा दी जानी अनिवार्य है। पूर्वी बंगाल में भी कई क्षेत्र हिंदू बहुल थे, परंतु सीमारेखा कहीं तो बनानी ही पड़ती है। हर इलाके का विभाजन संभव नहीं था। डॉ. मुकर्जी ने बताया कि सारा बंगाल पाकिस्तान में मिलाने से बहुत बड़ी जनसंख्या को विस्थापित करना पड़ेगा, जो बहुत अधिक हानिकारक होगा। यदि पूर्वी बंगाल पाकिस्तान में चला भी गया तो विस्थापन बहुत अधिक मात्रा में नहीं होगा।

लॉर्ड माउंटबेटन ने वायसराय का कार्यभार सँभालने के पश्चात् पहले तो यह प्रयास किया कि जिन्ना को मना लिया जाए और भारत-विभाजन न हो। जिन्ना यद्यपि माउंटबेटन से डरते थे, फिर भी उन्होंने कहा कि कोई व्यक्ति हिंदू या मुसलमान होने के पहले पंजाबी या बंगाली होता है। अतः सारा पंजाब या सारा बंगाल हमें मिलना चाहिए।

तब माउंटबेटन ने कहा, "मिस्टर जिन्ना! कोई व्यक्ति पंजाबी या बंगाली होने से पहले भारतीय भी है। अतः विभाजन करना गलत है।"

वास्तव में जिन्ना और सोहरावर्दी पूरे बंगाल को लेने पर अड़े थे, क्योंकि डॉ. मुकर्जी का प्रस्ताव मान लिया गया तो वे प्रमुख शहर समृद्ध शहर कलकत्ता से वंचित हो जाते। अतः वे सब तर्क सुनकर भी मानना नहीं चाहते थे। वे दोनों संयुक्त बंगाल और संपूर्ण पंजाब को अपने पाकिस्तान में मिलाने के प्रयास लगातार करते रहे। किरण शंकर राय जैसे कुछ बंगाली हिंदू भी स्वार्थवश सोहरावर्दी की हाँ में हाँ मिलाने लगे, उनकी भारी संपत्ति ढाका में थी, जो विभाजन में छूट जाती। शरतचंद्र बोस और किरण शंकर राय जैसे लोग यह कैसे भूल गए कि एक साल पूर्व ही सोहरावर्दी ने 'प्रत्यक्ष काररवाई' के नाम पर हिंदुओं का भयानक नरसंहार करवाया था?

सोहरावर्दी ने संयुक्त बंगाल की एक सुंदर तसवीर शब्दों में उतारी थी। जिन्ना ने भी कहा, 'बंगाल एक अलग स्वतंत्र राज्य बने तो भी मैं खुश हूँ, क्योंकि बिना कलकत्ता के पाकिस्तान लेने का भी क्या फायदा है? इससे तो यही ठीक है कि बंगाल न हिंदुस्तान में शामिल हो, न पाकिस्तान में।'

गवर्नर बरोज को भी उन्होंने अपनी राय से प्रभावित कर लिया। ये तीनों फिर वायसराय माउंटबेटन से मिले। गवर्नर बरोज का स्वार्थ इतना ही था कि कलकत्ता स्वतंत्र बंदरगाह बनेगा। जूट का उद्योग ब्रिटिश व्यापारियों को लाभदायक रहेगा। जूट मिलों का लाभ अंग्रेज उठाते रहेंगे, परंतु लॉर्ड माउंटबेटन ने कलकत्ता को

अंतरराष्ट्रीय बंदरगाह बनाने और जूट मिलों के विलयीकरण का विचार पहली दृष्टि में ही निरस्त कर दिया। कुछ समय बाद ही शरतचंद्र बोस के साथ अबुल हाशिम तो संयुक्त बंगाल का संविधान लिखने को भी स्वेच्छा से तैयार थे।

डॉ. श्यामा प्रसाद मुकर्जी ने इस तिकड़ी के विचार को निरस्त करने के लिए 1 मई, 1947 को पं. जवाहरलाल नेहरू से मिलकर तथा सरदार पटेल को अलग-अलग पूरी जानकारी दी। डॉ. मुकर्जी ने उन दोनों वरिष्ठ नेताओं को सचेत किया कि स्वतंत्रता के साथ ही पाकिस्तान बनाना हो तो पंजाब और बंगाल के हिंदू बहुल क्षेत्र को बचाने की पूरी कोशिश करनी चाहिए।

13 मई को डॉ. मुकर्जी कलकत्ता के निकट ही सैदपुर नामक स्थान पर गांधीजी से जाकर मिले, ताकि सोहरावर्दी की संयुक्त बंगाल योजना के दुष्परिणामों से उन्हें अवगत कराया जा सके। गांधीजी के पास इसका कोई उत्तर नहीं था। वह संयुक्त स्वतंत्र बंगाल बनने का भी स्वागत ही करते। नेहरू के उत्तर से भी डॉ. मुकर्जी संतुष्ट नहीं हुए थे। जबकि पटेलजी ने डॉ. मुकर्जी की सारी बात ध्यानपूर्वक सुनी थी और आश्वासन भी दिया था कि हिंदू बहुल बंगाल को किसी भी कीमत पर पाकिस्तान का हिस्सा नहीं बनने देंगे।

जोगेंद्रनाथ मंडल को अनुसूचित जाति के नेता थे। उन्हें कानून मंत्री बनाने का लालच देकर जिन्ना ने मुसलिम लीग में सम्मिलित कर लिया था। उनका कहना था कि पूर्वी बंगाल में हिंदुओं ने अपनी संपत्ति खो दी है। कुछ बेच दी, कुछ लुट गई। विभाजन के कारण उन्हें विस्थापित होना पड़ेगा। यह बात विभाजन के बाद प्रमाणित भी हो गई। पाकिस्तान में मंडल पहले कानून तथा श्रम मंत्री बने। जब वहाँ अनुसूचित हिंदुओं का भीषण नरसंहार हुआ तो वह भागकर भारत आ गए। फिर भारत से ही अपना इस्तीफा पाकिस्तान भेजा। लौटकर फिर कभी पाकिस्तान नहीं गए।

डॉ. मुकर्जी ने नेहरूजी और सरदार पटेल को 'आनंद बाजार पत्रिका' का जनमत संग्रह दिखाकर मामला समझा दिया था। तभी वे दोनों हिंदू बहुल बंगाल का भाग पाकिस्तान को देने को नहीं माने। कुछ इतिहासकार डॉ. श्यामा प्रसाद मुकर्जी के प्रयासों की केवल उच्च कुलीन बंगाली अमीरों की चिंता भी बताते हैं, परंतु वास्तव में यह प्रयास डॉ. मुकर्जी न करते तो आज समस्त बंगाल पाकिस्तान बन जाता और वहाँ के हिंदू दर-दर भटकते। कलकत्ता समृद्ध नगर होने की जगह बूचड़खाना और मछली बाजार मात्र बनकर रह जाता। विश्वविद्यालय की जो प्रतिष्ठा है, वह ढाका में इसलामी प्रतिष्ठा की समता भी न कर पाती।

लियोगार्ड गोर्डन जैसे इतिहासकारों ने अंततः डॉ. मुकर्जी को इस निर्णय के मनवाने का श्रेय दिया तथा बधाई भी दी। डॉ. मुकर्जी ने विभाजन के उपरांत यह पंक्ति कही, "नेहरूजी! आपने भारत का विभाजन कर दिया और मैंने पाकिस्तान का विभाजन कर दिया।" श्री फणिभूषण चक्रवर्ती बाद में स्वतंत्र भारत में बंगाल के राज्यपाल बनाए गए। वे ही कलकत्ता उच्च न्यायालय के मुख्य न्यायाधीश भी रहे थे। उन्होंने भी बंगाल के विभाजन का श्रेय डॉ. श्यामा प्रसाद मुकर्जी को ही दिया। सिलहट में बनी झीलें वहाँ के मुसलमानों को नौकायन का विशिष्ट जानकार बनाती हैं। कहते हैं, लंदन में तो सिलहट के नाविकों की एक कॉलोनी ही ब्रिकलेन नाम से बन गई है। सिलहट के हिंदुओं को मतदान से रोका गया। परिणाम यह हुआ कि सिलहट पाकिस्तान में चला गया। असम में असमी और बँगला बोलनेवाले दोनों प्रमुख समूह कांग्रेस के साथ थे। डॉ. मुकर्जी ने इस क्षेत्र का भी दौरा किया तथा पूरे बंगाल से सिलहटवासियों को जनमत संग्रह में भाग लेने को प्रोत्साहित किया। असम के कांग्रेसी कार्यकर्ताओं ने भी यदि कुछ इस ओर ध्यान दिया होता तो सिलहट जिला पाकिस्तान में न जाता। अंततः बंगाल और पंजाब का विभाजन बैरिस्टर लॉर्ड रेडक्लिफ ने किया। भारत के साथ न उनका कोई संबंध था और न कोई पूर्व जानकारी थी। लॉर्ड रेडक्लिफ ने इस विभाजन कार्य के लिए चार लोगों से जानकारी और सहयोग लिया—1. विजय मुकर्जी, 2. सी.सी. विश्वास, 3. एम.ए. रहमान, 4. एम.एम. अकरम। जिस दिन 15 अगस्त, 1947 को आजादी की घोषणा की गई, तब तक पाकिस्तान और हिंदुस्तान के शीर्ष नेताओं को भी किसी सीमा रेखा का ज्ञान नहीं था। कोई नहीं जानता था कि कहाँ तक हिंदुस्तान है और कहाँ से पाकिस्तान शुरू होगा?

17 अगस्त, 1947 को लॉर्ड रेडक्लिफ ने लॉर्ड माउंटबेटन को अपनी विभाजन की रिपोर्ट सौंपी, तब सबको वास्तविक सीमा की जानकारी मिली। नादिया जिले के कृष्णानगर, राणा घाट और मालदा जिले के तथा दिनोंपुर जिले के बालुर घाट और बन्ना गाँव, कई हिस्से भारत में आ गए।

पश्चिमी बंगाल को 36 प्रतिशत भूभाग और 35 प्रतिशत जनसंख्या मिली। इस क्षेत्र में मुसलिम आबादी का 6 प्रतिशत पश्चिमी बंगाल में रह गया। गैर-मुसलिम आबादी में बौद्धों की चित्रगोंग पहाड़ी पाकिस्तान को दे दी गई। मुसलिम बहुल होने पर मुर्शिदाबाद जिला भारत में आ गया। यही गंगा की जलधाराएँ हैं, जो हुगली नदी का रूप ले लेती हैं। पूर्वी पाकिस्तान, जो बाद में बँगलादेश कहलाया, वहाँ 10 प्रतिशत हिंदू (बौद्ध सहित) और 90 प्रतिशत मुसलिम हैं। इन बंगाली हिंदुओं

के साथ समय-समय पर बड़ा अन्याय होता रहा है। अभी 2021 अक्तूबर मास में भी हिंदू मंदिर, इस्कॉन कृष्ण मंदिर को जलाया गया, तोड़-फोड़ की गई और हिंदू परिवारों को मारा-पीटा गया। उनके घर भी जला दिए गए।

विभाजन से पूर्व यह निश्चित माना जा रहा था कि भारत को विभाजित करके पाकिस्तान बनाया जाना तो निश्चित है! भारतीय राज्यों को स्वेच्छा से निर्णय करने का अधिकार दिया जाना भी अनोखा निर्णय था। विभाजन से पूर्व भी उनसे पूछा जा सकता था, परंतु तब तो जिन्ना की जिद और नेहरू, गांधी का सम्मान विभाजन में ही दिखाई पड़ रहा था। उन्हें और गहराई से विचार करके निर्णय लेने की फुरसत ही नहीं थी। जिद्दी जिन्ना अब बैठकों में शामिल नहीं हो रहा था। ब्रिटिश संसद् में विपक्ष के नेता ने कहा—बैठक में जिन्ना की अनुपस्थिति ऐसी बात है, मानो विवाह समारोह में दुलहन की अनुपस्थिति। इन बातों के पश्चात् डॉ. श्यामा प्रसाद मुकर्जी ने अंग्रेजों को बहुत फटकारा। उन्होंने कहा, "हमें अंग्रेजों से यह कह देना चाहिए कि हम आपसे दोस्ती रखना चाहते हैं। आप भारत में व्यापारियों की तरह आए। मुगलों की चिरौरी करके जगह बनाई, फिर हमारी दौलत का शोषण किया। धोखाधड़ी और साजिश से अपनी सरकार बनाई और अपना शासन कायम कर लिया। भारतीयों को धर्म तथा जाति के नाम पर बार-बार बाँटा, ताकि आप हम पर अपना शासन थोप सकें।"

अंत में 15 अगस्त, 1947 को भारती स्वशासी संघ का जन्म हुआ। अपने संविधान की घोषणा के साथ 26 जनवरी, 1950 को भारत गणतंत्र घोषित हुआ। कभी कलकत्ता राजधानी होती थी, जो बाद में (1911 में) नई दिल्ली में स्थानांतरित हो गई। इस प्रकार सभी के सम्मिलित प्रयास से मातृभूमि भारत स्वतंत्र हुआ। डॉ. बाबा साहब भीमराव आंबेडकरजी द्वारा संपादित नए संविधान के साथ गणतंत्र बना। हम सबने स्वतंत्र हवा में श्वास लिया। डॉ. मुकर्जी के गंभीर व निरंतर प्रयास से पूर्वी पाकिस्तान का 36 प्रतिशत भाग भारत ले सका। यह वहाँ के निवासियों का सौभाग्य ही रहा। बाद में उस भाग में बार-बार होनेवाले दंगों से प्रमाणित होता है कि यदि पूरा बंगाल पाकिस्तान में चला गया होता तो अब तक 60 प्रतिशत हिंदू मारे जा चुके होते। मोहम्मद अली जिन्ना के हाथ से पश्चिमी बंगाल छीनने का महान् श्रेय डॉ. श्यामा प्रसाद मुकर्जी को ही जाता है।

□

12

स्वतंत्र देश के मंत्रिमंडल में (1947-1950)

भारत-विभाजन की विभीषिका 1947 में पूरे वर्ष ही जनता को प्रभावित करती रही। मो. अली जिन्ना के जबड़ों से पश्चिमी बंगाल को खींच लेने का श्रेय डॉ. श्यामा प्रसाद मुकर्जी को जाता है। यह नेताओं से लेकर जनता तक सभी को दिखाई पड़ रहा था। डॉ. मुकर्जी का महत्त्व कांग्रेस की दृष्टि में भी बढ़ गया था। यद्यपि हिंदू महासभा के नेता होने के कारण (कांग्रेस के मुसलिम प्रेम के विरुद्ध) वे सदैव कांग्रेस के घोर विरोधी रहे। अपनी सही बात एवं सही दृष्टिकोण को स्पष्ट करने के लिए डॉ. मुकर्जी अपने घोर विरोधियों से भी निर्भीक जाकर मिले, स्वयं गांधीजी और नेहरूजी उनके व्यक्तित्व की तथा उनकी क्षमता की सराहना करने को विवश थे।

10 जुलाई, 1947 को बंगाल विधानसभा ने उन्हें केंद्रीय सभा के लिए अपना प्रतिनिधित्व बनाकर भेजा था। इस सभा को भारत का नया संविधान बनाना था। उनकी दूरदर्शिता, गंभीरता, तर्कपूर्ण विचारधारा तथा भाषण की आकर्षक कला ने उन्हें बहुत लोकप्रिय बना दिया था। महात्मा गांधीजी ने एक बार उनके विषय में कहा था—"महामना मदन मोहन मालवीयजी के जाने के पश्चात् एक हिंदूवादी नेता की कांग्रेस को आवश्यकता थी, वह डॉ. श्यामा प्रसाद मुकर्जी से पूरी हो जाएगी।" गांधीजी के विचार के पश्चात् कांग्रेस के अन्य नेता भी डॉ. मुकर्जी को अधिक आदर से देखने लगे थे। गांधीजी यह बात मन में जान रहे थे कि देश को आजादी केवल कांग्रेस के प्रयास से नहीं मिली, बल्कि सभी राष्ट्रप्रेमी नेताओं, समुदायों और जनता के सहयोग से प्राप्त हुई है। अत: वो सभी कार्याकर्ताओं को महत्त्व देते थे। उन्होंने ही प्रधानमंत्री बने पं. जवाहरलाल नेहरू को सलाह दी कि मंत्रिमंडल विशाल बनाएँ। सभी प्रांतों, सभी दलों तथा समुदायों का प्रतिनिधित्व हो। देश के प्रमुख विद्वान् एवं

विशेषज्ञों को सम्मिलित करें। इसी सलाह के कारण हिंदू महासभा की ओर से कांग्रेस के विरोधी रहे डॉ. श्यामा प्रसाद मुकर्जी को, कांग्रेस से सदैव विरोधी रहे डॉ. भीमराव अंबेडकर को, अर्थशास्त्री डॉक्टर जॉन मथाई जैसे कुछ गैर-कांग्रेसी नेताओं को नेहरू मंत्रिमंडल में स्थान मिला।

आइए एक बार इस पर भी विचार कर लें कि क्या स्वतंत्रता-प्राप्ति के लिए देश का विभाजन अनिवार्य था ? क्या इसे टाला नहीं जा सकता था ? इस विषय पर संघ प्रचारक माननीय एम.जी. वैद्य ने एक लेख में अपने विचार व्यक्त किए थे। उनके विचार प्रसंगवश यहाँ उद्धृत करना उचित होगा—

"भारत का विभाजन रुक सकता था। यदि हम पूरी निष्ठा से, अंत:करण की प्रामाणिक भावना से अपने भारत को अखंड रखना चाहते तो विभाजन रुक सकता था। विभाजन का मूल हमारी निष्ठा और देशभक्ति भावना की दुर्बलता में है। 1946 में सारे देश में चुनाव हुए थे। यह चुनाव उस समय की कांग्रेस ने देश की अखंडता के मुद्दे पर लड़ा था। कांग्रेस तब देश की सबसे बड़ी पार्टी थी। उसका प्रमुख विरोधी पक्ष था मुसलिम लीग, जिसने पाकिस्तान की माँग को उद्देश्य बनाकर चुनाव लड़ा था। इन चुनावों के परिणाम को विश्लेषण करें तो ध्यान में आएगा कि जो इलाके पाकिस्तान में जानेवाले थे, वहाँ मुसलिम लीग को विजय मिली ही नहीं।"

उत्तर-पश्चिम सीमाप्रांत में कांग्रेस की जीत हुई और मुसलिम लीग हार गई। पंजाब में भी मुसलिम लीग नहीं जीती। सिंध में भी लीग को पूरा बहुमत प्राप्त नहीं हुआ था। हिंदू-बहुल क्षेत्रों में कुछ इलाके मुसलिम मतदाताओं के लिए संरक्षित किए गए थे। ऐसे स्थानों से लीग को सफलता मिलना स्वाभाविक ही था, क्योंकि वहाँ उम्मीदवार भी मुसलिम थे और मतदाता भी मुसलिम थे। मोहम्मद अली जिन्ना कांग्रेस को हिंदुओं की पार्टी मानते थे। इससे कांग्रेस को परेशानी नहीं होनी चाहिए थी, परंतु कांग्रेस केवल हिंदुओं की पार्टी कहलवाना नहीं चाहती थी, वह स्वयं के सभी धर्मों, जातियों की पार्टी मानती थी। अत: कांग्रेस हिंदुओं की पार्टी कहने से खीझती थी।

विश्लेषण में यह ज्ञात हुआ कि जहाँ के मुसलमान पाकिस्तान में जानेवाले नहीं थे, उन्होंने विभाजन का समर्थन किया और जहाँ पाकिस्तान लीग बनाना चाहती थी, उन्होंने विभाजन का समर्थन नहीं किया। इस परिणाम से कांग्रेस को यह तय करना चाहिए था कि आम जनता विभाजन नहीं चाहती। कांग्रेस इस पर दृढ़ ही रहती कि जनता भारत की अखंडता के पक्ष में है, तो विभाजन की अखंडता के विचार के प्रति निष्ठा का अभाव था।

जब 1946 के चुनावों में अखंडता के मुद्दे पर दृढ़ रहना चाहिए था। वह विभाजन के लिए तैयार क्यों हो गई? स्वयं गांधीजी भी पहले विभाजन के विरोधी थे, वे भी स्वीकृति दे बैठे।

इस विचार के प्रगट होते ही मुसलिम लीग की हिम्मत बढ़ गई। सरहद प्रांत की नई मानसिकता में अपने कार्यकर्ताओं को कोई दिशा-निर्देश नहीं दिया। सरहदी गांधी ने महसूस किया कि जनता पर उनकी पकड़ नहीं रही और विभाजन के समर्थन का पक्ष हावी हो गया।

उस परिस्थिति में भी यदि महात्मा गांधीजी चाहते तो विभाजन को टाल सकते थे। छोटी-छोटी बातों पर आमरण अनशन करनेवाले गांधीजी यदि विभाजन के विरोध में आमरण अनशन करते तो जिन्ना और अंग्रेज भी मान ही जाते। उन्होंने पाकिस्तान को पचपन करोड़ की राशि दिलवाने के लिए अनशन किया और अपनी बात मनवा ली। विभाजन के विरोध में अनशन करते तो वह भी मानी जाती। लगती है, कहीं भीतर से गांधीजी स्वतंत्रता-प्राप्ति के लिए वे और अधिक प्रतीक्षा करने के पक्ष में नहीं थे। उन्हें स्वतंत्रता का श्रेय लेने और नेहरू को प्रधानमंत्री पद पर स्थापित करने का अवसर दिखाई पड़ रहा था। उन्हें कहीं आशंका थी कि ऐसी अनुकूल परिस्थिति फिर हाथ से निकल न जाए! गांधीजी यदि विभाजन के विरोध में आमरण अनशन की घोषणा ही कर देते तो भी सारा समाज और अंग्रेज सरकार भी मान जाती और भारत अखंड रहता। एक उपाय और हो सकता था कि पाकिस्तान बनाना ही है, तो सारे मुसलमान ही पाकिस्तान भेजे जाते और सारे हिंदू हिंदुस्तान में लाए जाते। यह शर्त भी रखी जाती तो विभाजन टाला जा सकता था। ऐसा निर्णय पहले ग्रीस और तुर्की में किया जा चुका था। ऐसा निर्णय ले लिया जाता, लेकिन परेशानी की बात तो यही थी कि हिंदुस्तान में मुसलमानों की रक्षा की गई, जबकि पाकिस्तान में हिंदुओं को उत्पीड़ित किया गया और वहाँ से भागने को विवश किया गया। उन्हें लूटा गया, मारा गया, बलात्कार जैसे अत्याचार खुलेआम किए गए। ब्रिटिश सरकार सभी प्रांतों को स्वतंत्र करने की बात भी कर रही थी। वह भी मान लिया जाता तो भी पाकिस्तान न बनता। स्वतंत्र होकर ये सभी प्रांत फिर एक भारत बन जाता। ऐसा होता तो भी कत्लेआम से बच जाते। मुसलिम अत्याचारों से बच पाते। रियासतों के मिलाने में यदि कहीं आवश्यकता पड़ती तो सेना का उपयोग किया जा सकता था। थोड़ा-बहुत रक्तपात भी होता, परंतु विभाजन की अदला-बदली से जो हुआ, उससे कम ही होता। इस अदला-बदली में तो औरतों, बच्चों को अत्याचार का शिकार होना पड़ा। बहुत से परिवार जो टूट गए, बिछुड़ गए और बरबाद हुए, शायद वे बच जाते।

ब्रिटिश सरकार के अनुसार स्वतंत्रता की घोषणा जून 1948 में होनी निश्चित की गई थी। केवल एक साल तक रुक जाते तो विभाजन टल सकता था, परंतु देश की अखंडता का नारा देकर 1946 में सारे देश में चुनाव जीतनेवाली कांग्रेस क्यों इतनी व्यग्र हो गई कि 1947 में ही आजादी मिल जाए तो विभाजन भी स्वीकार कर लिया? मुसलिम लीग को अंग्रेजों ने तो सिर चढ़ाया ही था। कांग्रेस ने भी उसका महत्त्व बढ़ा दिया। उस समय यदि जल्दी नहीं की जाती तो विभाजन के विरोध में भी जनमत बढ़ाया जा सकता था। यदि गांधीजी नेहरूजी विभाजन स्वीकार न कर लेते तो अन्य कांग्रेसी नेता भी अखंडता पर विचार रखते। स्वाधीनता का मुहूर्त एक वर्ष पहले ही रख दिया गया। कांग्रेस ने प्रचार माध्यम से जनसाधारण को स्वाधीनता के दृश्य दिखाए। विभाजन का विरोध करने का जनता को अवसर ही नहीं दिया गया। उस विभाजन की त्रासदी का परिणाम भारत की जनता ने भोगा है, आज तक भी भोग रहे हैं। भारत को तोड़ा गया है और फिर भी तोड़ा जा सकता है। जिन विनाशकारी नीतियों के कारण विभाजन की विभीषिका झेलनी पड़ी, वहीं नीतियाँ फिर भी अपनाई जा रही हैं। सच्चाई यह है कि यह त्रासदी नेताओं को नहीं भोगनी पड़ती। लाभ नेता उठाते हैं और त्रासदी जनता झेलती है।

अब तो जो बीत चुका, वह बीत गया। स्वतंत्र भारत के प्रथम मंत्रिमंडल में जिन गैर-कांग्रेसी मंत्रियों को सम्मिलित किया गया, उनमें डॉ. श्यामा प्रसाद मुकर्जी को भी सम्मिलित किया गया। जब पं. जवाहरलाल नेहरू ने डॉ. मुकर्जी को फोन किया तो उनके युवा मित्र सुधीर बोरा वहाँ उपस्थित थे। सुधीर ने ही फोन उठाया। सुधीर से फोन लेते ही डॉ. मुकर्जी ने पहले स्पष्ट इनकार कर दिया। उन्होंने कहा कि अधिकतर मुद्दों पर आपके और मेरे विचार भिन्न हैं। अत: एक साथ मिलकर काम करना बहुत कठिन है। नेहरूजी ने कहा कि वह खुशामदी चमचों से घिरे हैं। ऐसे व्यक्ति की आवश्यकता है, जो सही सलाह दे सके, जो अपनी असहमति व्यक्त करने में भी संकोच न करे। डॉ. मुकर्जी को नेहरूजी का यह विचार बहुत भाया। फोन रखने से बाद उन्होंने सुधीर से चर्चा की और पूछा—क्या मुझे निमंत्रण स्वीकार कर लेना चाहिए? सुधीर चकित था।

जब नेहरूजी का दुबारा फोन आया तो डॉ. मुकर्जी ने स्वीकृति दे दी। उन्हें उद्योग और आपूर्ति मंत्री बनाया गया। वह विश्वविद्यालय से वर्षों जुड़े रहे थे। देशहित में होता यदि उन्हें शिक्षा मंत्रालय दिया जाता। डॉ. मुकर्जी देश की शिक्षा नीति को एक सही दिशा में मोड़ सकते थे। उनके द्वारा गुरुकुल विश्वविद्यालय के दीक्षांत समारोह पर दिए गए अपने उद्बोधन से स्पष्ट है। शिक्षा मंत्रालय दिया गया

मौलाना अबुल कलाम आजाद को, जिसका दुष्परिणाम देश को भुगतना पड़ा है। केवल मुगलों की प्रशंसा ही आज तक हमें इतिहास के नाम पर पढ़ाई जा रही है। हिंदू संस्कृति को भुलाने के समस्त प्रयत्न किए गए।

प्रो. बलराज मधोक ने कहा था—"मौलाना आजाद भारतीय संस्कृति और हिंदू विरासत के संबंध में लगभग बहुत कम जानते थे, फिर इसलाम के प्रति आस्था भी प्रमुख कारण था।" डॉ. मुकर्जी बंगाल की प्रांतीय सरकार में वित्तमंत्री रहे थे। उनके पूर्व अनुभव का लाभ उठाते हुए वित्त मंत्रालय भी दिया जा सकता था। उन्हें दिया गया उद्योग एवं आपूर्ति मंत्रालय, जो देश के औद्योगिक विकास की नींव रखने में महत्त्वपूर्ण था। 1947 तक भारत में बहुत प्रमुख उद्योग नहीं थे, परंतु फिर भी कुछ थे और अनेक संभावनाएँ तलाशनी थीं। आसनसोल में इंजीनियरिंग विकसित हो रही थी। कलकत्ता के पास जूट का सामान बनाने के उद्योग थे। जबलपुर, देहरादून में रक्षा हित युद्ध सामग्री के उद्योग लगाए गए थे। कोयला खनन भी एक अलग उद्योग है। अपनी बौद्धिक कुशाग्रता, मानसिक सतर्कता और दृढ़ निष्ठा के कारण डॉ. मुकर्जी अपने मंत्रालय के कार्य को कुशलता से निपटाने लगे।

उनके सामने तभी एक गंभीर व्यक्तिगत परेशानी हो गई। दूसरी समस्या विचारधारा की भी। डॉ. मुकर्जी हिंदू महासभा में गत नौ वर्ष से सक्रिय थे। मुसलिम लीग और कांग्रेस का विरोध करना, हिंदू संस्कृति और हिंदू भावना को मन में रखकर कार्य करना उनके स्वभाव में आ चुका था।

स्वतंत्रता भी अपने साथ अनेक समस्या लेकर आई थी। रियासतों को स्वतंत्र कर दिया गया था। उन्हें संघशासित राज्य में सम्मिलित करना भी एक बड़ी समस्या थी। इस कठिन कार्य को सरदार वल्लभ भाई पटेल ने सँभाला। इस महान् कार्य के कारण ही वे 'लौह पुरुष' कहलाए। कश्मीर का मामला विशेष बन गया। इसकी सीमा पाकिस्तान से लगी हुई थी। अत: पाकिस्तान की कुदृष्टि कश्मीर पर लगी हुई थी और अब तक भी बनी हुई है।

जम्मू-कश्मीर की परिस्थिति अपने आप में अजीब है। कश्मीर घाटी की अधिक आबादी मुसलिम थी और वहाँ का राजा हरीसिंह हिंदू राजपूत था। सबके साथ तो उसने विलय के कागजों पर हस्ताक्षर नहीं किए। फिर पाकिस्तान ने कबायली लुटेरों के वेश में अपनी सेना से आक्रमण करवा दिया। तब हरीसिंह को होश आया। उसने भारत के गृहमंत्री से संपर्क करके विलय की प्रार्थना की। साथ ही पाकिस्तान के आक्रमण से बचाने का आग्रह किया। गृहमंत्री ने तुरंत वायुसेना भेजी। श्रीनगर का हवाई अड्डा भी वीरान पड़ा था। सेना के जहाज उतरने तथा

टैंक आदि लाने के योग्य नहीं था। ऐसी परिस्थिति में पं. प्रेमनाथ डोगरा तथा संघ के अधिकारियों से विनय की गई। संघ (राष्ट्रीय स्वयंसेवक संघ) के तीन सौ कार्यकर्ता लगे और हवाई पट्टी को छह घंटे में साफ-सुथरा कर दिया। फिर तो वायुसेना ही नहीं, थलसेना भी वहाँ उतारी गई। सेना के जवानों ने वीरतापूर्वक कबायली लुटेरों को जहन्नुम पहुँचाया। वे पीछे हटने लगे। बारामूला में पुल के एक ओर भारत की सेना थी और दूसरी ओर पीछे हटते वे कबायली लुटेरे। भारतीय सेना को यदि दो दिन और मिल जाते तो वह लुटेरों को पश्चिमी पाकिस्तान तक खदेड़कर उनके घर पहुँचा देती, परंतु तभी प्रधानमंत्री नेहरू को लगा कि प्रधानमंत्री मैं हूँ। अंतरराष्ट्रीय स्तर पर किसी भी देश से युद्ध या संधि करना मेरा दायित्व है। उन्होंने गृहमंत्री से बात किए बिना सेना के अधिकारियों को सख्त आदेश दिया और युद्धबंदी की इकतरफा घोषणा कर दी। नेहरूजी पूरी तरह गांधीजी की अहिंसा नीति के भक्त थे। उन्होंने दूसरा गाल नहीं दिया, यही गनीमत है, बल्कि संयुक्त राष्ट्र संघ में मामले को ले गए, जिसका निर्णय कभी नहीं हुआ। पाकिस्तान की कश्मीर पर कब्जा करने की कुचेष्टाएँ अब तक भी होती रहती हैं। मुसलिम बहुल होने के कारण घाटी में पाकिस्तान के अनेक सहायक भी बन जाते हैं, जिनके लिए देश से पहले मजहब महत्त्वपूर्ण हो जाता है। इस संबंध में फिर चर्चा करेंगे। वे मीरपुर, मुजफ्फराबाद, गिलगित, बलूचिस्तान आदि पाकिस्तान पर ही रह गए, वे कश्मीर के भाग थे। उन्हें पी.ओ.के. (पाकिस्तान ऑकूपाइड कश्मीर) कहा जाता है, जिसे भारत में मिलाना आवश्यक है, क्योंकि पाकिस्तान भी वहाँ के रहनेवालों को अपना नहीं मानता और उनपर अत्याचार करता रहता है। पं. नेहरू महान् थे। उनके द्वारा देश का बहुत हित किया गया, परंतु महान् लोगों से भी गलती हो सकती है। नेहरूजी की इस गलती का दुष्परिणाम देश को सदियों तक भोगना पड़ेगा। अनेक बलिदान हो चुके हैं तथा इसका निर्णय करने के लिए और हजारों देशभक्तों को बलिदान करना पड़ेगा।

30 जनवरी, 1948 की दुखद घटना को विश्व नहीं भूल सकता, जब एक क्रोधी, भ्रमित युवक ने गांधीजी की गोली मारकर हत्या कर दी थी। यद्यपि वह हिंदू महासभा का सदस्य रहा था, परंतु यह क्रूर निर्णय महासभा का नहीं था, बल्कि उसका निजी था। कांग्रेस हिंदू संगठन, राष्ट्रीय स्वयंसेवक संघ से भयभीत थी। संघ का विस्तार कांग्रेस को भूत दिखाई देता था। अतः सरकार ने इस बहाने से हिंदू महासभा और संघ पर प्रतिबंध लगा दिया गया। वीर सावरकर तथा सरसंघचालक गोलवलकरजी को जेल में डाल दिया गया। संघ के हजारों स्वयंसेवकों ने सत्याग्रह

करके गिरफ्तारी दी। न्यायालय में गोडसे का संघ से संबंध प्रमाणित नहीं हो सका। अत: सरकार ने सभी को रिहा करना पड़ा। गोडसे को मृत्युदंड दिया गया, परंतु द्वेष भाव से ग्रस्त कुछ कांग्रेसी अज्ञानी बनकर, आज भी गांधीजी की हत्या का दोष संघ पर मढ़ते रहते हैं।

डॉ. मुकर्जी पर इस परिस्थिति का प्रभाव पड़ा। उन्होंने हिंदू महासभा के सभी पदों से त्यागपत्र दे दिया, परंतु भारत के मंत्रिमंडल में उद्योग मंत्री के नाते वे अपना कार्य निष्ठापूर्वक करते रहे। उनके मन में अब दृढ़ विचार यह चल रहा था कि एक नई पार्टी गठित की जाए, जो संविधान के अनुकूल देश की सभी जातियों को साथ लेकर चले।

उन्हीं दिनों डॉ. मुकर्जी को अपनी छोटी बेटी की बीमारी का पता चला। वह स्वभाव से ही शर्मीली और शांत थी। उसने लगातार हुए बुखार की जानकारी अपनी ताई को नहीं बताई, जो उपचार के अभाव में यक्ष्मा (T.B.) में विकसित हो गई। डॉ. मुकर्जी बिटिया आरती को बहुत प्यार करते थे। उसको यक्ष्मा जैसी भयानक बीमारी होने की जानकारी उनके लिए भारी चिंता का विषय था। इन दिनों स्टैप्ट्रोमाइसिन की भी खोज नहीं हो पाई थी।

इस परिस्थिति में उन्होंने भारत सरकार के स्वास्थ्य सलाहकार डॉ. बैंजामिन से परामर्श लिया। डॉ. बैंजामिन ने सलाह दी कि समय गँवाए बिना बेटी को तुरंत कसौली (हिमाचल प्रदेश) ले जाओ। वहाँ इस रोग के लिए विशेष अस्पताल में डॉ. जोसेफ सफल चिकित्सक हैं। डॉ. मुकर्जी ने कलकत्ता पहुँचकर कैप्टन जी. सुंदरम् को फोन किया। मिस्टर जी. सुंदरम् मैसूर के महाराज का विभागन (डकोटा) चलाया करते थे। सुंदरम् ने तुरंत उनका आग्रह स्वीकार कर लिया। बैंगलुरु से वे कलकत्ता आए। कलकत्ते से डॉ. मुकर्जी और पुत्री आरती को लेकर नई दिल्ली चल पड़े। शाम के वक्त उन्हें एक प्रदर्शनी में जाना पड़ा, जहाँ बड़े भाई रमाप्रसाद मुकर्जी (जज) से सुंदरम् की मुलाकात हुई। अत: अगले दिन प्रात: नई दिल्ली से शिमला के लिए उड़ान भरी। आरती को ऑक्सीजन दी जा रही थी। अत: 3,000 फीट से अधिक ऊँचाई पर विमान नहीं उड़ाना था, परंतु बादलों के गरजने-चमकने के कारण सुंदरम् को 4,000 फीट की ऊँचाई तक जहाज उड़ाना पड़ा। सुंदरम् की पत्नी उषा को नर्स और सह-पायलट का काम करना पड़ा। सुंदरम् ने अपनी कहानी में लिखा है कि "डॉ. मुकर्जी एक सहज, आडंबरहीन, दयालु व्यक्ति हैं। उन्होंने अपनी ओर से किराया दिया तथा कृतज्ञता ज्ञापन भी किया।"

डॉ. मुकर्जी ने कसौली में एक बँगला किराए पर लिया, ताकि आरती की देखभाल करने के लिए स्वयं तथा रिश्तेदार रह सकें। फिर भी कुछ दिन बाद आरती को स्विट्जरलैंड के दाबोस और लेसिन भी ले जाना पड़ा। उस दौर में इन दोनों शहरों में क्षय रोग का बढ़िया उपचार उपलब्ध था। एक साल के उपचार से आरती स्वस्थ हो गई। वहाँ से लौटकर उसने अपनी नई जिंदगी शुरू की।

डॉ. मुकर्जी प्रत्येक विषय पर अपना दृष्टिकोण स्पष्ट रखते हैं। दुविधा में कभी नहीं रहते थे, जो सोचते, जो कहते और जो करते, सब में वे स्पष्ट ही निर्णायक विचार रखते थे। पूँजी और श्रम के महत्त्व में भी डॉ. मुकर्जी के विचार साफ थे। उनका विचार था कि भारत जैसे विशाल देश में (जो अभी स्वतंत्र हुआ हो) प्राथमिक कार्य था कि तमाम सरकारों तथा संसाधनों को एकत्र किया जाए। औद्योगिक वस्तुओं के निर्माण में आत्मनिर्भर बनाया जाए। देश की सुरक्षा की जरूरतें पूर्ण की जाएँ। सरकार कानून बनाकर निजी क्षेत्रों को भी विकास-यात्रा में अपनी भूमिका निभाने का अवसर प्रदान करे। वो निजी और सार्वजनिक क्षेत्रों के बीच एक विवेकपूर्ण समन्वय के पक्ष में थे। वे जरूरतों और विकास के आकलन में वास्तविक हालात के अनुसार आवश्यक उद्योग लगाने के पक्षधर थे। इसी आधार पर उद्योग मंत्री का कर्तव्य निभा रहे थे। यदि कुछ मतभेद न होते तो वे एक सफल उद्योग मंत्री के नाते प्रसिद्ध होते।

उन्हें विश्वास था कि तमाम उद्योगों के राष्ट्रीयकरण के विकास के लिए प्रशिक्षित कर्मचारियों तथा संसाधनों (मशीनें इत्यादि) का अभाव है, अत: वे उन्हें निजी कंपनियों से लेकर राष्ट्रीयकरण के पक्ष में नहीं थे। सरकार अपने अलग उद्योग संचालित करे और निजी क्षेत्र से समन्वय स्थापति करे।

सरकारी उद्योगों में औपचारिकताओं का भारी एवं प्रशासन का अधिक हस्तक्षेप होता था। अत: उन्होंने निगमों की स्थापना करके सरकारी नियंत्रण की उद्योग प्रबंधन नीति का सूत्रपात किया। तय किया कि किसी भी उद्योग में मुख्य हिस्सा सरकार का हो और कुछ प्रतिनिधियों का निदेशक मंडल उसका प्रबंधन करे। उसमें उद्योगपतियों का भी प्रतिनिधिमंडल शामिल हो।

डॉ. श्यामा प्रसाद मुकर्जी ने उद्योग नीति के संबंध में अपने विचार 21 अप्रैल, 1948 को अपने एक भाषण में व्यक्त किए थे। कलकत्ता के ग्रैंड होटल में ईस्टर्न चैंबर ऑफ कॉमर्स की वार्षिक आम सभा में डॉ. मुकर्जी ने जो भाषण दिया, उसे बंगाली दैनिक समाचार-पत्र 'युगांतर' ने अगले दिन प्रकाशित किया था। जिसका सार यह था कि हमें उद्योगपतियों से मिलकर चलना पड़ेगा। कुछ लोगों के हाथों

में धन संचय के बारे में उन्हें आपत्ति थी। उन्होंने कहा कि मुनाफे का लक्ष्य देश का विकास मानकर चलें। उन्होंने मार्क्सवादी नीति का समर्थन नहीं किया। वे पूँजी और श्रम का सहयोग आवश्यक मानते थे। उनके विचार से एक ऐसे वातावरण को विकसित करने की आवश्यकता है, जहाँ पूँजीपति और श्रमिक परस्पर सहयोग से कार्य करें। दोनों का लक्ष्य देश का विकास हो। डॉ. मुकर्जी ने 6 अप्रैल, 1948 को एक प्रस्ताव में अपनी औद्योगिक नीति की घोषणा की थी। इसमें देश की अर्थव्यवस्था के साथ-साथ राष्ट्रीय हितों में उद्योगों के सरकारी नियमन को तय करने की कुल जिम्मेदारी का सपना सँजोया गया था। सार्वजनिक हित में किसी उद्योग के अधिग्रहण का अधिकार सरकार को देने का समर्थन भी किया गया था। उसके अनुसार, उद्योगों को तीन वर्गों में बाँटा गया था, जो उनके विकास के आधार पर थे। पहले वर्ग में हथियार, गोला, बारूद, परमाणु ऊर्जा तथा नदी, घाटी एवं रेलवे को रखा गया था। ऐसे उद्योग केवल सरकार ही संचालित करे। दूसरे वर्ग में ऐसे उद्योग रखे गए थे, जो सरकारी स्वामित्व के होंगे, परंतु निजी कंपनी उसमें सहयोग प्रदान करेंगी। इनमें कोयला, इस्पात, विमानन, टेलीफोन, वायरलेस, समुद्री जहाज और खनिज तेलों को रखा गया। तीसरे वर्ग में शेष सभी उद्योग, जैसे वस्त्र (सूती तथा ऊनी) उर्वरक, कागज उत्पादन आदि उद्योग रखे गए। कुटीर और लघु उद्योगों का विकास केंद्रीय सरकार की जिम्मेदारी तय की गई थी। सरकार इनके विकास में सहयोग करे तथा अनुदान भी प्रदान करे।

1948 से 1950 के बीच इसी नीति के अनुसार ऑल इंडिया हैंडीक्राफ्ट्स, ऑल इंडिया हैंडलूम बोर्ड, खादी एवं ग्रामोद्योग जैसी संस्थाओं की स्थापना की गई, ताकि लघु उद्योगों से जुड़े कारीगरों की सहायता की जा सके। भारतीय औद्योगिक वित्त निगम भी इसी अवधि में बना जो एक प्रकार से लघु उद्योगों के विकास के लिए बैंक का कार्य करता था। अपनी नीति के अनुसार, डॉ. मुकर्जी ने चितरंजन लोकोमोटिव वर्क्स, हिंदुस्तान एयरक्राफ्ट लिमिटेड (बैंगलोर), सिंदरी फर्टिलाइजर फैक्टरी (बिहार) तथा दामोदर वैली कारपोरेशन जैसे विशाल कंपनियों की स्थापना की। वैसे एच.ए.एल. की स्थापना तो बैंगलोर में कोवाल चंद हीराचंद ने 1940 में ही प्रारंभ की थी, जिसे फिर 1942 में तत्कालीन सरकार ने दो-तिहाई शेयर खरीदकर भागीदारी ले ली थी। चितरंजन कारखाने ने भी पहले भारत सरकार ने दो सालों तक परिश्रम करके 1950 में पहला 'देशबंधु' नाम का इंजन तैयार करके लोकार्पित किया। वह अपना कार्य बड़ी कुशलता से अब तक कर रहा है। पहले कोच में डॉ. मुकर्जी ने चढ़कर, चलकर, बैठकर स्वयं जाँचा-परखा और रेलवे को लोकार्पित किया।

रायपुर के पश्चिम में 16 कि.मी. दूर तथा दुर्ग से 9 कि.मी. पूर्व में भिलाई में इस्पात का कारखाना स्थापित करना डॉ. मुकर्जी की ही सोच थी। अब वह प्लांट छत्तीसगढ़ राज्य का हिस्सा है, कभी मध्य प्रदेश में गिना जाता था। न्यूजप्रिंट पेपर बनाने का प्लांट मध्य प्रदेश के नेपा नगर में डॉ. मुकर्जी ने ही शुरू किया था, जिसके द्वारा 1954 में उत्पादन शुरू हुआ।

द्वितीय विश्वयुद्ध के दौरान भारत ने विदेशों से उर्वरक (खाद) मँगाए थे। कभी जहाजों की कमी, तो कभी अन्य कारणों से उर्वरक आयात के स्वदेश में उत्पादन के लिए बिहार के एक छोटे से गाँव सिंदरी को चुना। दामोदर नदी पर ही बिहार ग्रिड भी बनाने की योजना रखी, ताकि बिजली का भी उत्पादन हो सके और कारखाने को भी निकट से बिजली की आपूर्ति की जा सके। डॉ. मुकर्जी की ईमानदार और दूरदृष्टिवाली सोच के कारण ही अनेक योजनाओं की नींव रखी गई थी। इस योजना का भी प्रत्यक्ष लाभ 1951 में मिलने लगा। दामोदर घाटी योजना में चार बाँध बनाए गए। इनसे बोकारो तथा दुर्गापुर को भी ऊर्जा दी गई। इसके लिए विश्व बैंक से 18 अप्रैल, 1950 को ऋण भी स्वीकृत किया गया। यह सच्चाई किसी से छिपी नहीं है कि डॉ. मुकर्जी ने अपने मंत्रालय में प्रारंभ से ही पूरी दिलचस्पी और लगन से कार्य किया। डॉ. मुकर्जी ने 30 जुलाई, 1948 को एक प्रेस-वार्त्ता में नई दिल्ली में नई वस्त्र नीति की घोषणा की थी। इसमें जनता तक कपड़ा उचित मूल्य पर पहुँच सके, इसकी पूरी योजना थी। उन्होंने एक सूती वस्त्र कोष समिति गठित की, जिसके द्वारा सूती वस्त्र उद्योग से जुड़ी कठिनाइयों को हल किया जा सके तथा वस्त्र उद्योग से जुड़ी तकनीक में शोध और सुधार किया जा सके। डॉ. मुकर्जी के प्रयास गंभीर चिंतन और व्यावहारिक धरातल पर आधारित होते थे। वे कभी अनुमान और कल्पना पर कार्य नहीं करते थे। सूती वस्त्र उद्योग भारत में सैकड़ों वर्ष पुराना था। जनसंख्या और नई तकनीक के बढ़ने से इसके बिखर जाने का खतरा था। अत: पूरी निष्ठा से सूती वस्त्र उद्योग को विकसित करने का उन्होंने प्रयास किया।

भारत-विभाजन के पश्चात् सूत उत्पादन का एक विशाल क्षेत्र पाकिस्तान में चला गया। सूत का मूल्य बहुत बढ़ गया। डॉ. मुकर्जी ने 12 सितंबर, 1949 को एक आदेश पारित करके कच्चे सूत के दाम पर नियंत्रण कर लिया। कुछ निजी क्षेत्र के उत्पादकों ने इसका विरोध किया। कुछ लोग खुलकर आंदोलन करने जा रहे थे, तभी डॉ. मुकर्जी ने व्यापारी वर्ग के सामने एक लंबा भाषण दिया। प्रभावशाली वाणी में अपने पक्ष की दलीलों को इतने विस्तार से समझाया कि सब संतुष्ट हो गए। जो लोग विरोध करने का विचार बनाकर आए थे, वे सभी बधाई देने लगे।

डॉ. मुकर्जी के सामने एक बड़ी समस्या आई और वह समस्या आजादी के पचहत्तर वर्ष पूर्ण होने पर भी अभी तक हमारे समाज में पहले की तरह विद्यमान है। वह समस्या है, क्षेत्रीय राष्ट्रवाद या प्रांतवाद। प्रधानमंत्री जवाहरलाल नेहरूजी ने स्वयं एक पत्र में उनको लिखा, "आम जनता में यह चर्चा है कि आपने अपने मंत्रालय को एक बंगाल की ही तसवीर में बदल दिया है।" पं. जवाहरलाल नेहरू का संकेत था कि वे बंगालियों के लिए ही उद्योगों में रोजगार उत्पन्न कर रहे हैं। यह लाभ सारे देश को मिलना चाहिए। अपने मंत्रालय में भी अधिकतर बंगाली अफसर नियुक्त कराए हैं। इस शिकायत में सच्चाई नहीं थी, अपितु बीमार तथा संकीर्ण दिमागों की घटिया सोच थी। डॉ. मुकर्जी ने 4 दिसंबर, 1948 प्रधानमंत्री नेहरूजी को पत्र का उत्तर लिखकर भेजा। उन्होंने लिखा पत्र में केवल आरोप लगाए गए हैं, कोई स्पष्ट प्रमाण नहीं दिए गए हैं। बंगाली और बिहारी का प्रश्न नहीं, विश्वसनीय और पूर्व परीक्षित व्यक्तियों से काम लिया गया है। किसी के कार्य में कही कोई कमी नहीं है। उन्होंने यह भी बतलाया कि तीन प्रमुख अफसर गैर-बंगाली थे, जो एक सचिव और दो संयुक्त सचिव थे। ये दक्षिण भारतीय थे, जो अफसर बंगाली भी थे, उनकी नियुक्ति भी कैबिनेट की मंजूरी से की गई थी। डॉ. मुकर्जी ने अपनी बात प्रमाण सहित प्रस्तुत की थी।

डॉ. मुकर्जी ने यह भी स्पष्ट किया कि डॉ. जे.सी. (J.C.) घोष की मंत्रिमंडल ने नियुक्त किया था, जबकि शिवशंकर (दक्षिण भारतीय) को स्वयं मुकर्जी ने चुना था। तीसरे अफसर एस.के. सिन्हा (बिहारी) थे, जिन्हें कैबिनेट ने पदोन्नत करके कोयला आयुक्त बनाया था। अतः यह आरोप पूरी तरह गलत है कि वे बंगाली अफसर का चयन कर रहे थे। संघ लोक सेवा आयोग तथा गृह मंत्रालय के चयन में उन्होंने न कभी सिफारिश करी थी और न ही उनके किसी अफसर की नियुक्ति पर अप्रसन्नता प्रकट की थी। मंत्रालय में गठित विभागीय पदोन्नति की सिफारिशों के आधार पर ही नियुक्ति एवं पदोन्नति की गई हैं, जिनमें उनका कोई हस्तक्षेप नहीं होता। अस्थायी पदों पर सभी नियुक्तियाँ पश्चिमी पाकिस्तान (पंजाब) से आए लोगों की हुई हैं, जिनमें कोई बंगाली नहीं। डॉ. मुकर्जी ने पूरी सफाई देते हुए नेहरूजी के पत्र का उत्तर दिया और बाद में इसे एक साजिश बताया। सारे आरोप मनगढ़ंत और बेबुनियाद थे। उन्होंने कुछ अफसरों के अच्छे कार्यों की प्रशंसा भी की।

13 फरवरी, 1950 को पुनः नेहरूजी ने एक और पत्र इसी प्रकार का भेजा, जिसमें बंगालयों के प्रति नरम कोना होने का आरोप था। डॉ. मुकर्जी ने 15 फरवरी, 1950 को उन्हें लिखित जवाब भेजा और सभी आरोपों को सप्रमाण खारिज कर

दिया। उन्होंने 1947 से दिसंबर 1950 तक की सभी नियुक्तियों तथा पदोन्नत अफसरों की सूचियाँ भी संलग्न कीं। इसी प्रकार अपने मंत्रालय की ईमानदारी पर उठे सवालों का सप्रमाण उत्तर देकर अपनी प्रतिष्ठा पर आँच नहीं आने दी। उन्होंने निंदा और बदनामी के इस अवांछित अभियान का सदैव विरोध किया। संसद् में उठे ऐसे सवालों का भी उन्होंने जुबानी और लिखित उत्तर दिया।

1950 में जब भारत अपने गणतंत्र के उत्सव मनाने में लगा हुआ था, तभी पूर्वी पाकिस्तान (अब बँगलादेश) में हिंदुओं पर अत्याचार और भीषण नरसंहार की घटनाएँ हुईं। इस पर डॉ. मुकर्जी ने प्रतिक्रिया व्यक्त की। कलकत्ता में चल रही एक महाबोधि सोसाइटी के वे अध्यक्ष चुने गए। भारत में बौद्धों का यह एक बड़ा संगठन था। बौद्ध वेदों पर विश्वास नहीं करते थे, परंतु पुनर्जन्म में विश्वास रखते थे। उन्होंने इस पर चिंता व्यक्त की कि भारत से बौद्ध धर्म लुप्त होता जा रहा है, जबकि हिंदू सनातन ग्रंथों में बुद्ध को भगवान् विष्णु का ही अवतार स्वीकार किया गया है। 1851 में मध्य प्रदेश में साँची स्तूप का एक प्रतीक था, ब्रिटिश म्यूजियम से वह प्रतीक भारत वापस लाया गया। डॉ. मुकर्जी ने नवंबर 1952 में साँची (बिहार) में बोधि अस्थियों की पुनः प्रतिष्ठा का समारोह आयोजित किया। उपराष्ट्रपति डॉ. एस. राधाकृष्णन ने अध्यक्षता की। बर्मा के प्रधानमंत्री श्री थकिन भी आए। उन्होंने मुकर्जी से कहा, "अस्थियों के साथ बर्मा के प्रवास ने बर्मावासियों के जीवन में चामत्कारिक परिवर्तन कर दिया है, मानो उन्हें खोई हुई आत्मा मिल गई है।"

□

13
हिंदी समर्थक मुकर्जी

डॉ. श्यामा प्रसाद मुकर्जी भद्रलोक बंगाली परिवार के थे। इन बंगालियों में अपनी भाषा के प्रति दृढ़ भक्ति होती है। सभ्यता का अभिमान दिखाने को अंग्रेजी बोलचाल, अंग्रेजी साहित्य का ज्ञान मुख्य माना जाता था। पढ़े-लिखे बंगाली हिंदी भाषियों को अपने से कमतर मानते थे। ऐसे समाज में से आए डॉ. मुकर्जी ने हिंदी को राष्ट्रभाषा बनाने का समर्थन किया। इस संबंध में संसद् में 13 दिसंबर, 1949 को हिंदी में जो भाषण दिया, वह चिर स्मरणीय रहेगा। उसके कुछ अंश यहाँ उद्धृत करना प्रासंगिक होगा—

"भारत अनेक भाषाओं का देश है। सभी लोगों के द्वारा एक भाषा सहज स्वीकार ली जाए, ऐसा संभव नहीं हैं। मैं आज गर्व महसूस करता हूँ कि उस समझौते को सदन के सभी सदस्यों ने व्यावहारिक तौर पर स्वेच्छा से पेश किया है कि आजाद भारत की अधिकृत भाषा के तौर पर देवनागरी लिपि में लिखी गई हिंदी को स्वीकार किया है। यदि केवल मुझ पर छोड़ दिया जाता तो मेरी प्राथमिकता संस्कृत होती। हम हिंदी को स्वीकार क्यों कर रहे हैं? इसलिए नहीं कि यह सभी भारतीय भाषाओं में श्रेष्ठ है, बल्कि मुख्य कारण यह है कि यही एक भाषा है, जिसे आज देशभर में एक विशाल बहुमत (आबादी) समझ लेता है। यदि तैंतीस करोड़ में से 16 करोड़ भारतीय हिंदी को समझ सकते हैं तो यह इसकी विशेषता है।

"यह भाषा प्रगतिशीलता एवं विकास में सक्षम भी है तो हमें उस भाषा को समग्र भारत की प्रगति के लिए स्वीकार कर लेना चाहिए। लेकिन यह इस ढंग से किया जाए कि हमारे अधिकृत कामकाज या प्रशासन की स्थिति बिगड़ न जाए। कहीं एक भाषा का तीव्र विकास अन्य महान् भाषाओं के विकास को अवरुद्ध न कर दे!

"आपके पास 15 साल हैं। इस दौरान अंग्रेजी को प्रतिस्थापन करना ही पड़ेगा। यह उग्रता से नहीं होना चाहिए। यदि हिंदी के समर्थक आंदोलनकारी नेता इतने उग्र न होते तो यह सम्मान मिल भी गया होता। शायद उनकी अपेक्षाओं से भी ज्यादा भारत की संपूर्ण आबादी के स्वाभाविक और इच्छित सहयोग के द्वारा सबकुछ प्राप्त कर लिया होता। ब्रिटिश शासन ने भी जिन सुविधाओं से वंचित रखने का साहस नहीं किया था। अंत में अंकों के बारे में कुछ कहना चाहता हूँ। अंकों के बारे में बहुत कुछ कहा भी गया है, परंतु वह दक्षिण भारत के लोगों के हित में नहीं है। सदन में सभी को इस बिंदु को समझने की जरूरत है। अंतरराष्ट्रीय अंकों की निरंतरता हमारे सबके हित में जरूरी है। ये अंक मूलत: हमारे ही हैं, जो फिर से अपनी ही जन्मभूमि में लौट आए हैं।"

अब 75 वर्ष हो गए हैं, केवल हिंदीभाषी कुछ राज्यों को छोड़कर और प्रांतों में अंग्रेजी का प्रतिस्थापन नहीं हुआ। यह केंद्रीय शासन की कमजोर नीति के कारण ही हो रहा है।

□

14
डॉ. मुकर्जी का मंत्रिमंडल से त्यागपत्र

सन् 1947 में जो विभाजन की विभीषिका हुई, उसके अनुसार पूर्वी पाकिस्तान में बंगाल का जो भाग आया, उसमें वकील, अध्यापक, चिकित्सक, पत्रकार, क्लर्क और व्यापारी आदि सभी कार्यों में हिंदू ही थे। विभाजन के समय से बहुत संख्या में हिंदुस्तान चले गए फिर भी कुछ लोग अपनी संपत्तियों के लोभ में वहीं रह गए। व्यापार और जमीन-जायदाद पर 70 प्रतिशत हिंदुओं का अधिकार था। मुसलिम राजनेताओं और मौलानाओं की इन पर लगातार कुदृष्टि रहती थी। जब भारत में जनवरी 1950 में गणतंत्र की घोषणा हुई और जगह-जगह खुशियाँ मनाईं, तभी पूर्वी पाकिस्तान में भारी नरसंहार हुआ। यह एक-दो दिन नहीं बल्कि महीनों तक चला। पाश्चात्य शिक्षा प्राप्त करके हिंदू भद्रलोक अच्छे पदों पर थे यह बात अनपढ़, गरीब मुसलिमों को सहन नहीं हो रही थी। वे हिंदुओं की संपत्तियों पर कब्जा करना चाहते थे। इसीलिए उन्होंने भारी नरसंहार को अंजाम दिया। पाकिस्तान बनने के पश्चात् मुसलमानों में साहस बढ़ गया था। शासक मुसलिम लीग सरकार से भय न होकर शह मिली हुई थी। अत: इस भयंकर क्रूर अत्याचार में वे पूरी शक्ति से जुट गए। मुसलिम मानो हिंदुओं से बदला लेने पर उतारू थे। अत: गैर-मुसलिमों को क्रूरतापूर्वक मारना तथा उनकी महिलाओं पर बलात्कार एवं क्रूर अत्याचार करना उन्हें अपना अधिकार ही दिखाई पड़ता था। ढाका और आसपास का क्षेत्र हिंदुओं के लिए मानो काल क्षेत्र बन चुका था। प्रशासन की भी शह थी, अत: कोई रोकथाम का प्रयास भी नहीं किया गया। आश्चर्य की बात यह है कि भारत सरकार ने भी पूरी क्षमता से विरोध नहीं किया। इतना ही नहीं, विश्व में इस जनसंहार के समाचार को फैलने नहीं दिया। इस जनसंहार की निंदा या

विरोध का भी विश्व को अवसर नहीं दिया गया। यह अपराध स्वयं हिंदुओं के द्वारा हुआ। न तो उन्होंने स्वयं हथियार उठाकर सामना किया और न ही इतना हल्ला मचाया कि और कोई बाहरी सहायता मिल सके। दूसरी बात यह भी थी कि पाकिस्तान सरकारी मशीनरी में पंजाबी मुसलमान प्रमुख पदों पर थे। वे हिंदुओं के संहार को अपराध नहीं, अपना अधिकार मान रहे थे। मजहबी उन्माद में बंगाली और पंजाबी मुसलमानों में होड़ मची थी कि कौन कितना अधिक मजहबी कट्टर अत्याचारी है? पलायन करते हुए परिवारों को भी सरलता से जाने नहीं दिया गया। जितने हाथ लगे, उन्हें मौत के घाट उतार दिया गया तथा सब संपत्ति छीन ली गई। लीग नेताओं के द्वारा जनता को मजहब के नाम पर जान-बूझकर भड़काया गया। उन्हें हत्या और बलात्कार के लिए उकसाया गया। फिर तो मानो यह खेल ही बन गया! क्योंकि अपराधी की कोई पकड़-धकड़ नहीं, कोई सजा नहीं। उस समय के कम्युनिस्ट खेमे के इतिहासकारों ने भी उस रक्तरंजित इतिहास का सच्चाई से वर्णन नहीं किया। मजहबी कट्टरता से डर के कारण नरसंहार का वर्णन भी भाषा की चतुराई से छिपा लिया गया। इन हिंदू इतिहासकारों ने स्वयं को हिंदू पक्षकार न सिद्ध करके कम्युनिस्ट प्रमाणित किया। मजहबी उन्माद को अमीर-गरीब की कलह का नाम दे दिया। इनमें विशेष नाम हैं, तपन चौधरी, अशोक मित्रा तथा सुनील गंगोपाध्याय। इतनी लीपा-पोती की गई कि कोई सरकारी आँकड़ा उपलब्ध नहीं कराया गया। कुल कितने मरे? कितने बलात्कार हुए या कितने धर्मांतरण किए गए? किसी का कोई रिकॉर्ड (आँकड़ा) नहीं।

कांग्रेस की नीति रही है हिंदू-मुसलिम भाई-भाई। एक कांग्रेसी नेता सचिंद्र मिश्रा एक शांति रैली निकाल रहे थे। हिंदू-मुसलिम एकता के नारे लगा रहे थे। कलकत्ते की बड़ी मसजिद नसौदा मसजिद के सामने पहुँचे तो गुंडों ने छुरों से हमला कर दिया। शांति का संदेश और शांतिदाता वहीं ढेर हो गए। अनुमान है कि सैकड़ों महिलाओं का बलात्कार हुआ। हजारों बच्चे भी मौत के शिकार हुए। लाखों नर-नारी हिंसा के शिकार हुए। लगभग 23 लाख हिंदू बंगाली 31 दिसंबर, 1949 तक भारत वापस लौटे, जिन्हें भारत सरकार ने पुनर्स्थापित किया। जिन्हें अपने पुराने परिचितों एवं रिश्तेदारों ने ही सहायता देकर स्थापित कर लिया, उनकी गिनती की कोई जानकारी नहीं।

20 दिसंबर, 1950 को पूर्वी पाकिस्तान के खुलना जिले में हुलाशीरा गाँव में अजीज अहमद ने ही यह युद्ध पुनः प्रारंभ किया। पश्चिमी बंगाल के मुख्यमंत्री

वी.सी. राय ने अपने मुख्य सचिव कुमार सेन को पूर्वी बंगाल के मुख्य सचिव अजीज अहमद से विचार-विमर्श के लिए भेजा, ताकि समस्या पर विचार करके हल किया जा सके। अजीज अहमद से वार्त्ता का तो कोई सुपरिणाम नहीं निकला, एक बुरी खबर अवश्य पता चल गई कि पश्चिमी बंगाल में प्रवेश करने के लिए दस लाख शरणार्थियों का समूह प्रवेश करने को तैयार खड़ा है। बाद में शरणार्थियों की संख्या एक करोड़ के पार पहुँच गई। कुमार सेन ने यह भी बताया कि कुछ मुसलिम महिलाओं को 7 फरवरी, 1950 को सचिवालय के भीतर ही लाया गया, जिनके कपड़ों पर खून के दाग दिखाई पड़ रहे थे, जो यह सिद्ध कर रहे थे कि इनके साथ हिंदुओं ने हैवानियत है। यह सर्वथा अविश्वसनीय था, तो भी पाकिस्तान ने यह घोषणा खुलकर कर दी—"भाइयो! उन अमानवीय ज्यादतियों के बारे में तुमने सुना है, जो भारत में, पश्चिमी बंगाल में हमारे मुसलिम भाइयों पर की जा रही हैं? क्या तुम ताकत इकट्ठी नहीं करोगे? दस हजार मुसलिमों को कलकत्ता में मारा जा चुका है।" एक पाकिस्तानी अखबार ने आँकड़े को एक लाख बताकर खबर छापी। नेहरू-लियाकत समझौते के समय आँकड़े देखे गए तो मुसलिम मरनेवालों की संख्या केवल बीस निकली।

पाकिस्तानियों में सबसे प्रभावशाली जमात थी पंजाबी मुसलमान। सैन्य प्रतिष्ठानों और नागरिक अफसरों में इनकी संख्या ज्यादा थी। वे बंगाली हिंदुओं को मारने और भगाने में आगे थे। पंजाबी मुसलमान मानते थे कि बंगाली मुसलमान पंजाबियों की बराबरी करने की हिम्मत कर ही नहीं सकता। यदि हिंदू यहाँ रहे तो आनेवाले दिनों में मुकाबला उनसे करना पड़ेगा। इसलिए उन्हें रास्ते से हटा देने में ही वे अपना लाभ समझते थे।

पूर्वी पाकिस्तान में एक बंगाली हिंदू ने फरवरी में ही माँग की थी कि सरकारी काररवाई उर्दू के साथ बँगला भाषा में भी प्रसारित की जानी चाहिए, ताकि यहाँ के निवासी समझ सकें। उस व्यक्ति का नाम था—धीरेंद्र नाथ दत्ता। दत्ता की भर्त्सना की गई और डराया-धमकाया गया। ऐसे कारणों से मुसलमान कट्टरपंथियों को लगता था कि बंगाल में हिंदू रह गए तो ये कल राजनीति में प्रतिद्वंद्वी बनेंगे। इनको समाप्त कर देने में ही उन्हें अपनी भलाई नजर आ रही थी। इसीलिए 1950 में उन्होंने भयानक नरसंहार करना शुरू कर दिया। हिंदुओं को लूटने, घर-मकान जलाना, पुरुषों की हत्या तथा महिलाओं पर बलात्कार आदि धड़ल्ले से होने लगे। जब सरकार ही इनको भड़का रही हो तो रोकेगा कौन?

12 फरवरी, 1950 को मेघना नदी के भैरव पुल पर रेलगाड़ी को लुटेरों ने रोक

लिया। उन लुटेरों ने गाड़ी में से हिंदुओं को चुन लिया। उनके गले काटकर उन्हें मेघना नदी में फेंक दिया। वारिसाल जिले में भी भारी नरसंहार किया गया। बंदरगाह के पास गाँव मुलाड़ी में हिंदुओं के सैकड़ों मकानों को आग लगा दी गई। सहायता की अपेक्षा से वे लोग पुलिस थाने में एकत्र हो गए। उनकी शिकायत सुनने और सहायता करने की जगह उन्हें जलाकर मार दिया गया। एक हिंदू युवा अध्यापक को उसके छात्रों ने ही जिंदा जला दिया। पूर्व मुख्यमंत्री फजलुल हक अपनी कलकत्ते की संपत्ति बेचने के लिए गए तो पीछे अफवाह फैला दी गई कि कलकत्ते में फजलुल हक की हत्या कर दी गई है, जबकि वह अपने पुराने दोस्तों के घर मेहमान बनकर दावतें उड़ा रहे थे। अफवाह की प्रतिक्रिया में वारिसाल, पटुआखाली, फिरोजपुर और भोला नगर में हजारों हिंदुओं को मार दिया गया। जब मि. फजलुल हक वारिसाल पहुँचे तो उन्होंने कहा, "ओह! ये तुम लोगों ने क्या कर दिया? आओ देखो, मैं तो सही सलामत हूँ।" पूर्वी पाकिस्तान की सरकार ने ऐसी एक और चाल चली। सरकार ने हिंदुओं के घरों को अधिग्रहण करने का आदेश दे दिया, ताकि रातोरात घर खाली कराकर उन्हें बेघर कर दिया जाए। फिर उनके पास पलायन के सिवाय कोई चारा ही नहीं होगा। यह अधिग्रहण भी अजीब था—न कोई नोटिस, न कोई कारण, न कोई सरकारी योजना। एक प्रकार से यह सरकारी गुंडागर्दी थी। इससे तो लगभग सभी भद्रलोक बंगाली हिंदू घर छोड़ भाग खड़े हुए।

डॉ. विधान चंद राय मुख्यमंत्री थे। राय की सरकार ने विस्थापित हिंदू शरणार्थी जनसंख्या को सुरक्षित भारत (बंगाल) लाने का प्रबंध किया। ब्रिटिश इंडिया स्टीम नेवीगेशन कंपनी के 15 वाष्पचलित जलयानों को विस्थापित बंगाली हिंदुओं को सकुशल लाने के लिए नियुक्त किया। सुंदरवन डेल्टा से होते हुए इन सभी को बाबू घाट, शालीमार घाट और हुगली के दोनों किनारों पर उतारा जाता था। वहाँ से रेलगाड़ियों और विमानों से भारत के अन्य भागों में भेजा जाता था। कलकत्ता हवाई अड्डे तथा रेलवे स्टेशन पर उनके लिए चिकित्सा केंद्र भी खोला गया था, ताकि उनमें घायलों की आवश्यक चिकित्सा की जा सके। चाँदपुर, नारायणगंज, खुलना और पार्वतीपुर के रेलवे स्टेशनों पर भी गाड़ियों के इंतजार में बहुत से हिंदू फँसे हुए थे। फरवरी 1950 के अंत तक भी यह अत्याचार रुका नहीं था।

पश्चिमी बंगाल के डॉ. वी.सी. राय ने इंग्लैंड वाटर ट्रांसपोर्टर्स कंपनी से बातचीत करके वारिसाल से कलकत्ता तक के लिए स्टीमर का प्रबंध कर दिया। स्टीमर सेवा एक महीने तक लगातार वारिसाल से कलकत्ता के जगलाथ घाट

पर हिंदुओं को लाते रहे। कुछ के तो संबंधी लेने पहुँचते थे और बहुत ऐसे थे, जिनका न कोई लेनेवाला था, न पूछनेवाला। उनके पास कोई सामान भी नहीं था। कोई घायल, कोई बीमार, बहुत दयनीय दशा में उन्हें लाया गया। अनेक लोग रोते-चीखते आए, अनेक अपनी किस्मत को दोष देते थे, तो बहुत से विभाजन के निर्णय करनेवालों को कोसते थे। डॉ. राय ने ढाका से कलकत्ता विमान यात्रा के लिए अपनी ओर से डाकोटा विमानों का भी प्रबंध किया, ताकि भद्र संपन्न हिंदुओं को लाया जा सकें।

जनता में भारी गुस्सा पनप रहा था। प्रतिक्रियास्वरूप हावड़ा में भी दंगे भड़क गए। वहाँ से कुछ मुसलमान गाड़ी से तथा कुछ पैदल ही पूर्वी पाकिस्तान में प्रवेश कर गए। पूर्वी बंगाल के हिंदू गांधीजी और नेहरूजी के आश्वासनों पर भरोसा करके निश्चिंत बैठे रहे। जिन्होंने अपने घर छोड़ने में देरी की, उन्हीं में से अधिकांश मारे गए। लूट के शिकार तो लगभग सभी हुए। जो घर पर नहीं लुटे, उन्हें रास्ते में लूट का शिकार होना पड़ा। जिन्होंने उन दृश्यों को स्वयं नहीं देखा, वे उस मंजर की कल्पना कर ही नहीं सकते। डॉ. श्यामा प्रसाद मुकर्जी ने महसूस किया कि नेहरूजी पाकिस्तान का न केवल तुष्टीकरण कर रहे हैं, बल्कि उसकी नाजायज बातें भी मानकर उसकी हिमायत कर रहे हैं। आजादी के बाद दो बार उच्च स्तर पर हुए समझौतों के बावजूद 23 लाख हिंदुओं को पूर्वी पाकिस्तान से भारत आना पड़ा। इसमें वह संख्या नहीं है, जिन्हें पूर्वी पाकिस्तान में घर ही या रास्ते में मार दिया गया। वह संख्या भी इसमें शामिल नहीं है, जो विभाजन से पहले ही भारत में आ चुके थे और विभाजन के बाद वापस गए ही नहीं।

इसके बाद 1950 मार्च में अजीज अहमद के गुंडों ने सरकार की मिली-भगत से भारी नरसंहार किया। मुसलिमों को पश्चिमी बंगाल में उत्पीड़ित करने की काल्पनिक खबरें (अफवाहें) उड़ाई गईं। मुख्यमंत्री नुरुल अमीन ने सच्चाई के विरुद्ध आरोप लगाए कि पश्चिमी बंगाल की ओर से लाखों मुसलमान पाकिस्तान में प्रवेश कर रहे हैं, जबकि यह सरासर झूठ था। डॉ. वी.सी. राय ने तुरंत चुनौती दी कि नुरुल अमीन ऐसे मुसलमानों के नाम-पते बताएँ और सबूत दें। डॉ. मुकर्जी ने प्रधानमंत्री नेहरू पर दबाव डाला कि स्थिति पर स्पष्ट निर्णय लिया जाना चाहिए। या तो जिनकी अदला-बदली होनी है, वह तय सीमा और तय समय में निर्णय करके कर दी जाए। यदि समाधान नहीं होता तो युद्ध से निर्णय कर दिया जाए। नेहरूजी पर दबाव डालने के लिए कैबिनेट में रहते हुए भारी विरोध करना संभव नहीं था।

प्रतिक्रिया में कुछ घटनाएँ मुर्शिदाबाद में हुईं। नेहरूजी ने पूर्वी पाकिस्तान पर तो जरा भी सख्ती नहीं की। इसके विपरीत, डॉ. वी.सी. राय को पत्र लिखकर मुसलिमों पर अत्याचार का रोना रोया और 10 फरवरी को एक प्रेस कॉन्फ्रेंस में कहा कि मुर्शिदाबाद की घटनाओं से वे बहुत दुःखी हैं और 23 फरवरी को राज्यसभा में कहा कि अब शरणार्थियों की समस्या पर वे स्वयं ध्यान देंगे।

डॉ. मुकर्जी ने महसूस किया कि उनकी कैबिनेट का हिस्सा होते हुए वे खुलकर उनकी नीति का विरोध नहीं कर पाते। अक्तूबर 1950 में पाकिस्तान के वित्तमंत्री बने जोगेंद्रनाथ मंडल भारत लौट आए। उन्होंने यहीं से अपना त्यागपत्र भेजा और फिर कभी पाकिस्तान नहीं लौटे। फिर नेहरूजी ने लियाकत अली खान के साथ समझौता किया। तब तो डॉ. मुकर्जी अपना त्यागपत्र देने को विवश हो गए।

23 फरवरी, 1950 को अपने त्यागपत्र के संबंध में डॉ. मुकर्जी ने खुलकर अपने विचार रखे। डॉ. मुकर्जी ने जो कहा, उसका संक्षिप्त सार यह है कि पूर्वी बंगाल से आए हिंदुओं के पत्र लगातार मिल रहे हैं, जिनमें नरसंहार और लूटपाट का, महिलाओं के साथ जबरदस्ती करने के हृदय विदारक विवरण पढ़ने को मिल रहे हैं। नेहरूजी संसद् में आबादी की अदला-बदली का विरोध कर चुके थे। 17 मार्च, 1950 को तो नेहरूजी ने इसके विरुद्ध निश्चय ही व्यक्त कर दिया। नेहरूजी वी.सी. राय तथा डॉ. मुकर्जी के साथ उस गाँव नगर का दौरा किया। वारिसाल, खुलना और जेस्सोर से शरणार्थी इसी मार्ग से आ रहे थे। मार्ग के दोनों ओर बैठे शरणार्थियों से नेहरू ने बातचीत की। डॉ. मुकर्जी ने दुभाषिए का काम किया। इसके पश्चात् भी नेहरूजी ने कोई ठोस कदम नहीं उठाया। वही घिसी-पिटी बातें बार-बार कहकर कोरे आश्वासन दिए। गांधीजी ने 1944 में मोहम्मद अली जिन्ना को 'कायदेआजम' कहकर संबोधित किया था। अब 1950 में नेहरूजी ने लियाकत अली खान को 'नवाबजादा' लिखकर संबोधित किया। अंततः लियाकत अली खान 2 अप्रैल को दिल्ली आया। 8 अप्रैल, 1950 को 'नेहरू-लियाकत समझौते' पर हस्ताक्षर किए गए। यह समझौता दिल्ली में हुआ। हस्ताक्षर करना अलग बात है और समझौते का पालन करना अलग बात है। पिछले दोनों समझौतों के बाद भी शांति प्रक्रिया पर कोई काम न किया जाना, उस इच्छा शक्ति का अभाव दरशाता है। इसके विपरीत, हिंदुओं पर जुल्म करनेवाले फिरोज खाँ नून को गवर्नर बना दिया गया। बँगला भाषा के पाक्षिक समाचार-पत्र 'देश' को दिए गए एक साक्षात्कार में विनॉय मुखोपाध्याय ने नेहरू को निद्राचर कहा था। उसका भाव था कि नेहरू अपनी भावनाओं तथा कल्पनाओं में ही जीते हैं। बाद में मुखोपाध्याय ने नेहरूजी के

'हिंदी-चीनी भाई-भाई' के नारे को भी अपनी बात को प्रमाणित करने के लिए प्रस्तुत किया, जब 1962 में चीन ने हमारी भूमि हड़प ली और हमारे देश पर अचानक आक्रमण कर दिया।

इधर नेहरूजी ने प्रेस पर बंधन लगाए हुए थे कि कोई ऐसा समाचार न छापा जाए, जिससे दंगा भड़कता हो। डॉ. मैना ने संसद् में कहा, "मैं प्रधानमंत्री नेहरू से पूछना चाहता हूँ कि क्या हमें सच्ची खबरों को नहीं छापना चाहिए? दंगा भड़कने के भय से सत्य का गला कब तक दबाते रहेंगे? मैं नेहरूजी के इस दृष्टिकोण से हैरान हूँ। क्या हमें अत्याचारों के विरुद्ध आवाज उठाने का भी हक नहीं है? यह बिल्कुल स्पष्ट है कि कोई भी समझौता जो किया गया है, पाकिस्तान ने कभी ईमानदारी से नहीं निभाया है। जो भी प्रस्ताव रखे जाएँ, पाकिस्तान उसे ठुकरा देता है। मान भी ले तो उस पर अमल नहीं करता है। आज का बयान जनता को और निराश करनेवाला है। पाकिस्तान से लोकतंत्र की आशा करना नासमझी है, वह इसलामी विचारधारा का पोषक देश है। सदन में गैर-मुसलिम जनों की रक्षा का आश्वासन देने के बाद भी उस पर हम भरोसा नहीं कर सकते हैं। सदन के सभी सदस्य यह जानते हैं, परंतु प्रधानमंत्री नेहरू पाकिस्तान पर हर बार भरोसा कैसे कर पाते हैं? आश्चर्य की बात है कि हमारे नागरिकों पर अत्याचार होने पर हम कुछ नहीं करते और उनके नागरिकों पर हमले की अफवाह पर भी प्रतिक्रिया देना हम अपना कर्तव्य मानते हैं?" हनुमंथैया (सांसद) ने कहा कि "नेहरूजी के इस भोलेपन या नासमझी को क्या कहा जाए, जो पाकिस्तान के मंसूबों पर हर बार यकीन कर लेते हैं?" मैना (लक्ष्मी चंद) ने फिर कहा, "पाकिस्तान भी यह जान-बूझकर करता है, जो बहुसंख्यक समुदाय के लोग हैं, वे अल्पसंख्यक समुदाय पर अत्याचार करते रहे हैं। अत: उनमें असुरक्षा की भावना आना स्वाभाविक है। अभी तक की प्रगति नेहरूजी की राय में संतोषजनक है। पूर्वी पाकिस्तान में हिंदुओं के उत्पीड़न तथा भयानक नरसंहार को हम देखकर भी आँखें बंद नहीं कर सकते।" इस पर नेहरूजी ने कहा, "आप उनके वायदे पर भरोसा करें या न करें, इसके अलावा और कोई मार्ग है ही नहीं। यह हमारे दोस्ताना दबाव से ही जितना हो सकता है, क्योंकि दूसरे देश में स्वयं जाकर हम काम नहीं कर सकते। हमें उस देश पर भरोसा करना ही पड़ेगा।" नेहरूजी ने हनुमंथैया को भी ठीक से नहीं सुना। उन्हें लगा कि बंगाल के बारे में वो सुनी-सुनाई बात कह रहे हैं।

इस सभी कारणों पर विचार करते हुए डॉ. मुकर्जी ने गहराई से विचार किया कि वह कैबिनेट में रहकर न तो पूरी तरह प्रधानमंत्री नेहरू का विरोध कर सकते

हैं और न ही देश का अधिक भला कर सकते हैं, क्योंकि नेहरूजी का विरोध अन्य सदस्य नहीं करेंगे, तो भी उनके गलत निर्णय भी स्वीकार करने पड़ेंगे। अल्पसंख्यक पूर्वी बंगाल के हिंदुओं को दिए गए सुरक्षा के वचन को भी निभाया नहीं जा सकेगा। 3 अप्रैल, 1950 की प्रात: डॉ. मुकर्जी ने कैबिनेट की बैठक में पहुँचने में असमर्थता बताई, क्योंकि उनका त्यागपत्र विचाराधीन है। 6 अप्रैल, 1950 को ही त्यागपत्र की एक प्रति उन्होंने उपप्रधानमंत्री सरदार वल्लभ भाई पटेल को भी भेज दी। विश्वास और स्नेह के लिए उनका भी आभार व्यक्त किया। बाद में 20 मार्च, 1951 को 'हिंदुस्तान स्टैंडर्ड' नामक समाचार-पत्र में छपी एक रिपोर्ट के अनुसार, पूर्वी पाकिस्तान से 41,89847 हिंदुओं ने भारत में प्रवेश किया था। जो लोग वहाँ के अत्याचारों से भयभीत होकर भारत आए हैं, वे पाकिस्तान के आश्वासन पर भरोसा कैसे कर सकते हैं? पाकिस्तान की सरकार और जनता से भविष्य में अच्छे सहृदयतापूर्ण व्यवहार की आशा नहीं की जा सकती। वाणिज्य मंत्री क्षितिज चंद्र नियोगी ने भी लियाकत अली-नेहरू समझौते के पश्चात् अपना विरोध जताया था। उन्होंने निष्कर्ष निकाला कि प्रधानमंत्री नेहरू उनमें (नियोगी में) विश्वास खो चुके हैं। अत: नियोगीजी ने भी मंत्रिमंडल से त्यागपत्र दे दिया तथा यथाशीघ्र त्यागपत्र स्वीकृत करके उन्हें मुक्त करने का आग्रह किया।

सरदार पटेल इनके त्यागपत्र और नेहरूजी के व्यवहार से प्रसन्न नहीं थे। फिर भी उनका अपना तरीका यही था कि जिन मामलों से उन्हें अलग रखा गया है, उनमें वे अपनी टाँग नहीं अड़ाते थे। उन्हें रियासतों के जोड़ने का कार्य सौंपा गया था, वो हल कर ही देते, परंतु नेहरूजी ने उसे अचानक युद्धविराम करके अटका दिया। जो आज तक अटकी पड़ी है। अपार धन व्यय करने पर तथा हजारों वीरों का रक्त पीकर भी समस्या अभी समाप्त नहीं हुई।

13 अप्रैल को डॉ. मुकर्जी सरदार पटेल से मिले। पटेलजी ने इस्तीफे पर पुनर्विचार के लिए दबाव डाला। 14 अप्रैल को पुन: सरदार पटेल ने उनसे त्यागपत्र वापस लेने का आग्रह किया। 15 अप्रैल को उन्होंने अपनी नाराजगी एक पत्र लिखकर व्यक्त की। उन्होंने लिखा कि वे डॉ. मुकर्जी को एक विशेष कार्य के लिए अपने साथ कलकत्ता ले जाना चाहते हैं। दोनों बंगाली मंत्रियों (डॉ. मुकर्जी और लक्ष्मीचंद नियोगी) के त्यागपत्र से सरदार पटेल को वास्तव में कष्ट हुआ। 15 अप्रैल को ही डॉ. मुकर्जी ने लिखित में उत्तर दिया कि त्यागपत्र देने और नेहरूजी के व्यवहार से वे भी दु:खी हैं, परंतु अब मंत्रिमंडल में बने रहना संभव नहीं है। नियोगीजी ने भी रिहाई के लिए बहुत प्रयास किए, परंतु असफल रहे। त्यागपत्र

के बाद टेलीग्राम भेजकर भी निवदेन किया, परंतु ढाका से कोई उत्तर नहीं मिला। कम-से-कम पचास महिलाएँ अपहृत कर ली गई थीं। मेल ट्रेनों पर भी कई बार आक्रमण किया जा चुका था।

भारत ने सामान्यतः सभी करार की शर्तों का पालन किया था, परंतु पूर्वी पाकिस्तान की सरकार ने किसी शर्त का पालन करने का प्रयास नहीं किया। उनके लिए शर्तें केवल कागजों में दिखाने के लिए होती हैं। पत्रों का आदान-प्रदान भी हुआ। अफसरों की बैठकें भी हुईं। प्रधानमंत्री वार्त्ता भी हुई, परंतु पाकिस्तान के रुख में कोई बदलाव नहीं आया। सब तरीके अपनाने पर भी वहीं ढाक के तीन पात! 1948 में, फिर 1949 में, फिर 1950 में बड़ी संख्या में पलायन भी हुआ, नरसंहार भी हुआ और लूटपाट भी हुई। इन्हीं वर्षों में समझौते भी हुए, करारों की पुनरावृत्ति भी हुई, परंतु हालात जस-के-तस रहे। भारत सरकार और पाकिस्तान दोनों ही नाकाम रहे। अल्पसंख्यक सम्मानजनक और शांतिपूर्ण ढंग से रह सकते थे। वे लोग अपनी जगह रह सकते थे, यदि उन्हें एक अच्छा और शांति से जाने का अवसर दिया जाता।

डॉ. मुकर्जी ने अपने त्यागपत्र के कारणों का सारांश इस प्रकार प्रस्तुत किया—

"मैंने निम्नलिखित मुख्य कारणों से स्वयं को उस समझौते का एक पक्ष बनने के अयोग्य पाया—

1. विभाजन के बाद अब तक हमने बंगाल समस्या के हल के लिए दो समझौते किए और पाकिस्तान ने दोनों बार समझौतों का उल्लंघन किया। जिस समझौते को मन से नहीं माना गया हो, वह कोई समाधान नहीं दे सकता।
2. समस्या का मर्म इसलामी देश और उस पर आधारित तीखी सांप्रदायिक प्रशासन की अवधारणा थी। आज हम वहीं के वहीं है, जहाँ समझौते से पहले थे।
3. भारत और पाकिस्तान दोनों को बराबर दोषी बताया जा रहा है, जबकि पाकिस्तान स्पष्ट रूप से आक्रामक है। करार के अनुसार, दोनों देशों की क्षेत्रीय निष्ठा और एकता के विरुद्ध प्रचार की इजाजत नहीं दी जाएगी और युद्ध के लिए कोई उकसावा नहीं होगा। यह बेतुका और हास्यास्पद करार है, जबकि पाकिस्तान के सैन्य दस्ते हमारे भूभाग पर कब्जा किए बैठे हैं!

4. घटनाओं से प्रमाणित है कि हिंदू पाकिस्तान के सुरक्षा संबंधी आश्वासनों के आधार पर पूर्वी बंगाल में नहीं रह सकते। यह एक बुनियादी समस्या मानी जानी चाहिए। दूसरी ओर, करार पाकिस्तान में अल्पसंख्यकों से सरकार से मदद की अपेक्षा करता है। यह उनके जख्मों पर नमक छिड़कने के समान है।
5. जिन्होंने कष्ट झेले हैं, उनकी क्षतिपूर्ति का कोई बिंदु प्रस्तावित नहीं है। पाकिस्तान अदालत के सामने गवाही देने की कोशिश ही नहीं करेगा। यह अतीत के अनुभव से प्रमाणित है।
6. हिंदू बड़ी संख्या में भारत आना जारी रखेंगे। जो आ चुके हैं, वे कभी वापस जाएँगे नहीं। करार के अनुसार, जो मुसलिम पाकिस्तान नहीं गए हैं, वे अब जाएँगे नहीं। इस प्रकार हमारी अर्थव्यवस्था बिखर जाएगी तथा देश के भीतर संभावित टकराव बढ़ेगा।
7. अल्पसंख्यकों की सुरक्षा के करार के रूप में भारत में मुसलिम अल्पसंख्यकों की समस्या को दुबारा बढ़ा दिया है। वे ताकतें फिर जोर पकड़ेंगी, जिनके कारण पाकिस्तान का निर्माण हुआ है। यह सिद्धांत अपने तार्किक निष्कर्ष तक हमारे लिए नई समस्या पैदा करेगा।
8. उपरोक्त बिंदु उन स्थितियों को प्रतिबिंबित करते हैं, जो आज पश्चिमी बंगाल और असम के हिस्सों में विकसित हो चुकी हैं। वहाँ संतुलन मुसलिमों के पक्ष में बदलता जा रहा है। ऐसा पूर्वी बंगाल (पाक) से लगातार घुसपैठ के कारण हो रहा है। डॉ. मुकर्जी की 1950 में की गई भविष्यवाणी आज सत्य सिद्ध हो रही है। पश्चिम बंगाल में मुसलिमों की जनसंख्या तब 19 प्रतिशत थी, जो अब 2021 में 30 प्रतिशत हो गई है।
9. पश्चिमी बंगाल में पूर्वी बंगाल से मुसलिम ज्यादती कम है, परंतु यह प्रेस के दृष्टिकोण के कारण दिखाई देता है, क्योंकि वह मुसलिम अत्याचारों को बेबाकी से नहीं दिखाता, ताकि देश के अन्य प्रांतों में प्रतिक्रिया न हो! अभी 2020-2021 में भी बांग्लादेश (पूर्वी पाकिस्तान) में नरसंहार और आगजनी की घटनाएँ हुई हैं। इस्कॉन कृष्ण मंदिर में पुजारी की हत्या की गई। मंदिर में भारी तोड़-फोड़ की गई। 60 से भी अधिक हिंदू घरों को आग के हवाले कर दिया गया, अर्थात् सत्तर वर्ष बीतने पर भी वहाँ की परिस्थिति में कोई प्रगतिशील परिवर्तन नहीं आया। यह आज भी उतनी ही चिंता का विषय है। यह बढ़ा इसीलिए कि हिंदुओं में प्रतिक्रिया

न हो, इसलिए दुर्दांत घटनाओं को छिपाया जाता रहा या कम करके दिखाया जाता रहा। मानो भारी जख्म का इलाज नहीं किया, बल्कि पट्टी केवल छिपाने के लिए लपेट दी गई। यदि किसी ने (तसलीमा नसरीन) सच्चाई उजागर करने की कोशिश की तो उसे निर्वासित कर दिया गया और दंडित किया गया। जो भी हो, दूरदृष्टा डॉ. मुकर्जी ने नेहरू मंत्रिमंडल से त्यागपत्र देकर अपनी आत्मा की बात को माना और महत्त्व दिया।

□

15

जनसंघ का जन्म हुआ (1951)

स्वतंत्रता से पूर्व भी डॉ. श्यामा प्रसाद मुकर्जी अखिल भारतीय हिंदू महासभा के माननीय अध्यक्ष रह चुके थे, तथापि जनता की दृष्टि से वे एक विशेष क्षेत्र (बंगाल) के ही नेता थे। वहाँ की समस्याओं के समाधान खोजते रहे थे। तब भी हिंदू जनता के वे मुखर प्रतिनिधि थे। सदैव उनके हित के लिए चिंतित रहते थे। यद्यपि दूसरे धर्म के प्रति भी कभी भेदभाव और अन्याय नहीं किया। स्वतंत्रता के पश्चात् प्रथम मंत्रिमंडल में डॉ. मुकर्जी को महत्त्वपूर्ण मंत्रालय का भार दिया गया। तब संपूर्ण देश की परिस्थितियाँ और समस्याएँ उन्हें देखनी, समझनी तथा सँभालनी पड़ीं। फिर तो डॉ. मुकर्जी समस्त भारत के नेता बन गए। पं. नेहरू की नीतियों का विरोध और देश के भविष्य को सुधारने के लिए उन्होंने अपना संपूर्ण जीवन लगा दिया। डॉ. मुकर्जी यदि नेहरू मंत्रिमंडल से त्यागपत्र न देते तो भारतीय जनता पार्टी के रूप में देश में एक प्रबल संगठन शायद उत्पन्न ही न हुआ होता! आइए, जनसंघ के जन्म की विस्तृत भूमिका को जानें।

नेहरू मंत्रिमंडल से त्यागपत्र देने के पश्चात् 11 अप्रैल, 1950 को डॉ. मुकर्जी दिल्ली से कलकत्ता हावड़ा मेल से जा रहे थे। हावड़ा स्टेशन पर भारी भीड़ थी। स्टेशन पर भीतर-बाहर तथा नदी के पुल पर भी केवल सिर ही सिर दिखाई पड़ रहे थे। ये भीड़ थी पूर्वी पाकिस्तान से आए हुए शरणार्थियों की, जिनके लिए डॉ. मुकर्जी ने लड़ाई लड़ी, उद्योग मंत्री का सम्मानित पद त्याग दिया। यद्यपि वे अब भी लोकसभा के सांसद तो थे, परंतु अब वे एक दल के नहीं, जनसाधारण के नेता थे। उनके व्यक्तित्व का सम्मान करने के लिए ही यह जनसागर उमड़ रहा था।

डॉ. मुकर्जी के साथ दल नहीं, जनता थी। दिल्ली में हुए नेहरू-लियाकत समझौते की कड़ी आलोचना करके उन्होंने जनता में एक बड़ी लहर आंदोलित

कर दी। 21 मई को कलकत्ता में एक विशाल सभा को संबोधित करते हुए उन्होंने बताया कि पूर्वी बंगाल में हुआ सांप्रदायिक उत्पीड़न कोई आकस्मिक उबाल नहीं था, अपितु वहाँ के उन्मादी समूह को प्रशासन की शह से योजनाबद्ध कार्यक्रम था। इस सोची-समझी साजिश को जयंत कुमार रे ने भी पर्दाफाश किया था। पं. नेहरू की कमर और घुटने टेक नीति, पाकिस्तानी झूठे आश्वासन पर भरोसा करने का दुष्परिणाम था। बाद में भी डॉ. मुकर्जी अपनी बात को पानी देते रहे। 30 अप्रैल तक पूर्वी बंगाल के दस जिलों में हिंदुओं के उत्पीड़न के 500 से अधिक मामले सामने आए। महिलाओं के अपहरण के भी बीसों मामले थे। विवाहित हिंदू महिलाओं से भी धर्मांतरण तथा दुबारा विवाह करने के अनेक मामले प्रकाश में आए। घरों पर जबरन कब्जा करने के मामले तो बहुत थे, परंतु पुलिस रिपोर्ट में 22 ही दिखाए गए। दमन, हत्या, आगजनी, डकैती, चोरी के मामले तीन सौ के लगभग थे। ये सभी मामले अनपढ़ जनता के द्वारा ही नहीं, पढ़े-लिखे, सरकारी अफसरों के द्वारा भी अंजाम दिए गए। हिंदुओं के मंदिर तथा जमीन-जायदाद पर कब्जा करना इन घटनाओं की जड़ में प्रेरक कारण था।

डॉ. मुकर्जी संसद् सत्र में भाग लेने के लिए पुनः दिल्ली आए। फिरोजशाह कोटला के मैदान में उनका भव्य स्वागत किया गया। उस समारोह का संयोजन प्रो. बलराज मधोकजी ने किया था। श्री बलराज मधोक इसके पश्चात् आजीवन उनके साथ रहे। डॉ. मुकर्जी के साथ मधोकजी वर्षों रहे। मुझे भी नई दिल्ली में प्रो. मधोक के 1957 के चुनाव में महीनों उनके साथ कार्य करने का अवसर मिला है। यह मेरा सौभाग्य है।

इसी समारोह में बोलते हुए डॉ. मुकर्जी ने बताया कि मैं एक पार्टी बनाना चाहता हूँ। 19 अप्रैल को उन्होंने लोकसभा में अपना त्यागपत्र संबंधी बयान दिया था। इसी समारोह में उन्होंने स्पष्ट किया कि नई पार्टी कांग्रेस की राष्ट्रीय विकल्प बनेगी। उन्होंने बताया कि आगामी कुछ दिनों में ही घोषणा-पत्र बना लिया जाएगा कि पार्टी के सदस्य कौन होंगे, पार्टी का ध्येय क्या होगा ? साधन क्या होंगे, आदि। डॉ. मुकर्जी ने कहा था—"मधोक, तुम आर्य समाज से जुड़े रहे हो, राष्ट्रीय स्वयंसेवक संघ के भी स्वयंसेवक हो और तुम मेरा भी विचार जानते हो।" प्रो. मधोक ने बताया कि उनकी सोच राष्ट्रवादी थी, हिंदुत्वादी थी। उन्होंने प्रो. मधोक को नई पार्टी का संविधान एवं घोषणा-पत्र बनाने को निर्देश दिया। प्रो. मधोक ने दो महीने तक हर पहलू पर विचार करके घोषणा-पत्र तैयार किया। डॉ. मुकर्जी तथा कुछ विशिष्ट विद्वानों ने मिल-बैठकर उस पर विवेचन किया। संघ की ओर से विचार नहीं आया।

अत: वे कलकत्ता चले गए। उन्होंने सोचा, नई पार्टी का नाम 'इंडियन पीपुल्स पार्टी' रखें। एक बार 'यंग इंडिया पार्टी' भी सोचा था।

11 जून, 1950 को डॉ. मुकर्जी ने कलकत्ता यूनियन इंस्टीट्यूट में बंगाली शरणार्थी सम्मेलन की अध्यक्षता की। इस अवसर पर बोलते हुए उन्होंने उत्पीड़न के सरकारी तथा गैर-सरकारी आँकड़े भी बताए। उनके मत में उत्पीड़ित जनों की संख्या पचास लाख थी। पूर्वी बंगाल में स्वयं राजी से गए हुए मुसलमान भी लौटकर या तो वापस आकर अपने घर में बसना चाहते थे या अपने मकान को बेचकर जाना चाहते थे। इसके विपरीत, हिंदू न तो धन ला सके, न मकान ही बेच पाए, बल्कि लुट-पिटकर भूखे-नंगे यहाँ पहुँचे हैं। उन्होंने भारत सरकार से ऐसे शरणार्थी बंधुओं की सहायता की प्रार्थना की। इसके अतिरिक्त अन्य हिंदुओं को भी उनकी सहायता के लिए प्रेरित किया।

7 अगस्त, 1950 को संसद् में डॉ. श्यामा प्रसाद मुकर्जी ने कुछ वैकल्पिक प्रस्ताव प्रस्तुत किए। पहले तो यह तथ्य सर्वविदित है कि पूर्वी पाकिस्तान की सरकार वहाँ रहनेवाले हिंदुओं की सुरक्षा करने में असफल रही है।

मो. अली जिन्ना ने विभाजन के निर्णय के पश्चात् सुरक्षा के वायदे किए थे। अपने लोगों की सुरक्षा सुनिश्चित करने के लिए यदि वार्त्ता से बात नहीं बनती तो पाकिस्तान के विरुद्ध युद्ध करना चाहिए। हार के डर से वह हमारी शर्तें मानने को तैयार हो जाएगा। एक अन्य विकल्प यह दिया कि पाकिस्तान एक-तिहाई भूमि खाली कर दे, जिस पर उत्पीड़ित हिंदुओं को बसा दिया जाए। तीसरा विकल्प यह है कि पूर्वी और पश्चिमी बंगाल की आबादी को शांतिपूर्ण ढंग से अदला-बदली कर दी जाए। तीनों विकल्प पर सदन में प्रधानमंत्री से अनुरोध किया, परंतु वे तो लियाकत अली से समझौता कर चुके थे कि जो जहाँ हैं, उन्हें वहीं सुरक्षा दी जाएगी। हमारे द्वारा शर्त पालन की जा रही थीं और पाकिस्तान सुरक्षा नहीं दे रहा था। स्पष्ट है कि अन्य विकल्पों पर विचार किया जाना चाहिए। पाकिस्तान में जबरन हिंदुओं की संपत्तियों पर कब्जा किया जा रहा था। नरसंहार किया जा रहा था और इकतरफा शर्त पालन कर रहे थे। इस प्रकार के करार का कोई अर्थ नहीं रह जाता है।

3 सितंबर, 1950 को कलकत्ता में एक बैठक में डॉ. मुकर्जी ने कहा, "पाकिस्तान के तुष्टीकरण की मौजूदा नीति को समाप्त करना चाहिए। हमें आर्थिक पाबंदी की योजना बनानी चाहिए या सैन्य काररवाई तेज करके समस्या का समाधान करना चाहिए। पाकिस्तानी मीडिया के झूठे प्रचार पर भरोसा नहीं करना चाहिए। पाकिस्तानी मीडिया ने घोषणा की कि हिंदू महिलाओं ने अपने हिंदू पतियों को

स्वेच्छा से त्यागकर मुसलिम पुरुषों से विवाह किए हैं। यह बात विश्वास के योग्य नहीं है, परंतु हमारे प्रधानमंत्री उनकी झूठी खबरों पर भरोसा करते हैं। एक अखबार ने तो यहाँ तक लिख दिया कि हिंदू महिलाएँ मुसलिम मर्दों से शादी करने को इतनी उत्सुकता और शीघ्रता दिखा रही थीं कि पुरुषों की अनिच्छा होते हुए भी शादी रचाई गई। इस प्रकार पुरुषों को हिंदू औरतों को स्वीकार करने के लिए मजबूर किया गया। इधर कम्युनिस्टों का मानना है कि मनुष्य आर्थिक पशु होता है। वह धन के लिए कुछ भी कर सकता है। डॉ. मुकर्जी ने इस सिद्धांत को स्वीकार नहीं किया। उन्होंने कहा कि धर्म धन से अधिक महत्त्व रखता है। उन्होंने बताया कि एक ही पुलिस थाने के क्षेत्र में एक महीने में 60 डकैती होना आश्चर्यजनक है। वास्तव में ये लूट और डकैतियाँ केवल वहाँ के हिंदुओं को भयभीत करने के लिए की गई थीं, ताकि हिंदू घर-बार छोड़कर भाग जाएँ। ऐसी घटनाओं के उल्लेख से भी नेहरूजी की सहानुभूति मुसलिम सरकार तथा मुसलमानों से ही थी। डॉ. मुकर्जी ने हर स्तर पर नेहरूजी की हठधर्मी का विरोध किया। कांग्रेस में भी ऐसे लोग थे, जो इस धर्मनिरपेक्षता और शांति के कायरतापूर्ण रवैए के समर्थक नहीं थे, परंतु बहुमत गांधीजी और नेहरूजी के आभामंडल का विरोध नहीं कर पाता था।

कांग्रेस अध्यक्ष के चुनाव में जे.बी. कृपलानी को श्री पुरुषोत्तम दास टंडन ने हराया। कृपलानी की हार एक तरह नेहरूजी की ही हार थी। टंडनजी परंपरावदी हिंदू थे, जबकि कृपलानी शरणार्थी सिंधी थे। दिसंबर 1950 में सरदार पटेल की परलोक यात्रा से इस विचार को धक्का लगा। नेहरूजी की बात का विरोध करनेवाला कांग्रेस में कोई भी न रहा। डॉ. मुकर्जी त्यागपत्र देकर नेहरूजी के अनुशासन से मुक्त हो गए। अत: उन्होंने देश में अपने विचार का प्रचार प्रारंभ किया। इस प्रकार सरकार पर दबाव डालने का प्रयास किया, ताकि पूर्वी पाक में हिंदुओं पर होनेवाले अत्याचारों तथा पलायन को रोकने के लिए सरकार कोई कारगर कदम उठाए। यदि ऐसा नहीं होगा तो पश्चिमी बंगाल की अर्थव्यवस्था भी ध्वस्त हो सकती है। सीमित साधनों पर लौटकर आई आबादी का बोझ बढ़ता जाएगा, जिससे एक स्वस्थ, समृद्ध और संपन्न बंगाल बनाने का सपना चूर-चूर हो जाएगा।

परंतु नेहरूजी के उदारता के मुखौटे के नीचे एक कायर मानसिकता छिपी थी। वे पाकिस्तान के सामने पूरी सख्ती से अपनी समस्या प्रस्तुत करने का साहस ही नहीं जुटा पा रहे थे। डॉ. मुकर्जी अपने विचार विभिन्न संस्थाओं में, प्रदेशों में घूम-घूमकर प्रचारित कर रहे थे, ताकि नई पार्टी में कुछ ऊर्जावान व्यक्तियों को सम्मिलित किया जा सके। राष्ट्रीय स्वयंसेवक संघ की अनुशासित ऊर्जा की

जानकारी गांधी हत्या के बाद लगे प्रतिबंध पर उनके द्वारा किए गए प्रबल सत्याग्रह के माध्यम से सारे देश को मिल गई थी। डॉ. मुकर्जी के हिंदुत्व के विचार से भी संघ का हिंदू संगठन का लक्ष्य समान था। उनके हितैषी मित्र प्रो. बलराज मधोक भी संघ के स्वयंसेवक थे, परंतु संघ राजनीति में भाग नहीं लेता था। डॉ. मुकर्जी ने सोचा कि स्वयं राजनीति में नहीं हैं, वही नई राजनीतिक पार्टी के निर्माण में सहयोग कर सकते है। अतः मधोकजी की सहायता से श्यामा प्रसाद मुकर्जी संघ के सर संघचालक पूज्य गुरुजी (माधवराव सदाशिव गोलवलकर) से जाकर मिले। डॉ. मुकर्जी के मन-मस्तिष्क की सारी समस्या दूर हो गई। नई पार्टी की कल्पना साकार करने में संघ की भरपूर सहायता प्राप्त हो गई। संक्षेप में संघ का परिचय भी प्रसंगवश जान लें तो समीचीन होगा।

राष्ट्रीय स्वयंसेवक संघ की स्थापना डॉक्टर केशवराव बलिराम हेडगेवारजी ने सन् 1925 में पावन विजय दशमी पर्व पर की थी। उन्होंने कलकत्ता से ही डॉक्टरी की पढ़ाई की थी, परंतु देशभक्ति के जन्मजात गुणों ने उन्हें कांग्रेस में भी कार्य करने को प्रेरित किया। गुलामी के कारणों पर चिंतन करते हुए डॉक्टर केशव ने निष्कर्ष निकाला कि भारत में धन, बल, बुद्धि की प्राचीन काल से कभी कमी नहीं रही, फिर भी आपसी फूट (या संगठन के अभाव) के कारण हम पराधीन हो गए। हमारे हालात देखकर लुटेरे धन लूट ले गए, फिर लगातार लूट के लिए यहीं बस गए। फिर अंग्रेजों ने भी यही नीति अपनाई और फूट डालकर शासन करते रहे। डॉ. हेडगेवार ने राजनीतिक दलों को छोड़कर राष्ट्रीय स्वयंसेवक संघ को गैर-राजनीतिक संगठन को रूप दिया। नई शाखा पद्धति प्रारंभ की। रोज मिलना है। साथ खेलना, व्यायाम करना, सुख-दुःख में साथ देना। अपने समाज, अपने देश, अपनी धरती और अपनी सनातन संस्कृति से प्रेम करना। निस्स्वार्थ भाव से परस्पर प्रेमभाव और भारतमाता के प्रति श्रद्धा का भाव विकसित करना। 1940 में डॉ. हेडगेवारजी के परलोक गमन के बाद सर संघचालक का दायित्व परमपूजनीय 'गुरुजी' ने सँभाला। उन्होंने संपूर्ण भारत का भ्रमण आजीवन किया। स्वयं डॉ. हेडगेवार के समान अविवाहित रहे तथा ऐसे ही ब्रह्मचारी प्रचारक सारे देश में खड़े किए। अपने चरित्र, व्यक्तित्व, ज्ञान और त्याग के लिए वे समस्त स्वयंसेवकों की श्रद्धा के केंद्र रहे। गुरु गोलवलकर दूरदर्शी चिंतक महापुरुष थे। उनसे मिलकर डॉ. श्यामा प्रसाद मुकर्जी की मन की मुराद पूरी हो गई।

डॉ. मुकर्जी ने पहले तो गुरुजी का परिचय प्रो. बलराज मधोक से जाना। मधोकजी ने उन्हें बताया कि माननीय माधव रावजी प्राणिशास्त्र (Biology)

में एम.एस-सी., पी-एच.डी. हैं। बनारस हिंदू विश्वविद्यालय में बायोलॉजी के प्राध्यापक रहे हैं। 1936 में प्राध्यापक पद से त्यागपत्र देकर रामकृष्ण मिशन के स्वामी अखंडानंदजी के सान्निध्य में सारगाछी आश्रम में रहने लगे थे। संघ के स्वयंसेवक तो वह काशी में ही बन चुके थे। स्वामीजी के ब्रह्मलीन होने के पश्चात् गोलवलकरजी वापस नागपुर आ गए। पूजनीय डॉ. हेडगेवार के सान्निध्य में रहकर संघ कार्य करने और समझने लगे। 1937 से निरंतर संघ कार्य और डॉ. हेडगेवार की सेवा में रहे। उन्होंने संघ को पुस्तकें पढ़कर नहीं, प्रत्यक्ष डॉ. जी के जीवन से, चरित्र से और व्यवहार से जाना। डॉ. हेडगेवार के समान उन्होंने भी आजीवन अविवाहित रह कर देशसेवा का व्रत लिया था। डॉ. हेडगेवारजी ने उनकी क्षमताओं को पहचाना और 1940 में अपना पार्थिव शरीर छोड़ने से पूर्व ही उन्हें सर संघचालक का दायित्व सौंपने का निर्णय कर लिया। संघ के अनुशासित स्वयंसेवकों तथा अधिकारियों ने उनके निर्णय को सम्मान देते हुए गुरुजी को संघ का सर्वोच्च अधिकारी स्वीकार कर लिया। उनकी बौद्धिक क्षमता, आध्यात्मिक पहुँच और अद्भुत स्मरणशक्ति से तो सभी प्रभावित थे। यह भी विशेष ज्ञातव्य है कि 33 वर्ष में उन्होंने संपूर्ण भारत की 66 बार परिक्रमा की। वर्षभर में गुरुजी केवल एक महीने (तृतीय वर्ष प्रशिक्षण वर्ग) के लिए ही नागपुर में ठहरते थे। लेखक (मायाराम पतंग) ने 1958, 1961,1965 में उनके निकट से दर्शन करने का सौभाग्य प्राप्त किया था।

प्रो. बलराज मधोक ने परमपूजनीय गुरुजी से डॉ. श्यामा प्रसाद मुकर्जी की भेंट करवाई तो डॉ. मुकर्जी को मानो समर्पित, अनुशासित एवं समर्थ कार्यकर्ताओं का भंडार मिल गया। उन्होंने अपनी मन की बात कैसे बताई होगी ? लेखक केवल अनुमान से कल्पना कर सकता है।

डॉ. मुकर्जी—गुरुजी ! आपके पास बड़ा अनुशासित और समर्पित स्वयंसेवकों का महान् संगठन है तो आप राजनीति में क्यों भाग नहीं लेते ?

प.पू. गुरुजी—डॉ. हेडगेवार ने संघ की स्थापना राजनीति लक्ष्य को ध्यान में रखकर नहीं की थी। मैं उन्हीं की साधना को आगे बढ़ा रहा हूँ। अतः न मैं, न रा.स्व. संघ, राजनीति में आएगा।

डॉ. मुकर्जी—संघ फिर क्या करना चाहता है ?

प.पू. गुरुजी—संघ भारत को परम वैभव की स्थिति पर पहुँचाना चाहता है।

डॉ. मुकर्जी—परम वैभव से क्या अभिप्राय है ?

प.पू. गुरुजी—जब भारत की भूमि पर कोई बेरोजगार न हो, कोई भूखा-नंगा न हो। विश्व में भारत की शक्ति, संस्कृति और धर्म की सर्वत्र मान्यता हो जाए। हिंदू

(सनातन) धर्म को जबरन नहीं, सम्मान और सद्भावना से विश्व जानने और मानने लगे। वही होगी परम वैभव की स्थिति।

डॉ. मुकर्जी—परंतु यह स्थिति बिना राजनीतिक सत्ता के कैसे प्राप्त होगी?

प.पू. गुरुजी—राजनीति मात्र एक पक्ष है, सबकुछ नहीं। संघ का लक्ष्य ऐसे व्यक्ति निर्माण करना है, जो सच्चे देशभक्त हों, ईमानदार हों, निष्ठावान हों, अनुशासित हों, तपस्वी हों, त्यागी हों, निस्स्वार्थ हों।

डॉ. मुकर्जी—ऐसे लोग कैसे बनेंगे? क्या यह किसी सतयुग की कल्पना है?

प.पू. गुरुजी—कल्पना नहीं, सत्य है, संघ ऐसे व्यक्ति निरंतर निर्माण कर रहा है। समस्त देश के मात्र 3 प्रतिशत या 4 प्रतिशत व्यक्ति स्वयंसेवक बन गए तो शेष स्वतः ही संघ में सम्मिलित हो जाएँगे।

डॉ. मुकर्जी—तो ऐसे व्यक्ति किस कार्य में लगेंगे?

प.पू. गुरुजी—संघ के द्वारा निर्मित ये स्वयंसेवक प्रत्येक क्षेत्र में जाकर प्रामाणिकता से कार्य करेंगे। सेना में जाएँगे, चिकित्सक बनेंगे, शिक्षक बनेंगे, तकनीकी निर्माण करेंगे, प्रशासनिक अधिकारी होंगे, राजनीति में भी जाएँगे। संघ व्यक्ति निर्माण करता रहेगा। संघ और कुछ नहीं करेगा। स्वयंसवेक सब काम करेंगे। जहाँ भी, जो कुछ भी दायित्व मिलेगा, पूरी प्रामाणिकता से सब कार्य संपन्न होंगे।

डॉ. मुकर्जी—तो आप जिन्हें तैयार कर चुके हैं, ऐसे दो-चार स्वयंसेवक राजनीति के क्षेत्र में भी कार्य करने के लिए दे दीजिए। मैंने एक नई पार्टी बनाई है, उसे अपना आशीर्वाद प्रदान कीजिए।

प.पू. गुरुजी—मैं विचार-विमर्श करके आपको कुछ प्रचारक देता हूँ। पहले उनको मन से तैयार करके बताता हूँ।

डॉ. मुकर्जी—बेशक मैं आपसे पहली बार मिला हूँ। इतनी विस्तृत जानकारी मुझे इससे पूर्व नहीं थी। तथापि में संघ से सर्वथा अपरिचित नहीं था। अप्रैल 1940 में कलकत्ता में राजा दीनेंद्र स्ट्रीट की एक शाखा के कार्यक्रम में मैं आमंत्रित था। कार्यक्रम का अनुशासित स्वरूप देखकर तथा हिंदू संगठन का महान् उद्देश्य जानकर मैं बहुत प्रभावित हुआ था। जब से हिंदू महासभा की स्थिति कमजोर हुई, मैं मन-ही-मन संघ से जुड़ने की तथा संघ से सहायता लेने की बात सोचा करता था। आज आपसे भेंट करके तथा संघ को जानने का अवसर पाकर मैं स्वयं को भाग्यशाली समझ रहा हूँ।

प.पू. गुरुजी—आप क्या अनुभव कर रहे हैं और कितना जान पाए हैं, यह अलग बात है, परंतु सत्य यह है कि एक-दो कार्यक्रम देखकर या सुनकर कोई

भी संघ को जान नहीं सकता। संघ शाखा में वर्ष भर प्रतिदिन, नियमित उपस्थित होकर सभी कार्यक्रम में भाग लेते हुए संघ समझ में आना शुरू होता है। जो किसी स्वार्थवश संघ में आते हैं, वह ठहरते नहीं और जिनकी समझ में संघ आ जाए, वे कभी किसी परिस्थिति में भी संघ को छोड़ते नहीं।

डॉ. मुकर्जी—तो मैं आज से संघ को समझना प्रारंभ करता हूँ। मुझे क्या करना होगा ?

प.पू. गुरुजी—आपको करना कुछ अलग से नहीं है। नित्य शाखा में आना और जो कुछ भी हो रहा है, उसमें सहज भाव से भाग लेना है। कुछ चाहना या लेना नहीं है। जो मिलेगा, वह आपको पता भी नहीं चलेगा। संघ के आह्वान पर कुछ भी देने को तैयार रहना है।

डॉ. मुकर्जी—गुरुजी! मैं शीघ्र ही फिर आपके दर्शन करूँगा। आशा है, आप मुझे ऐसे दो-चार सुयोग्य कार्यकर्ता देंगे, जिनमें राजनीति में नेतृत्व करने की क्षमता हो। उनकी सहायता से हम कांग्रेस का एक राष्ट्रीय विकल्प निर्माण कर सकें तथा कांग्रेस के द्वारा किए गए गलत निर्णयों को सही दिशा में मोड़ सकें। मैं आपको प्रणाम करता हूँ। शीघ्र ही पुन: मिलने आऊँगा।

प.पू. गुरुजी—अवश्य डॉक्टर साहब! आपको निराश नहीं होना पड़ेगा। नमस्कार।

डॉ. मुकर्जी—मुझे यह बताते हुए गर्व हो रहा है कि 1940 में मैंने परम पूजनीय डॉ. हेडगेवारजी से मिलने का प्रयास किया था। उस समय वह बाबा साहब घटाटे के घर पर रुग्ण अवस्था में थे। उस परिस्थिति में केवल स्वस्थ होने की शुभकामना व्यक्त कर पाया था। वास्तव में तो मैं हिंदू महासभा के लिए सहायता माँगने गया था। एक दिन नागपुर में रुका भी, परंतु आप भी डॉक्टर साहब की सेवा में लगे हुए थे तो आपसे भी कोई चर्चा करने का अवसर नहीं था।

प.पू. गुरुजी—सबकुछ हमारी इच्छा पर नहीं होता। परमात्मा की ओर से समय, स्थान, कारक और कार्य करने का दायित्व निर्धारित रहता है। ईश्वर ने अब मिलाया है तो वह हमसे कार्य करवाना चाहता है। उसकी इच्छा पूर्ण हो।

डॉ. मुकर्जी नमस्कार करके चले गए।

परम पूजनीय गुरुजी से डॉ. मुकर्जी दो सप्ताह पश्चात् ही मिलने पहुँच गए। इस बीच गुरुजी ने विचार-विमर्श की सारी प्रक्रिया संपूर्ण कर ली थी। डॉक्टर मुकर्जी ने दो-चार कार्यकर्ता माँगे थे। परम पूजनीय गोलवलकरजी ने एक पूरी टीम कार्यकर्ताओं की उन्हें सौंप दी, जिनमें अच्छे वक्ता, कर्मठ कार्यकर्ता, त्यागी साधक,

गहन चिंतक तथा निष्ठावान स्वयंसेवक थे। सभी एक से बढ़कर एक ऊर्जावान तथा प्रतिभासंपन्न थे।

पूज्य गोलवलकरजी ने न केवल सूची पकड़ाई, अपितु इन कार्यकर्ताओं को एक बैठक में प्रत्यक्ष डॉक्टर मुकर्जी को सौंप दिया। यहाँ केवल नाम जान लीजिए, बाद में यथास्थान परिचय भी प्राप्त हो जाएगा।

इन कर्मठ प्रचारक कार्यकर्ताओं में थे—अटल बिहारी वाजपेयी, पं. दीनदयाल उपाध्याय, सुंदर सिंह भंडारी, जगदीश प्रसाद माथुर, भाऊराव देवरस, जगन्नाथ राव जोशी, वैद्य गुरुदत्त, बसंत राव ओक, मौलि चंद्र शर्मा तथा प्रो. बलराज मधोक तो डॉक्टर मुकर्जी को गुरुजी से मिलवाने वाले ही थे।

डॉ. मुकर्जी ने जो नई पार्टी कलकत्ता में बनाई भी, उसका नाम 'ऑल इंडिया पीपुल्स पार्टी' रखा था, परंतु संघ के उन कार्यकर्ताओं के सम्मिलित होने पर नए नाम और नए संविधान की आवश्यकता समझी गई। पहले मिदनापुर (पश्चिमी बंगाल) फिर जालंधर, हिमाचल और दिल्ली में पार्टी की शाखाएँ प्रारंभ की गईं। 27 मई, 1951 को जालंधर में 300 प्रतिनिधियों का सम्मेलन हुआ। उसमें भारतीय 'जनसंघ' का नाम और संविधान घोषित किया गया। जुलाई 1951 तक सदस्यता एक लाख तक पहुँच गई। भारतीय निर्वाचन आयोग द्वारा 7 सितंबर, 1951 को भारतीय जनसंघ को 'राष्ट्रीय दल' के रूप में स्वीकार कर लिया गया। इसके साथ ही दीपक चुनाव चिह्न दे दिया गया। इसके पश्चात् 9 सितंबर, 1951 को दिल्ली में एक बैठक हुई। इसमें उत्तरी क्षेत्र की सभी इकाइयों के प्रतिनिधि सम्मिलित हुए। इसमें डॉ. मुकर्जी को अध्यक्ष तथा प्रो. बलराज मधोक को महासचिव तय किया गया। प्रो. मधोक को नई दिल्ली में अक्तूबर में होनेवाले महासम्मेलन का संयोजक तय किया गया। यह आगामी सम्मेलन 31 अक्तूबर, 1951 को नई दिल्ली के रघुमल आर्य कन्या विद्यालय में संपन्न हुआ। अखिल भारतीय जनसंघ का संविधान और घोषणा-पत्र सार्वजनिक किया गया। सर्वसम्मति से डॉक्टर श्यामा प्रसाद मुकर्जी को अध्यक्ष निर्वाचित किया गया। उसी दिन भारतीय जनसंघ को राष्ट्रीय दल मान लिया गया। यह डॉ. श्यामा प्रसाद मुकर्जी की उपलब्धि थी।

1947 में विभाजन की विभीषिका सारे देश को सहनी पड़ी। पंजाब, सिंध और बंगाल को अधिक बुरे दिन देखने पड़े। इन तीनों ही प्रांतों में राष्ट्रीय स्वयंसेवक संघ ने हिंदू समाज की भरपूर सेवा की। कहीं मुसलमानों के सामूहिक आक्रमण से बचाया, तो कहीं आवागमन के लिए वाहनों की व्यवस्था करनी पड़ी। कहीं स्टेशनों तथा मैदानों में रहने, खाने का प्रबंध किया। कहीं आवश्यकता पड़ी तो हथियार भी

उठाए। प्रचारकों ने जीवन की परवाह न करते हुए समाज की भारी सेवा की। संघ हिंदू समाज का रक्षक है, समाज में संघ छवि निखरकर आ रही थी। जनसाधारण संघ के स्वयंसेवकों को सम्मान की दृष्टि से देखने लगे थे। यह स्थिति कांग्रेस को अच्छी नहीं लग रही थी, क्योंकि लोग विभाजन के लिए कांग्रेस को दोषी मान रहे थे। पिछले दिनों महात्मा गांधी ने एक बार फिर अनशन करके भारत सरकार को विवश करके पाकिस्तान को 55 करोड़ रुपया दिलावाया। हिंदू समाज में इससे बड़ा रोष फैला। विभाजन में हुई धन-जन की हानि से तो पहले ही लोग परेशान थे। इसी कारण उत्तेजित होकर नाथूराम गोडसे नामक एक मराठी युवक ने गलत कदम उठाया। उसने 30 जनवरी, 1948 को सायंकाल की प्रार्थना सभा में जाकर महात्मा गांधीजी पर गोली चला दी। गांधीजी गिर गए; प्रार्थना सभा में हाहाकार मच गया। नाथूराम गोडसे को पकड़ लिया गया। उस पर मुकदमा चला। यद्यपि वह हिंदू महासभा का सदस्या रहा था, परंतु हत्या का निर्णय उसका नितांत अपना था, किसी संस्था का नहीं था। प्रधानमंत्री जवाहरलाल नेहरू को लगा, रा. स्व. संघ की बढ़ती शक्ति को रोकने का यह अवसर है। अत: सरकार ने संघ पर प्रतिबंध लगा दिया। पूज्य गोलवलकरजी तथा प्रमुख प्रचारकों को पकड़कर जेल में डाल दिया गया। सबसे विचित्र बात यह थी कि संघ का न कोई संविधान था, न कोई साहित्य, न कोई आदेश-निर्देश। इतना बड़ा देशव्यापी संगठन केवल मौखिक तथा परस्पर विश्वास पर चल रहा था। सरकार को, सरकारी तंत्र को गांधी हत्या में संघ का हाथ होने के कोई प्रमाण नहीं मिले। प्रतिबंध हटा लिया गया। संघ के जेलों में बंद अधिकारियों को रिहा कर दिया गया। नाथूराम गोडसे को फाँसी की सजा मिली। यहाँ इस प्रसंग को प्रस्तुत करने का अभिप्राय यह है कि संघ की बढ़ती हुई गति में यह बाधा आई। यदि यह दुर्घटना न होती तो संभवत: पाँच-सात वर्ष में ही संघ सरकार बदलने में सक्षम हो जाता। कांग्रेस सरकार ने संघ पर फिर भी कई बार प्रतिबंध लगाया, ताकि इसके बढ़ते प्रभाव को रोक सके। संघ स्वयं तो राजनीति में आया ही नहीं, भारतीय जनसंघ को समर्थन दिया, जो निरंतर अपनी शक्ति बढ़ाता रहा। 1977 में जनता दल तथा 1980 में भारतीय जनता पार्टी बन गया। कांग्रेस का विकल्प भी बना तथा भा.ज.पा. ने लोकप्रिय सरकार भी बनाई। मूल में राष्ट्रीय स्वयंसेवक संघ ही महान् अक्षयवट है। अखिल भारतीय विद्यार्थी परिषद्, विद्या भारती, सेवा भारती, विश्व हिंदू परिषद्, हिंदू मंच, व्यापारी संघ, किसान संघ, वनवासी कल्याण आश्रम आदि अनेक संस्थाएँ अपने-अपने क्षेत्र में कार्यरत हैं। यह बात पहले भी कही जा चुकी है, संघ स्वयं कुछ नहीं करता, परंतु संघ से प्रेरित एवं प्रशिक्षित स्वयंसेवक सभी कुछ

करते हैं। संस्थाएँ आवश्यकता के अनुकूल कार्य संपादन के लिए बनाई जाती हैं। संघ उनके लिए कर्मठ एवं समर्पित कार्यकर्ता निर्माण करता रहता है। आज हर क्षेत्र में, हर वर्ग में संघ के स्वयंसेवक देश एवं समाज की सेवा में लगे हुए हैं। नेहरूजी तथा सरदार पटेल में संघ के संबंध में मतभेद था। नेहरूजी गांधी-हत्या में संघ को दोषी सिद्ध करना चाहते थे, परंतु सरदार वल्लभ भई पटेल गृहमंत्री थे। पूरी जाँच के पश्चात् यह लिखित उत्तर पत्र में दिया कि संघ का इस हत्या में दूर-दूर तक कोई हाथ नहीं है। पूज्य गोलवलकरजी को पहले रिहा कर दिया था, परंतु नवंबर में पुनः गिरफ्तार कर लिया गया। तब जुलाई 1949 में प्रतिबंध उठाने के साथ-साथ एक लिखित संविधान भी स्वीकृत किया गया। यह संविधान भी एकनाथजी रानाडे की अध्यक्षता में दो सहायकों (बाला साहब देवरस तथा पी.वी. दाणी) ने तैयार किया था। इसे संशोधन करके पुनः पं. दीन दयाल उपाध्याय, श्री मौलिचंद्र शर्मा तथा श्री एकनाथ रानाडेजी ने तैयार किया। सरकार ने भी इसे स्वीकृत कर लिया। उसी के अनुसार संघ की प्रेरणा से अनेक संगठन अलग-अलग क्षेत्रों में कार्य कर रहे हैं, जिन्हें संघ परिवार की संज्ञा दी जाती है। अपनी मूल भावना को ध्यान में रखते हुए संघ स्वयं राजनीति में भाग नहीं लेता। डॉ. श्यामा प्रसाद मुकर्जी हिंदू संस्कृति के उत्थान का मार्ग राजनीति के माध्यम से पाना चाहते थे। पूज्य गोलवलकरजी ने संघ को तो राजनीति में आने की अनुमति नहीं दी, परंतु राजनीतिक दल में अपने योग्य स्वयंसेवक डॉ. मुकर्जी के सदुदेश्य के लिए अवश्य दे दिए।

□

16

भारतीय जनसंघ के अध्यक्ष डॉ. मुकर्जी

1951 में 31 अक्तूबर को रघुमल आर्य कन्या विद्यालय के प्रांगण में भारतीय जनसंघ का प्रथम अखिल भारतीय सम्मेलन संपन्न हुआ। सर्वसम्मति से डॉ. श्यामा प्रसाद मुकर्जी को अध्यक्ष चुना गया। दिल्ली, पंजाब, उत्तर प्रदेश का प्रतिनिधित्व ही अधिक था। अध्यक्ष को अपनी कार्यकारिणी गठित करनी थी। संविधान और घोषणा-पत्र की घोषणा करनी थी। महासचिव बनाए गए डॉ. भई महावीरजी तथा मौलिचंद्र शर्मा (दिल्ली से)।

कार्यकारिणी के सदस्य तय हुए—लाला बलराज भल्ला (पंजाब), पं. दीनदयाल उपाध्याय (उ.प्र.), अटल बिहारी वाजपेयी (उ.प्र.), दादा दवे (मध्य प्रदेश), विमल चंद्र बनर्जी (जबलपुर महाकौशल), बापू साहब सोहानी (बरार), घीसूलाल (अजमेर, राजस्थान), चिरंजीव लाल मिश्रा (राजस्थान), राजकिशोर शुक्ला (विंध्य प्रदेश), शिवकुमार द्विवेदी (बिहार), पी.एच. कृष्णराव (बैंगलोर, मैसूर), बलराज मधोक (पंजाब), रंग बिहारी लाल (दिल्ली), कृष्णपाल सिंह (उत्तर प्रदेश) तथा मन्मथनाथ दास (पश्चिमी बंगाल) भारतीय जनसंघ के प्रस्तावित घोषणा-पत्र को बहुत सोच-विचार के पश्चात् राष्ट्रीय सम्मेलन में पधारे प्रतिनिधियों की सहमति से पारित किया गया। आर्थिक तथा सामाजिक मामलों में उदारवादी और प्रगतिशील रुख अपनाया गया। हर क्षेत्र में सुधार की संभावनाओं को ध्यान में रखा गया। भोजन, कपड़ा और मकान की प्राथमिकता को सरकार की और समाज की जिम्मेदारी माना गया। अत: कपास, जूट और खाद्यान्नों की उपज बढ़ाने में सुधार की संभावनाओं को तलाश करवाने का लक्ष्य रखा गया। बेहतर बीज, खाद और भंडारण के प्रबंध पर काम करना आवश्यक घोषित किया गया। गाँवों में कुटीर उद्योग एवं घरेलू उद्योगों को उन्नत करने के लिए कृषकों की सहायता

करने का संकल्प लिया गया। जमींदारी प्रथा हटाकर किसानों को पट्टे पर जमीन देने का लक्ष्य रखा गया। मुनाफाखोरी पर लगाम लगाने के लिए कुछ चुने हुए हाथों में निजी उद्योगों का स्वामित्व न देकर को-ऑपरेटिव पद्धति पर बल देने की घोषणा की गई। लघु-उद्योगों को जापानी मॉडल पर विकसित करने का वादा किया गया। ग्राहकों तथा उत्पादकों (दोनों) का हित ध्यान में रखते हुए सरकारी नियंत्रण को बढ़ाने की बात रखी गई।

डॉ. श्यामा प्रसाद मुकर्जी कम्युनिस्ट विचारधारा के विरुद्ध थे। गरीब, अमीर के संघर्ष से समाज में सुधार की संभावना नहीं रहती, बल्कि परस्पर सहयोग से ही हर क्षेत्र में उन्नति होती है। श्रमिकों को उद्योग के लाभ में हिस्सेदारी देने की व्यवस्था रखी गई। इसके विपरीत कांग्रेस ने भारतीय जनसंघ के तथा रा.स्व. संघ के विषय में जनता में भ्रम फैलाने का प्रयास किया। कम्युनिस्टों स्वयं की प्रगतिवादी और संघ को रुढ़िवादी बताने लगे। उन सबका प्रयास था, मुसलमानों को भड़काना तथा हिंदू जनमानस के विरुद्ध खड़ा करना। कारण स्पष्ट था कि अनपढ़ या कम-पढ़ा लिखा मुसलिम समुदाय उनके बहकाने में आकर वोट (सामूहिक) डालता था। जबकि हिंदू परिवार एक घर में भी अलग-अलग विचार रखते थे।

परिवर्तन और प्रगति के लिए तीव्र गति से औद्योगीकरण के लिए पूँजी की वकालत की गई। विदेशी निवेशों की हिमायत की गई। राज्यों में आपस में सामान की यातायात नीति में सुधार की सिफारिश की गई। हिंदी को राष्ट्रभाषा तथा संपर्क भाषा बनाने का संकल्प लिया गया। भारतीय जनसंघ ने भारतीय संस्कृति को ध्यान में रखकर देश के पुनरुत्थान का स्वप्न सँजोया। हिंदुस्तान के सभी प्रदेशों एवं भाषाओं को अपना मानकर आगे सहयोग से बढ़ना होगा, द्वेष भाव से नहीं। अल्पसंख्यक या बहुसंख्यक किसी के भी तुष्टीकरण का मार्ग नहीं अपनाएँगे। शरणार्थियों के पुनर्वास का पूरा दायित्व सरकार का होगा। उनके जान-माल की सुरक्षा भी की जाएगी। कश्मीर को बिना किसी विशेष दर्जा दिए अन्य रियासतों के समान ही देश का अविभाजित अंग मानना चाहिए। संयुक्त राष्ट्र संघ में मामला ले जाना गलती थी, हमें यह मामला वापस लेना चाहिए; क्योंकि कश्मीर हमारा अंदरूनी मामला है।

कलकत्ता में 2 दिसंबर, 1957 को भारतीय जनसंघ के बैनर से एक सभा की गई। इस सभा में भाषण करते हुए डॉ. मुकर्जी ने बंगाल की विस्थापितों की समस्या पर खुलकर विचार व्यक्त किए। उन्होंने निस्संकोच कहा कि विभाजन के बाद पूर्वी पाकिस्तान में हिंदुओं की समस्याओं को सुलझाने में हमारी सरकार असफल रही है। उनकी समस्या को सुलझाने का भी दायित्व हमारी सरकार का ही है। कांग्रेस अपने

यहाँ अल्पसंख्यकों को लगातार आरक्षण और संरक्षण देती रही है, परंतु पाकिस्तान में अल्पसंख्यक हिंदुओं पर अत्याचार हो रहे हैं, जिसपर हमारी सरकार कुछ नहीं कर रही है। डॉ. मुकर्जी ने बंगाल की जनता से भारतीय जनसंघ में शामिल होने की अपील की। उन्होंने कहा कि भारतीय जनसंघ की स्थापना हमने रचनात्मक कार्य करने के लिए की है, कोई राजनीतिक लाभ लेने के लिए नहीं की। प्रधानमंत्री नेहरू अन्य राजनैतिक दलों को कुचलने की भावना रखते हैं। हमारी पार्टी एक दिन कांग्रेस का विकल्प बनकर खड़ी होगी। जनकल्याण ही हमारी पार्टी का लक्ष्य है।

भारतीय जनसंघ की नीतियों का प्रचार करने के लिए डॉ. मुकर्जी ने सारे देश में भ्रमण करने का निश्चय किया। देश भर में कार्यकर्ता खड़े करने के लिए अध्यक्ष का ऐसा कार्यक्रम आवश्यक भी था। नई पार्टी थी, साधनों का अभाव था। यातायात के साधन भी कम ही थे। कांग्रेस का सर्वत्र प्रभाव था। यहाँ तक कि समाचार-पत्रों पर भी कांग्रेस सरकार का भारी प्रभाव था। उन्हें सरकारी खजाने से विज्ञापन के लिए भारी धनराशि प्राप्त होती थी। अंग्रेजी के अखबार 'दि स्टेट्समैन' ने डॉ. मुकर्जी के भारतीय जनसंघ के परिचयात्मक लेख को 21 दिसंबर 1951 को छापा। इसका बहुत लाभ हुआ। पढ़े-लिखे वर्ग को भारतीय जनसंघ की सामान्य जानकारी प्राप्त हो गई। लेख में पार्टी के लक्ष्य और नीति को स्पष्ट किया गया था। जनहित में पार्टी कैसे कार्य करेगी और कांग्रेस की गलत नीतियों पर कैसे लगाम लगाएगी, यह सब प्रचार इस लेख के प्रकाशन से हो गया। इससे बहुत लाभ हुआ।

नई दिल्ली में 31 अक्तूबर, 1951 में हुए सम्मेलन के पश्चात् सभी कार्यकर्ताओं ने अपने-अपने प्रदेशों में जाकर तेजी से कार्य करना प्रारंभ किया। जगह-जगह पार्टी की इकाइयों का गठन किया गया। छोटी-बड़ी सभाएँ भी आयोजित की गईं। राष्ट्रीय मुद्दों को उठाया गया। जनता की समस्याओं को सुलझाने के वायदे किए गए। उनकी दबी हुई इच्छाओं और आशाओं को जाग्रत् किया गया। जनता को यह भी समझाया गया कि कम्युनिस्टों की तरह जनसंघ किसी वाद से बँधी नहीं हैं, पार्टी की निष्ठा अखंड भारत के प्रति है। कृषि भूमि विस्तार, खद्यान्नों का उत्पादन और महँगाई कम करना पार्टी की प्रमुखता है। शोषण के अवसर रोककर जनकल्याण की ओर बढ़ना हमारा लक्ष्य है। स्वदेश में वस्तुओं का उत्पाद बढ़ाना और स्वदेशी की भावना का प्रचार करना है, ताकि विदेशों की निर्भरता में कमी आए।

1952 में पहला आम चुनाव होना था। उससे पहले ही भारतीय जनसंघ का संगठन देश के अधिकतर भागों में पहुँच चुका था। जवाहरलाल नेहरू के साथ डॉ. मुकर्जी काम कर चुके थे। सफलता से मंत्री पद सँभाल चुके थे। पर नेहरू

उनके प्रखर व्यक्तित्व का उचित सम्मान करने की जगह, उन्हें अपना प्रतिद्वंद्वी नेता मानने लगे थे। संघ को तो वो सांप्रदायिक दल मानते थे। अब संघ से समर्थन प्राप्त भारतीय जनसंघ को तो नेहरूजी ने द्वेषभाव से ही देखा। डॉ. मुकर्जी जानते थे कि कांग्रेस के पास सत्ता है और साधन भी हैं। उसकी तुलना में पार्टी बहुत कमजोर है, परंतु अपने सद्भावपूर्ण लक्ष्य, अपने अनुशासित कार्यकर्ताओं की कर्तव्यनिष्ठा के कारण डॉ. मुकर्जी आत्मविश्वास से भरे हुए थे। चुनाव बहुत निकट थे। सभी कार्यकर्ता अपने-अपने क्षेत्र में काम में लग गए। हिंदू महासभा, रामराज्य परिषद् जैसे समान विचार वाले दलों से गठबंधन भी किया। नेहरूजी की छवि का प्रभाव जनसाधारण पर व्यापक था। हिंदू विचार को सरकार के प्रचार तंत्र ने सांप्रदायिक करार दे दिया था। फिर भी कांग्रेस का सामना करने के लिए डॉ. श्यामा प्रसाद ने अपने लिए अत्यंत कठोर तथा व्यस्त कार्यक्रम बनाया। प्रो. बलराज मधोक पंजाब और उत्तर भारत के कई दौरों में उनके साथ रहे थे। उन्होंने बताया कि रेल और कार से दो सौ-तीन सौ मील तक यात्रा करना सामान्य समझते थे। प्रात: 5 बजे उठकर 6.30 बजे तक यात्रा पर निकल जाते थे, रात को 10.30 बजे तक लगातार प्रचार में व्यस्त रहते थे। अनेक यात्राओं में संघ के युवा प्रचारक केदारनाथ साहनी भी उनके साथ रहे। इसके विपरीत, प्रधानमंत्री नेहरू के पास प्रचार के सभी साधन थे। सरकारी साधनों का भी पूरा उपयोग किया जाता था।

डॉ. मुकर्जी पांडिचेरी में अरविंद आश्रम भी गए। वहाँ जाकर उन्होंने देखा कि योगीराज अरविंद घोष जहाँ बैठकर ध्यान करते हैं, वह कोई मूर्ति नहीं अपितु अखंड भारत का मानचित्र है। देशभक्त डॉ. मुकर्जी की देश के प्रति निष्ठा और भी सुदृढ़ हो गई।

यद्यपि प्रधानमंत्री के नाते पं. नेहरू का मुकर्जी बहुत सम्मान करते थे। सामान्यत: कार्यकर्ताओं से नेहरूजी की आलोचना किया जाना पसंद नहीं करते थे, तथापि भारत के विभाजन के लिए वे नेहरूजी को ही जिम्मेदार मानते थे। लाखों परिवारों का विघटन, उत्पीड़न और मृत्यु के लिए वे नेहरूजी को ही दोषी मानते थे। पहले महात्मा गांधीजी बँटवारे के विरोध में थे। उनका मानना था कि नेहरूजी ने ही गांधीजी को विभाजन की बात मानने को विवश किया था; क्योंकि उनके मन में प्रधानमंत्री बनने की लालसा थी। उनका यह भी विचार था कि कांग्रेस ने ही मुसलिम सांप्रदायिकता को बढ़ावा दिया, तभी सांप्रदायिक दंगे हुए। हिंदू तो जन्मजात उदारवादी होते हैं। हिंदुओं पर आरोप लगाना उसी कहावत की तरह है—उलटा चोर कोतवाल को डाँटे!

राष्ट्रीय स्वयंसेवक संघ से जुड़े युवा कार्यकर्ताओं का डॉ. मुकर्जी मन से सम्मान करते थे। उनपर पूर्ण विश्वास भी रखते थे। भारतीय जनसंघ ने अपनी पूरी टीम के साथ पूरी शक्ति लगाकर चुनाव लड़ा। परंतु परिणाम परिश्रम की तुलना में बहुत निराशाजनक रहा। पूरे देश में जनसंघ को 3.06 प्रतिशत वोट मिले। 94 सीटों पर चुनाव लड़ा था। सारे देश में केवल तीन सीटों पर विजय मिली। यहाँ तक कि अटल बिहारी वाजपेयी भी हार गए। लोकसभा की मात्र तीन सीटों पर जीत होने पर भी डॉ. मुकर्जी निराश नहीं थे।

लोकसभा में भी तथा विधानसभाओं में भी पश्चिमी बंगाल और राजस्थान में ही कुछ सफलता मिली। पश्चिमी बंगाल में लोकसभा की दो तथा राजस्थान में एक सीट पर सफलता मिली। विधानसभा में बंगाल में, राजस्थान में तथा उत्तर प्रदेश में सब मिलाकर केवल 35 सीटें आईं। निष्कर्ष यह निकला कि प्रचार हेतु धन की कमी तथा युवा कार्यकर्ताओं में अनुभव की कमी के कारण सफलता सीमित रही। परंतु डॉ. मुकर्जी तथा प्रचारकों की टीम में आत्मविश्वास की कमी नहीं हुई। उनके सामने संघ का आदर्श था। डॉ. हेडगेवार तो अकेले थे, तब देशभर में अपने कार्यकर्ता खड़े कर दिए। धनाभाव की उनके सामने भी समस्या थी। जनसंघ के पास तो कार्यकर्ताओं की टीम है, वक्ता हैं, संयोजक हैं। निश्चित ही हमें सफलता मिलेगी। यह तो पहला प्रयास था। अभी समय भी बहुत कम था, फिर भी हमने कुछ सफलता पाई है। कम-से-कम भारतीय जनसंघ का नाम ही देश की जनता तक पहुँचा पाए। सत्ताधारी कांग्रेस के पास सरकारी साधन थे, जिनका खुलकर प्रयोग किया गया। लेखक के पिताजी तथा बड़े भाई सरकारी कर्मचारी थे। शाखा का स्वयंसेवक लेखक तब स्कूली छात्र था। गलियों में परचे बाँटने तथा बच्चों की टोलियों में नारेबाजी करने जाता था तो बड़े भाई ने डाँटकर कहा था—"हम तो सरकारी कर्मचारी हैं, कांग्रेस के अतिरिक्त और किसी पार्टी का समर्थन नहीं कर सकते।" लगता है, सरकारी कर्मचारियों को भी ऐसा निर्देश दिया गया था।

संसद् में बड़ी संख्या न होने पर भी डॉ. मुकर्जी अपनी बात कहने में डरते नहीं थे। उस समय भी कश्मीर समस्या पर उन्होंने कहा था—"पं. नेहरू ने कश्मीर पर जनमत संग्रह की बात कही, परंतु पाकिस्तान तो युद्ध के लिए सामने खड़ा है, उससे शांति की वार्त्ता कायरता है। इतना ही नहीं, जो हम पर आक्रमण कर रहा है, उसकी सहायता करना किसी देश की नीति नहीं हो सकती है। पाकिस्तान को प्रतिदिन 250 वैगन भरकर कोयला भेजा जाता है। इसका क्या मतलब है? वह हमारे भेजे कोयले से अपने उद्योग चलाता है, बिजली बनाता है, हथियार बनाता

है और हमारे सीमावर्ती इलाकों पर आए दिन हमले करता है। कोई समझदार ऐसी आत्मघाती नीति नहीं अपनाता है।" नेहरूजी बात को टाल गए थे, क्योंकि इसका उत्तर उनके पास था ही नहीं।

17 सितंबर, 1951 का एक भाषण भी लोगों के लिए याद रखने योग्य बन गया था। उन्होंने जोरदार ढंग से आम नागरिक संहिता का मुद्दा, हिंदू कोड बिल के विरोध करते समय उठाया था। सेक्युलरिज्म को एक बीमारी बताकर खारिज किया था। हिंदू को एक विवाह और मुसलमानों को चार विवाह करने की छूट देना कैसा न्याय है? इससे देश की जनसंख्या का विकास हमें किस दिशा में ले जाएगा?

कश्मीर पर विचार व्यक्त करते हुए डॉ. मुकर्जी को नेहरूजी ने कहा था—"मैं कश्मीर को मुकर्जी से अधिक जानता हूँ।" इस पर डॉ. मुकर्जी ने कहा था—"आप संसार में सबसे अधिक जानते हैं। अत: किसी की सलाह आप कभी नहीं मानते।" स्वतंत्र भारत का यह पहला आम चुनाव था। चुनाव में भाग लेनेवाले सभी अनजान थे। कार्यकर्ता भी नौसीखिए थे। यहाँ तक कि चुनाव आयोग भी अनुभवी नहीं था। स्वतंत्र था, परंतु स्वयं को सरकारी कर्मचारी ही मानकर व्यवहार करता था। मशीनें नहीं थीं। बैलेट नंबर हर पार्टी के अलग-अलग होते थे। जानकर या गलती से जिस बक्से में पर्ची डल गई, वोट उसी का हो गया। एक अच्छा परिणाम यह हुआ कि जिस प्रतिशत से देशभर में भारतीय जनसंघ को वोट मिले, उसे एक राष्ट्रीय पार्टी की मान्यता प्राप्त हो गई। कई स्थलों पर जनजसंघ को पुरानी कम्युनिस्ट, प्रजापरिषद् आदि पार्टियों से भी अधिक प्रतिशत में वोट मिले।"

प्रधानमंत्री जवाहरलाल नेहरू को डॉ. मुकर्जी से चिढ़ थी, परंतु प्रकट में एक-दूसरे की बुराई नहीं करते थे। कम्युनिस्ट नेता हीरेन मुकर्जी भी श्यामा प्रसाद मुकर्जी का विचार भेद होने के बाद भी पूरा सम्मान करते थे। सच तो यह है कि डॉ. मुकर्जी का व्यक्तित्व इतना रोबीला तथा गंभीर था कि उनके सामने आने पर लोग प्रभावित हुए बिना नहीं रह सकते थे। डॉ. मुकर्जी जब संसद् में बोलते थे तो उनकी बात सुनने के लिए सभी शांत होकर सुनते थे। नेहरूजी के लिए उनकी बढ़ती लोकप्रियता द्वेष का कारण बनती जा रही थी। 28 मार्च, 1951 को लोकसभा में बोलते हुए उन्होंने नेहरू नीति की खूब बखिया उधेड़ी थीं—

"यह अहंकार ही है। कृपया यह बताइए कि कश्मीर के निवासी पहले भारतीय हैं या पहले कश्मीरी हैं? वहाँ शेख अब्दुल्ला स्वयं को प्रधानमंत्री कह रहे हैं, मानो कश्मीर एक अलग देश है, तो फिर विलय का क्या अर्थ हुआ? दूसरी ओर पूर्वी पाकिस्तान में हिंदुओं को डराकर पलायन के लिए मजबूर किया जा रहा

है।" डॉ. नियोगी तथा स्वयं मुकर्जी ने मंत्री पद से इसी मुद्दे पर त्यागपत्र दे दिया था। उनका कहना था कि लियाकत अली–जवाहरलाल नेहरू के समझौते का क्या परिणाम निकला? समझौते का पालन न करने पर भारत ने क्या प्रतिक्रिया व्यक्त की? पूर्वी पाकिस्तान में हिंदुओं, ईसाइयों तथा बौद्धों पर हुए अत्याचारों पर कोई प्रतिक्रिया न देना नेहरूजी की नीति ही मूल कारण है। इस मुद्दे को डॉ. मुकर्जी संसद् में तथा सार्वजनिक सभाओं में बार–बार उठाते रहे। परंतु नेहरूजी ने अपनी नीति पर कभी पुनर्विचार नहीं किया। वे अपनी जिद पर अड़े रहे।

23 नवंबर, 1951 को 'पूर्वी बंगाल दिवस' मनाया गया। नई दिल्ली के रामलीला मैदान में इस दिन एक विराट् सभा हुई। इस अवसर पर डॉ. मुकर्जी ने कहा, "पाकिस्तान से व्यापारिक रिश्ते तोड़कर अपनी नाराजगी व्यक्त करनी चाहिए। पाकिस्तान ने उन करोड़ों लोगों पर अत्याचार किए, जो अखंड भारत में विश्वास रखते थे। हम आक्रमणकारी देश का कोई विरोध नहीं करेंगे। उनकी सहायता करेंगे, उन्हें व्यापार सुविधा लगातार देते रहेंगे। आप शायद इस प्रकार स्वयं को महापुरुष सिद्ध करना चाहते हैं, परंतु इतिहास आपको कायर और अदूरदर्शी प्रधानमंत्री ही मानेगा। आपकी कमजोर तथा दुविधापूर्ण नीतियों के कारण पाकिस्तान को मनमानी करने की हिम्मत मिली है। यह तुष्टीकरण की नीति वीरता नहीं, कायरता कहलाएगी।"

'टाइम्स ऑफ इंडिया' में प्रकाशित एक लेख में लिखा गया कि सरकार वल्लभ भाई पटेल की सोच डॉ. श्यामा प्रसाद मुकर्जी में स्पष्ट दिखाई पड़ती है। देश की ज्वलंत समस्याओं पर डॉ. मुकर्जी ने कई स्मरणीय भाषण दिए। एक बार उन्होंने भाषण में कहा, "शुतुरमुर्ग की तरह समस्याओं से मुँह छिपाने से काम नहीं चलेगा। हमें अपनी सीमाओं का स्पष्ट निर्धारण करना चाहिए। देश के सभी दलों के चोटी के नेताओं को बुलाएँ और सबकी सलाह से समस्याओं पर विचार करके समाधान निकालें। हर समस्या को नजरअंदाज करते हुए बढ़ने दिया जाए, यह नीति दुष्परिणाम ही लाएगी। देश के अंदर प्रांतों की सीमा निर्धारण में विलंब का परिणाम वैमनस्य को बढ़ानेवाला ही होगा।"

उन्होंने लोकसभा में यह भी कहा कि हम कोई साजिशकर्ता या देश के दुश्मन नहीं हैं। हम भी देश के हित और देश की सेवा का लक्ष्य लेकर ही आए हैं। हम चाहते हैं देश का विकास हो। केवल पार्टी तक हमारी सोच नहीं होनी चाहिए। अन्य व्यक्तियों की सोच और बात को भी महत्त्व देना चाहिए। किसी अन्य की बात भी देशहित में हो सकती है। 2 अगस्त, 1952 को उन्होंने कैलाशनाथ काटजू के एक

बिल के विरोध में बोलते हुए कहा था—"यह बिल लोकतांत्रिक मूल्यों के विरुद्ध है। इस बिल में निराधार शक के आधार पर किसी पर आरोप लगाकर उसे गिरफ्तार करने की नीति बनाई जा रही है। ऐसी भावना ही लोकतंत्र के विरुद्ध है।" डॉ. मुकर्जी ने बिल की भावना का विरोध करते हुए स्वयं कैलाशनाथ काटजू की पुस्तक एवं पृष्ठ का उल्लेख किया।

पूर्वी बंगाल की ही तरह डॉ. मुकर्जी ने जम्मू-कश्मीर की समस्या को भी उठाया। क्षेत्रफल के हिसाब से जम्म-कश्मीर भारत का सबसे बड़ा राज्य था। इसका क्षेत्रफल 84471 वर्गमील है, जम्मू क्षेत्र हिंदू बहुल है, यहाँ डोगरी भाषा बोली जाती है। हिंदू संस्कृति एवं परंपराएँ समाज में मान्य हैं।

दूसरा बड़ा क्षेत्र घाटी का है। घाटी में सुन्नी मुसलमानों की 90 प्रतिशत संख्या है। उसमें 10 प्रतिशत हिंदू पंडित है, जो कश्मीरी भाषा बोलते हैं। मुजफ्फराबाद और मीरपुर इलाके में पंजाबी भाषी मुसलमान रहते हैं। सिक्ख भी बीच-बीच में बसे हुए हैं। हिंदूकुश पर्वत कराकोरम के बीच भी छिटपुट आबादी है। सुदूर उत्तर में गिलगित और बाल्टिस्तान हैं। पूर्वोत्तर में लद्दाख है, जहाँ बौद्ध और शिया मुसलमान बसे हैं। अक्षय चिह्न (अक्साईचिन) चोटी पर बर्फ है, परंतु आसपास की पहाड़ियों में बक्करवाल गूजर और कबायली रहते हैं, जिनके अपने रीति-रिवाज और भाषा है। इस सारे क्षेत्र पर डोगरा राजा हरीसिंह का शासन था। पहले तो नेहरूजी ने उन्हें भारत विलय के लिए तैयार नहीं किया। सरदार पटेल ने 583 रियासतों को भारत संघ राज्य में मिलाया, परंतु नेहरूजी ने कश्मीर से स्वयं बात करने का भरोसा दिया और राजा हरीसिंह से बात नहीं की। राजा हरीसिंह के शासन में कश्मीरी पंडितों को तथा जम्मू क्षेत्र के डोगरों को कुछ विशेषाधिकार प्राप्त थे, जिससे सुन्नी मुसलमानों में द्वेष की भावना भर गई थी। देश की आजादी के साथ ही उनकी यह द्वेष वृत्ति सीमा से अधिक बढ़ गई। नेहरूजी के मन में नरम कोना पाकर उन्होंने इसका लाभ उठाया। इस समस्या पर डॉ. मुकर्जी ने क्या प्रयास किए, यह अगले अध्याय में विस्तार से दिया जाएगा।

□

17

जम्मू-कश्मीर समस्या पर आंदोलन

जम्मू-कश्मीर के राजा हरीसिंह ने भारत में विलय के प्रस्ताव पर तब हस्ताक्षर किए, जब पाकिस्तानी सेना और कबायली लुटेरों ने कश्मीर पर आक्रमण कर दिया। इसके साथ ही रक्षा का भार भारत पर आ गया। सरदार पटेल गृहमंत्री तथा उपप्रधानमंत्री थे। तुरंत सेना को श्रीनगर भेजा। श्रीनगर हवाई अड्डा जहाज उतारने के योग्य नहीं था। श्रीनगर में सेना के अधिकारी ने संघ के अधिकारी से तीन सौ स्वयंसेवक मदद के लिए माँगे। श्री प्रेमनाथ डोगरा से संपर्क किया गया। राष्ट्रीय स्वयंसेवक संघ के पाँच सौ स्वयंसेवक सेवा हेतु पहुँचे। हवाई अड्डे पर झाड-झंखाड़ खड़े थे। रोड़े-पत्थर पड़े थे। लगातार सात घंटे के श्रमदान से सब साफ करके सड़क बना दी गई। भारतीय सेना हथियारों के साथ हवाई पट्‍टी पर उतर गई। युद्धस्थल तक साजोसामान और भोजन सामग्री पहुँचाने का दायित्व भी स्वयंसेवकों ने निभाया। भारतीय सैनिक पाकिस्तानी सेना से जमकर युद्ध करने लगे। यह वर्णन लेखक को प्रो. बलराज मधोक ने स्वयं एक बैठक में बताया। प्रो. मधोक 1957 में नई दिल्ली से संसद् के लिए चुनाव लड़े थे। तब मैं उनकी टीम का एक युवा सदस्य था। सेवानगर शाखा का मुख्य शिक्षक था।

भारतीय वीर सैनिकों ने कबायली समर्थित पाकिस्तानी सेना को पीछे हटने को विवश कर दिया। बारामूला में नदी के पुल पर युद्ध चल रहा था। पीछे हटती उनकी सेना पुल के पश्चिमी छोर पर पहुँच गई थी। भारत की वीर सेना पूर्वी तट पर थी। तभी प्रधानमंत्री नेहरूजी का आदेश मिला। इसी आदेश के साथ युद्ध रोक दिया गया। जो हिस्सा बारामूला के उस पार रह गया, वह अब तक पाकिस्तान के पास है। जिसे हमारे सैनिक जीत पाए, वह हमारे पास है। तथ्य जानने योग्य यह है कि

राजा हरीसिंहजी के संधि पर हस्ताक्षर के साथ ही जम्मू, कश्मीर, लद्दाख, गिलगित और बाल्टिस्तान तक सारा प्रदेश भारतीय हो गया था।

जो हिस्सा पाकिस्तान के पास रह गया, वह 'पी.ओ.के.' कहलाता है। उस तरफ से पाकिस्तान सदा आतंकवादी भेजता है। जो कुछ छीन तो नहीं पाते, परंतु अपनी जन्नत जाने की इच्छा पूरी कर लेते हैं। सरकार अपनी शांति नीति के कारण पाकिस्तान पर सीधे आक्रमण नहीं करती। उसे लगता है कि सीधे आक्रमण से हमारे देश के मुसलमान नाराज हो जाएँगे। यही तुष्टीकरण कहलाता है। मुसलमानों के वोट प्राप्त करने के लिए, उन्हें प्रसन्न करने के लिए तरह-तरह की सुविधाएँ देते रहना कांग्रेस की नीति प्रधानमंत्री नेहरूजी की विरासत है। दूसरी ओर भारतीय जनसंघ को (अब भारतीय जनता पार्टी) को सदा सांप्रदायिक कहकर घृणा फैलाते हैं।

डॉ. मुकर्जी ने 1952 में संसद् के भाषण में कहा, "प्रधानमंत्री नेहरूजी हमारी पार्टी पर सांप्रदायिक होने का आरोप मढ़ते हैं। हमारे सवालों का उनके पास जवाब नहीं होता, तो सांप्रदायिक बताकर पल्ला झाड़ लेते हैं। आज तक कभी सिद्ध नहीं किया कि हमारी कौन सी गतिविधि सांप्रदायिक है? हम तो ऐसा समाज बनाना चाहते हैं, जहाँ विभिन्न धर्मों के लोग मिल-जुलकर रह सकें, सभी नागरिकों के अधिकार समान हों। सब पर एक ही कानून लागू हों। प्रधानमंत्रीजी! प्रेमनाथ डोगराजी से व्यक्तिगत संपर्क करके उनके जीवन को जानें और समझें। वे किसी से घृणा नहीं करते।

"आप जम्मू के डोगरों को समाप्त करना चाहते हैं, जो आप कभी नहीं कर पाएँगे। आप शेख अब्दुल्ला पर भरोसा अधिक करते हैं। आप एक जगह बिठाकर दोनों की बात सुनें, उन्हें आपस में लड़कर हार-जीत का अवसर मत दीजिए, बल्कि साथ मिलकर जम्मू-कश्मीर की समस्या को सुलझाएँ।"

डॉ. मुकर्जी ने कश्मीर समस्या को अंतरराष्ट्रीय मंच पर ले जाने को भी भूल बताया। उन्होंने शेख अब्दुल्ला के दिए वक्तव्य पर भी स्पष्ट एतराज जताया। शेख के शब्द थे—"हम सौ फीसदी संप्रभु संस्था हैं। कोई भी देश हमारी राह का रोड़ा नहीं बन सकता। भारतीय संसद् या किसी अन्य राज्य का हमारे राज्य पर कोई अधिकार नहीं हैं।" शेख अब्दुल्ला ने यह भी घोषणा की कि कश्मीर राज्य का झंडा अलग है। केवल दो मौकों पर तिरंगा फहराया जाएगा, शेष सभी अवसरों पर कश्मीर का अपना झंडा ही रहेगा। डॉ. मुकर्जी ने पूछा, क्या शेख अब्दुल्ला के इन बयानों से देश की एकता, अखंडता पर विपरीत प्रभाव नहीं पड़ता? आपने इसका विरोध क्यों नहीं किया? आप शेख अब्दुल्ला के सामने घुटने क्यों टेक रहे हैं? आप इतने बड़े

देश के प्रधानमंत्री कहलाना चाहते हैं, जबकि संविधान उन्हें मुख्यमंत्री मानता है। एक देश में दो प्रधानमंत्री कैसे हो सकते हैं? वहाँ भारत के राष्ट्रपति को भी हस्तक्षेप का कोई अधिकार नहीं, तो क्या हमने उसे एक अलग देश मान लिया? राष्ट्रपति के दखल को भी न माने तो भी क्या आपको प्रतिक्रिया नहीं देनी चाहिए? यदि आज एक राज्य को उसकी मनमानी करने की छूट दी गई तो धीरे-धीरे अन्य राज्य भी स्वाधीन होने की माँग करेंगे। इस प्रकार देश खंडित हो जाएगा।"

डॉ. मुकर्जी ने पूछा, "आखिर शेख अब्दुल्ला की बेतुकी माँगों का समर्थन नेहरूजी करते हैं, इसके पीछे उनकी क्या मजबूरी है?"

महाराजा हरीसिंह के सुपुत्र राजकुमार कर्ण सिंह को राज्यपाल बनाया गया। कश्मीर के लोगों ने राज्यपाल को 'सदरे रियासत' नाम दिया। दो झंडे, दो प्रधानमंत्री एक देश में कैसे रहे सकते हैं? दुनिया भर में किसी देश में ऐसा नहीं होता। औरों को कैसा लगा, पता नहीं, परंतु डॉ. मुकर्जी ने संकल्प लिया—"एक देश में दो विधान, दो प्रधान और दो निशान नहीं चलेंगे।"

इसी राय को माननेवाले जम्मू क्षेत्र के डोगरा लोग भी थे। श्री प्रेमनाथ डोगरा के पीछे जम्मू का पूरा डोगरा समाज तैयार खड़ा था। कश्मीर राज्य सरकार की ओर से जम्मू-कश्मीर में बिना अनुमति-पत्र (पासपोर्ट) के प्रवेश निषेध था। प्रेमनाथ डोगरा की प्रजा परिषद् पार्टी एक सशक्त पार्टी थी, परंतु शेख अब्दुल्ला सरकार में उनकी कोई भागीदारी नहीं थी। जम्मू क्षेत्र में हिंदू बहुल क्षेत्र थे, जहाँ जगह मिली, मुसलमान अधिकारी कश्मीर देश, कश्मीरी भाषा और इसलाम की बातें करने लगे। प्रजा परिषद् के आंदोलनकारी लोगों को महीनों बंदी बनाकर रखा गया।

राज्य में विधानसभा के चुनाव की घोषणा हुई। प्रजा परिषद् पार्टी के लोगों ने तैयार की और नामांकन पत्र भरे। शेख अब्दुल्ला की सरकार के विरुद्ध वहाँ भी कोई सुनवाई नहीं हुई। शेख अब्दुल्ला और साथी जम्मू के डोगरा लोगों से घृणा करते थे। सदरे रियासत डॉ. कर्ण सिंह ने भी इसका जिक्र किया है।

नेशनल कान्फ्रेंस के डोगरा विरोधी व्यवहार की प्रतिक्रिया भी होनी शुरू हो गई। राज्य का अलग झंडा सरकारी इमारतों पर फहराने लगा। 1952 में विरोध चरम पर पहुँच गया। जम्मू के गांधी मेमोरियल स्कूल में छात्रों ने कश्मीरी झंडे को सलामी देने का विरोध किया। प्रशासन ने उनसे बहुत बुरा व्यवहार किया। इसपर कॉलेज के छात्र हड़ताल पर चले गए। हड़ताल के समय ही प्रेमनाथ डोगरा को गिरफ्तार कर लिया गया। वहाँ कर्फ्यू लगा दिया गया। कश्मीर के हालात खराब हो गए, परंतु पं. नेहरू का विचार देशभर से अलग था। उनकी दृष्टि में शेख अब्दुल्ला की मंशा का

भी पता लग गया। वह कश्मीर को अलग देश बनाना चाहता था और इसलामी देश घोषित करने की योजना उसके दिमाग में थी; परंतु मुकर्जी की समझ में यह नहीं आया कि नेहरूजी की समझ में शेख अब्दुल्ला की साजिश क्यों नहीं आई? या जान-बूझकर भी शेख को समर्थन देने की उनकी क्या मजबूरी थी? उस समय 70 वर्ष के वयोवृद्ध पं. प्रेमचंद डोगरा की कर्मठता और ईमानदार प्रयासों से डॉ. मुकर्जी अत्यधिक प्रभावित थे। प्रेमनाथ डोगरा ने अपने आंदोलन में उनसे समर्थन माँगा तो डॉ. मुकर्जी ने सहर्ष स्वीकार कर लिया। डोगराजी ने प्रधानमंत्री नेहरूजी से भी मिलने का समय माँगा, परंतु उन्हें नेहरूजी ने दो मिनट का समय भी नहीं दिया, क्योंकि नेहरूजी को शेख अब्दुल्ला की अधिक चिंता थी।

26 जून, 1952 को 'कश्मीर दिवस' मनाने की तैयारी चल रही थी। इससे पहले 26 जून को डॉ. मुकर्जी ने अपने भाषण में कहा, "कश्मीर के संबंध में इन प्रश्नों पर विचार करने की आवश्यकता है। पहला सवाल अलग झंडा क्यों? राज्यपाल किसी निर्वाचित नेता की जगह राजपरिवार से क्यों? धारा 370 लगाकर विशेष दर्जा क्यों? अलग संविधान क्यों?"

धारा 370 भारत के संविधान में बाद में जोड़ी गई एक अस्थाई धारा है। संविधान में इसके सम्मिलित करने में भी गड़बड़झाला है। इसके प्रभाव से—

1. धारा 238 के प्रावधान जम्मू-कश्मीर में लागू नहीं होंगे।
2. इस राज्य के लिए संसद् सब विषयों पर कानून नहीं बना सकती।
3. राष्ट्रपति के द्वारा जम्मू-कश्मीर के राजा के नाते जिसकी मान्यता है, वह मंत्रियों की सलाह पर शासन कर रहा है। उस पर संसद् का कोई कानून नहीं चलेगा।
4. संविधान के ऐसे ही दूसरे प्रावधान उस राज्य में लागू होंगे, जिनमें जरूरत और आशा के अनुरूप राष्ट्रपति के आदेश से बदलाव किए जाएँगे।
5. बशर्ते कि ऐसा विषय, जो इंस्ट्रूमेंट ऑफ एक्सेशन में नहीं आता।
6. सबक्लाज बी को राज्य सरकार द्वारा विचार किए बिना जारी नहीं किया जा सकता।
7. बिना राज्य सरकार की सहमति के कोई केंद्रीय आदेश लागू नहीं हो सकता। पहले उसे राज्य की विधानसभा में प्रस्तुत किया जाएगा। यदि राज्य की विधानसभा उसे स्वीकृत करे, तभी वह कानून राज्य में लागू होगा।

इस प्रकार के प्रावधानों वाली धारा 370 को 17 नवंबर, 1952 से संविधान में शामिल कर लिया गया।

कुछ स्पष्टीकरण भी जोड़े गए। राज्य सरकार से अभिप्राय है—'सदर-ए-रियासत', जिसे विधानसभा की सहमति से ही राष्ट्रपति ने मनोनीत किया है।

दूसरी प्रमुख बात यह निकलकर आई कि रक्षा, विदेश मामले, वित्त एवं संचार के अतिरिक्त केंद्र सरकार का कोई भी निर्णय मानने के लिए राज्य सरकार बाध्य नहीं होगी।

तीसरी प्रमुख विशेष बात देश के अन्य राज्यों से बिल्कुल अलग करती है। इसके अनुसार, यदि अन्य राज्यों का कोई निवासी कश्मीर की महिला से विवाह करता है तो वह कश्मीर का नागरिक नहीं बन सकता। यदि महिला किसी अन्य राज्य के व्यक्ति से विवाह करती है तो वह भी अपने नागरिक अधिकार खो देगी।

जो कश्मीर का अधिकृत नागरिक नहीं है, वह कश्मीर में जमीन नहीं खरीद सकता और न ही संपत्ति बना सकता। यह धारा शेख अब्दुल्ला की इस आशंका को समाधान देने के लिए लगाई गई कि विभाजन के परिणामस्वरूप पंजाब से आए हिंदू एवं सिक्ख शरणार्थी जम्मू-कश्मीर में आ रहे हैं, वे यहाँ स्थायी निवासी बनकर राज्य के मुसलिम बहुल रूप को न बदल दें।

पं. नेहरू शेख अब्दुल्ला के दबाव में सारी बातें मानते चले गए और देश पर ये निर्णय थोप दिए गए, जो देशहित में नहीं थे।

इस धारा 370 पर नेहरूजी ने सरदार पटेल को भरोसे में नहीं लिया। बड़ी चालाकी से प्रारूप तैयार करके नेहरूजी स्वयं विदेश यात्रा पर चले गए। इस धारा को पारित करवाने की जिम्मेदारी बिना विभाग के मंत्री गोपालस्वामी आयंगर को दे गए। डॉ. भीमराव अंबेडकर संविधान सभा की प्रारूप समिति के अध्यक्ष थे। उन्होंने सरदार पटेल से चर्चा की। दोनों ही इस धारा को जोड़ने के पक्ष में नहीं थे। पार्टी की बैठक में ही इसका विरोध किया गया। आयंगर ने नेहरूजी की इच्छा का सम्मान करने के लिए पटेलजी से व्यक्तिगत आग्रह किया। पटेल ने अन्य सदस्यों से कहा कि कुछ अंतरराष्ट्रीय पेचीदगी हैं, तभी नेहरूजी ने यह प्रारूप तैयार किया है। यह आयंगर महोदय का अपनी ओर से लाया गया प्रस्ताव नहीं है, परंतु प्रस्ताव पढ़ने पर सरदार पटेल विरोध पर अड़ गए और शेख अब्दुल्ला की मनमानी पर नाराज भी हुए। गोपालस्वामी आयंगर ने सफाई दी कि कश्मीर को अलग दर्जा देने का निर्णय नेहरूजी ने वहाँ की विशेष परिस्थिति पर गहरा विचार करके दिया है। उस राज्य को अन्य राज्यों के समान भारत में सामान्यत: विलय करने में कठिनाई है। यह धारा अस्थायी है। परिस्थिति सामान्य होगी तो इसे हटा दिया जाएगा। आयंगरजी के इस आश्वासन पर धारा 370 संविधान में जोड़ दी गई।

डॉ. मुकर्जी ने इस धारा के विरोध में वक्तव्य भी दिए। उन्होंने राज्य से हिंदी को मान्यता न दिए जाने का भी विरोध किया। उन्होंने यह भी कहा कि इस धारा के कारण कश्मीर और भारत के बीच एक दीवार खड़ी कर दी गई है। हिंदी को मान्यता न देकर जम्मू और कश्मीर एक ही प्रदेश के दोनों भाग भी सांप्रदायिक भावना से अलग कर दिए गए हैं। इस प्रकार के प्रावधान का दुष्परिणाम कश्मीर में अलगाववाद की प्रवृत्ति को बढ़ाने के लिए कारक होगा। डॉ. मुकर्जी के विरोध को शांत करने के लिए नेहरूजी ने शेख अब्दुल्ला को बुलाकर समझाया, ताकि भाषणों पर लगाम लगाई जा सके, परंतु नेहरूजी शेख को नहीं समझा पाए, बल्कि शेख ही ने नेहरूजी को जाने क्या समझाकर कश्मीर के लिए और कुछ रियायतें प्राप्त कर लीं। नेहरू अलग नागरिकता की माँग मान गए। अलग झंडे की बात पर भी सहमत हो गए। सदरे रियासत परंपरागत राजपरिवार से न होकर विधानसभा के किसी अन्य को भी इस पद के लिए समर्थन दे सकती है।

9-10 अगस्त, 1952 को जम्मू की प्रजा परिषद् पार्टी ने कश्मीर समस्या पर विचारार्थ एक सम्मेलन बुलाया, इसमें अन्य दलों के प्रमुख नेताओं को भी आमंत्रित किया। डॉ. मुकर्जी को कई कांग्रेसी नेताओं ने वहाँ न जाने की सलाह दी। डॉ. मुकर्जी अपने निश्चय के अनुसार कार्यक्रम में भाग लेने जम्मू गए। एक ज्योतिषी भी डॉ. मुकर्जी को बताने आया कि वहाँ जाने से आपकी दुर्घटना या मृत्यु भी हो सकती है, परंतु अटल निश्चयवाले डॉ. मुकर्जी नहीं रुके। गृहमंत्री और रक्षामंत्री की सिफारिश पर बहुत कठिनाई से उनको कश्मीर प्रवेश का परमिट दिया गया। पठानकोट तक तृतीय श्रेणी में रेल यात्रा की। पठानकोट पर उन्हें लेने स्वयं प्रेमनाथ डोगराजी पहुँचे। रावी नदी पर बने पुल (माधोपुर) को उन्होंने 3 बजे अपराह्न पार किया। पार पहुँचते ही प्रजा परिषद् के लोगों ने नारे लगाए—"भारत माता की जय! कश्मीर भारत का अंग है। एक देश में दो विधान, दो निशान, दो प्रधान नहीं चलेंगे।"

जम्मू से कठुआ तक 70 मील की यात्रा में एक जुलूस की तरह भीड़ साथ चली। रास्ते भर गाँवों से लोग डॉ. मुकर्जी और प्रेमनाथ डोगराजी का स्वागत करने आते रहे। हीरानगर और रीवा में उन्होंने दो विशाल बैठकें भी आयोजित कीं, जिनको दोनों नेताओं ने संबोधित किया। लोगों की भारी भीड़ उनका जय-जयकार तथा भारत माता की जय बोलती रही। रावी नदी से पं. प्रेमनाथ डोगरा का घर ढाई मील दूर था। उनके घर को बहुत सुंदर फूलों तथा रोशनी से सजाया गया था। दिनभर की यात्रा से थकान से शरीर टूट रहा था। रेल यात्रा और पैदल यात्रा के साथ दिन में लगभग 20 बार भाषण, परंतु लोगों का उत्साह देखकर डॉ. मुकर्जी प्रसन्न थे। उन्हें लगा, वे

लोग कितने नादान थे, जो कह रहे थे कि प्रेमनाथ डोगरा के साथ पाँच सौ लोग भी नहीं जुटेंगे! अब डॉ. मुकर्जी के मन में शेख अब्दुल्ला की धूर्तता और पं. नेहरू की नादानी पर मन में क्षोभ हो रहा था।

डोगराजी के घर पहुँचने के बाद रात को ही जम्मू के डिप्टी कमिश्नर मिलने पहुँचे। डी.सी. ने शेख अब्दुल्ला की ओर से सुबह मिलने के लिए श्रीनगर पहुँचने का निमंत्रण दिया। डॉ. मुकर्जी ने न्योता स्वीकार कर लिया। 10 अगस्त को प्रातः हवाई यात्रा करके दोपहर को वे श्रीनगर पहुँच गए। उन्होंने शेख अब्दुल्ला से छह घंटे बातचीत की, साथ ही युवराज कर्ण सिंह से भी मुलाकात की। लंबी बातचीत के पश्चात् मुकर्जी रात को आठ बजे श्रीनगर से वापस चले और सवेरे अगले दिन जम्मू पहुँचे। डॉ. मुकर्जी ने निर्भीक अपने विचार रखे। यह वाक्य तो लोग कभी नहीं भूल पाएँगे, जो उन्होंने शेख से कहा, "विचारों से आप जिन्ना ही लग रहे हैं।" अगले दिन प्रेमनाथ डोगराजी ने उन्हें अन्य कार्यकर्ताओं से मिलवाया। उन्होंने सबको यह आश्वासन भी दिया कि आप आंदोलन करेंगे तो वे पूरा समर्थन एवं सहयोग देंगे।

परंतु दुःख की बात यह है कि इतने प्रयत्न के बाद भी शेख अब्दुल्ला तथा नेहरूजी ने कोई निर्णायक कदम नहीं उठाए। इसके बाद प्रेमनाथ डोगरा ने राष्ट्रपति को पत्र द्वारा अपनी समस्या से अवगत करवाया। कोई आशावादी उत्तर नहीं मिला। डॉ. मुकर्जी प्रधानमंत्री नेहरू तथा शेख अब्दुल्ला से पत्र-व्यवहार करते रहे। परंतु नेहरूजी प्रजा परिषद् की बात न मानकर शेख अब्दुल्ला को ही संतुष्ट करते रहे। नेहरूजी ने तो प्रजा परिषद् के आंदोलन को कुचलने तक की धमकी दे दी।

डॉ. मुकर्जी ने नेहरूजी को पत्र में सारी बातें बताईं कि कैसे शेख ने आर.एस.एस. और जनसंघ को अपमानजनक बातें कहीं! यह भी बातया कि शेख की तो इच्छा है कि डोगरा जम्मू से चले जाएँ और पूरा क्षेत्र कश्मीरियों के लिए छोड़ जाएँ।

अब मुकर्जी यह मान चुके थे कि नेहरू संवैधानिक उपायों से माननेवाले नहीं हैं। दूसरी ओर उन्होंने प्रेमनाथ डोगरा को भरोसा दिलाया कि आप सत्याग्रह जैसा कदम भी उठाएँ तो जनसंघ आपको समर्थन देने से पीछे नहीं हटेगा।

17 नवंबर को जम्मू सचिवालय पर नेशनल कान्फ्रेंस का झंडा फहराने की घोषणा की गई तो प्रेमनाथ डोगरा ने यह घोषणा कर दी कि जम्मू सचिवालय पर भारत के राष्ट्रीय झंडे के अलावा कोई अन्य झंडा नहीं फहराया जा सकता। इस पर पं. प्रेमनाथ और एस.एल. शर्मा दोनों को गिरफ्तार कर लिया गया, क्योंकि वो एक चौराहे पर तिरंगा फहरा रहे थे। इन्हीं दिनों भारतीय जनसंघ का प्रथम वार्षिक अधिवेशन कानपुर में दिसंबर 1952 के अंतिम सप्ताह में होना तय हुआ। इस

अधिवेशन में डॉ. मुकर्जी ने जनसंघ के राष्ट्रीय तथा अंतरराष्ट्रीय विचारों को सबके सामने रखा। उन्होंने यह भी स्पष्ट किया कि यह पार्टी केवल हिंदुओं के लिए नहीं है। सभी भारतवासी चाहे किसी भी धर्म को माननेवाले हों, इसके सदस्य बन सकते हैं, परंतु भारतीय संस्कृति और भारतमाता को पूर्ण मान्यता देनेवाले होना आवश्यक हैं। उन्होंने इस बात को बलपूर्वक कहा कि भारतीय संस्कृति की मौलिक विशेषताओं का सही मूल्यांकन बहुत आवश्यक है। जो देश अपनी पुरानी गौरवपूर्ण सफलताओं से प्रेरणा नहीं लेता, वह अपने वर्तमान का कभी निर्माण नहीं कर सकता। अपनी सभी कमियों और अच्छाइयों को भुलाकर केवल धर्मनिरपेक्षता की अवधारणा से देश का स्वाभाविक विकास अवरुद्ध हो गया है।

उन्होंने सरकार को लक्ष्य करके कहा कि पाकिस्तान जब-तब हमारी सीमाओं पर अतिक्रमण कर देता है, परंतु हमारी सरकार के मन में उसके प्रति नरम कोना है, जो उसे सख्त कदम नहीं उठाने देता। पुनर्वास के मामले पर कोई कारगर कदम अब तक नहीं उठाना चाहते हैं। मेरा मानना है कि जिनका अपना राष्ट्र बलवान एवं समृद्ध न हो, उनको विश्व स्तर पर सम्मान नहीं मिल पाता। भारतीय जनसंघ के युवा कार्यकर्ताओं को डॉ. मुकर्जी ने जम्मू की प्रजा परिषद् का समर्थक बना दिया। वे सभी प्रजा परिष्द् के आंदोलन में सक्रिय भाग लेने को तैयार हो गए। उत्तर भारत के सभी कार्यकर्ता डोगरों का समर्थन और शेख अब्दुल्ला के विरोधी बन गए।

डॉ. मुकर्जी ने 5 मार्च, 1953 को 'कश्मीर दिवस' मनाने का निश्चय किया। क्वींस गार्डन में विशाल सभा की गई। 50,000 के लगभग जनता जुड़ी। सरकार ने जो प्रतिबंध लगाया था, उसे हटा लिया गया। इस सभा में स्वामी करपात्रीजी, श्री मौलिचंद्र शर्मा, निर्मल चंद्र चटर्जी तथा डॉ. मुकर्जी ने संबोधन दिया। वक्ताओं ने डॉ. मुकर्जी को वर्तमान की महाभारत में श्रीकृष्ण के समान धर्म और नीति का ज्ञाता बताया। सरकार ने डरकर पुनः प्रतिबंध लगा दिया।

प्रतिबंध के बावजूद डॉ. श्यामा प्रसाद मुकर्जी अन्य कार्यकर्ताओं के साथ आंदोलन में सड़क पर उतरे तो सरकार ने उन्हें गिरफ्तार कर लिया। देश के प्रसिद्ध वकील निर्मल चंद्र चटर्जी ने मामले की पैरवी की तो सुप्रीम कोर्ट के आदेश से उन्हें रिहा कर दिया गया। जम्मू में उभरे आंदोलन को शेख अब्दुल्ला ने कुचलने की चेष्टा में पुलिस के साथ सेना का भी उपयोग किया। आंदोलन दबा नहीं और भड़क गया। सारे देश का ध्यान जम्मू के डोगरा आंदोलन की ओर आकर्षित हो गया।

□

18
बलिदान की राह पर डॉ. मुकर्जी

डॉ. श्यामा प्रसाद मुकर्जी को सर्वाधिक एतराज था, जम्मू-कश्मीर की परमिट प्रणाली पर। एक ही देश में एक राज्य से दूसरे में जाने के लिए परमिट लेना पड़े तो यह देश की एकता, अखंडता पर संदेह उत्पन्न करता है। सरकार की दलील है कि यह नियम पाकिस्तानी जासूसों पर रोक लगाने के लिए बनाया गया, परंतु देशवासियों का, यहाँ तक कि केंद्र सरकार की जाँच एजेंसियों तक को रोककर नियम का दुरुपयोग हो रहा था। इस संबंध में गृहमंत्री तथा रक्षामंत्री तक से पत्र-व्यवहार किया गया। कोई जवाब नहीं मिला तो डॉ. मुकर्जी ने स्वयं ही कानून तोड़कर बिना परमिट कश्मीर में प्रवेश करने का दृढ़ निश्चय किया। बहुत लोगों ने समझाने का प्रयास किया, परंतु उनका संकल्प दृढ़ था। पहले वे अपनी पूजनीया माताजी का आशीर्वाद लेने कलकत्ता गए। माता के दर्शन करके वे 'भारत सेवा आश्रम संघ' के संस्थापक स्वामी प्रणवानंद के दर्शन करने गए। प्रणवानंदजी का दायित्व तब स्वामी सच्चिदानंद पर था। उन्होंने जम्मू जाने को मना ही किया। एक दिन पटना में ठाकुर प्रसादजी के घर रुके। ठाकुर प्रसाद के पिताजी ने भी उन्हें कश्मीर जाने से रोका, परंतु उनका निश्चय तो दृढ़ था। एक कांग्रेसी नेता सुचेता कृपलानी (जे.बी. कृपलानी की धर्मपत्नी) ने भी कहा कि वहाँ जाने में आपकी जान को खतरा है।

इसके पश्चात् भी डॉ. श्यामा प्रसाद अपनी धुन के पक्के, अपने संकल्प पर ईमानदारी से, दृढ़ता से आचरण करनेवाले थे। एक ज्योतिषी ने भी चेतावनी दी थी कि आपके साथ दुर्घटना हो सकती है, परंतु डॉ. मुकर्जी को तो होनी बुला रही थी।

8 मई, 1953 को प्रात: 6.30 बजे दिल्ली स्टेशन से पैसेंजर ट्रेन में कुछ समर्थकों के साथ पंजाब होते हुए जम्मू के लिए निकल पड़े। डिब्बे को झंडों और

फूलों से सजाया गया था। माननीय अटल बिहारी वाजपेयी, श्रीमान गुरुदत्त वैद्य, प्रो. बलराज मधोक तथा दिल्ली के कार्यवाह श्री टेकचंदजी उनके साथ थे।

सत्याग्रह प्रेमनाथ डोगराजी के नेतृत्व में छह मास से चल रहा था। लगभग 2,500 लोग गिरफ्तारी दे चुके थे। लगभग 30 सत्याग्रही शहीद हो चुके थे। देश के अलग-अलग भागों से स्वयंसेवक सत्याग्रह में भाग लेने आ रहे थे। डॉ. मुकर्जी ने लोगों को बताया कि इतने आंदोलन के बावजूद नेहरूजी ने परमिट व्यवस्था को जारी रखा है। जो कम्युनिस्ट सदा तोड़-फोड़ करते हैं तथा राष्ट्रीयता को नहीं मानते, उन्हें परमिट दे दिया जाता है और जो राष्ट्र की एकता, अखंडता एवं भारतीय संस्कृति के समर्थक हैं, उन्हें प्रवेश करने से रोकने के लिए परमिट व्यवस्था लगाई गई है। अब भारत का आम आदमी यह समझ गया है कि बिना नेहरूजी की सहमति के शेख अब्दुल्ला की सरकार न परमिट लगा सकती है और न ही हटा सकती है।

उन्होंने स्पष्ट कहा कि मैं जम्मू में प्रवेश करके यह जानना चाहता हूँ कि वहाँ का आम आदमी क्या सोचता है? मैं शेख अब्दुल्ला से मिलकर अपनी बात समझने का प्रयास करूँगा। लोगों ने सलाह दी कि आप परमिट लेकर जाओ और अपना पक्ष समझाओ, परंतु डॉ. मुकर्जी ने कहा, "मैं परमिट विधि का विरोध कर रहा हूँ। अतः परमिट नहीं लूँगा। सरकार मुझे जो दंड देगी, सहर्ष स्वीकार कर लूँगा।" यहाँ आने से पूर्व, 3 मई, 1953 को उन्होंने जानसन के साथ एक मीटिंग तय की थी, उन्होंने जानसन को सूचना भेजी कि संभवतः हमारी मुलाकात न हो सके, शायद मुझे जम्मू में प्रवेश करते ही पकड़ लिया जाए। वी.पी. भाटिया एक स्वयंसेवक और स्थानीय जनसंघ के अध्यक्ष थे। ट्रेन जब अंबाला पहुँची तो स्टेशन पर भारी भीड़ थी। अंबाला शहर के जनसंघ के अध्यक्ष रघुवीर शरण एडवोकेट ने उन्हें 'इलेस्ट्रेटड वीकली' का अंक दिखाया, जिसके मुखपृष्ठ पर डॉ. मुकर्जी और जयप्रकाश नारायण का चित्र छपा था। उसके साथ शीर्षक था 'नेहरू के बाद मुकर्जी या जे.पी. ?'। अंबाला से दिल्ली की ओर सड़क मार्ग से चले तो हर स्टेशन पर भारी भीड़ ने उनका स्वागत किया, जिसके बारे में उन्होंने अपनी पूज्य भाभी तारादेवी को पत्र द्वारा जानकारी दी। उन्होंने शेख अब्दुल्ला को टेलीग्राफ से अपनी यात्रा की जानकारी दी, जिसका उत्तर भी मिल गया कि आपकी प्रस्तावित यात्रा के लिए अभी उपयुक्त समय नहीं है। इससे कुछ भी हासिल नहीं होगा। टेलीग्राम तो नेहरूजी को भी भेजा था, उन्होंने जवाब देने की जरूरत नहीं समझी। जालंधर से सड़क मार्ग छोड़कर ट्रेन पकड़ी। वहाँ एक सरकारी अधिकारी ने उन्हें बताया कि सरकार का आदेश है कि उन्हें पठानकोट तक न पहुँचने दिया जाए।

अमृतसर में हजारों लोग उनके स्वागत के लिए तैयार खड़े थे। कुछ लोगों ने उन्हें आगे न जाने की सलाह भी दी, परंतु वे जम्मू जाने के लिए प्रतिबद्ध थे। एक डिप्टी कमिश्नर गुरदासपुर से ही उनका पीछा कर रहे थे। उसी डी.सी.पी. ने बताया कि सरकार ने उन्हें और उनके साथियों को यहाँ से आगे न बढ़ने देने का आदेश दिया है। फिर भी वह पकड़ नहीं रहा था। आदेश अंदरखाने यह था कि उन्हें जम्मू-कश्मीर में प्रवेश के बाद पकड़ा जाए, ताकि भारत की सर्वोच्च न्यायालय की सीमा के बाहर हो जाएँ। रावी नदी पंजाब और जम्मू-कश्मीर की सीमा बना रही है। रावी के पुल पर पहुँचे तो कश्मीर पुलिस का दस्ता बीच सड़क पर खड़ा दिखाई दिया। पुल में जीप को दस्ते ने रोका तो एक पुलिस अधिकारी ने आगे बढ़कर स्वयं को कठुआ का पुलिस अधिकारी बताकर 10 मई, 1953 का आदेश दिखाया, जिसमें उनके प्रवेश पर रोक लगाई गई थी। डॉ. मुकर्जी बोले, "परंतु मैं तो जम्मू जाना चाहता हूँ।" तब उसने आदेश दिखाया, जिसमें लिखा था कि कैप्टन अब्दुल अजीज को आदेश दिया जाता है कि डॉ. श्यामा प्रसाद मुकर्जी को राज्य की सीमा पर ही गिरफ्तार करके श्रीनगर जेल भेज दिया जाए, क्योंकि प्रस्तावित यात्रा शांति भंग करनेवाली है। डॉ. मुकर्जी को बिना परमिट राज्य में प्रवेश करने पर कश्मीर सरकार के अधिकारी ने आदेश दिया था। इसी दौरान प्रो. बलराज मधोक को गिरफ्तार कर लिया गया था, जिन्हें अंबाला सेंट्रल जेल में रखा गया था, परंतु वकील ने उन्हें जमानत पर रिहा करवा लिया। मधोकजी को जब पता चला कि डॉ. मुकर्जी को गिरफ्तार कर लिया गया तो मधोक मेहरचंद महाजन के पास पहुँचे, जो सुप्रीम कोर्ट के जज थे। महाजनजी हैरान हो गए कि अभी तो मैंने तुम्हारी रिहाई का आदेश दिया था, अब मैं क्या कर सकता हूँ? मेहरचंद महाजन ने बताया कि "पठानकोट से पहले कहीं भी उन्हें गिरफ्तार किया जाता तो मैं उन्हें रिहा करा सकता था। कानून अब क्या करे? यह हमारी सीमा से बाहर का मामला है।" महाजन ने कहा, जम्मू-कश्मीर के ही किसी वकील से केस डलवाओ।

गिरफ्तारी की चर्चा सारे देश में फैल गई। जनसंघ की ओर से दिल्ली, अमृतसर, अंबाला जैसे शहरों में खूब विरोध प्रदर्शन किए गए। इन प्रदर्शनों का नेहरू तथा शेख अब्दुल्ला पर शायद कोई प्रभाव नहीं पड़ा। बंदी बनाकर डॉ. मुकर्जी को निशात बाग के पास एक छोटे से मकान में रखा गया, जो शहर से काफी दूर था। डल झील के पास था और खड़ी चढ़ाई पर था। वह कमरा केवल 10 फीट बाई 11 फीट का था। उससे भी छोटे दो कमरों में वैद्य गुरुदत्त और टेकचंदजी को रखा गया था। इस मकान में चौथे बिस्तर लायक जगह नहीं थी। जब प्रेमनाथ डोगरा को लाया

गया तो 100 गज दूरी पर ही एक टैंट लगाकर उसमें रखा गया। वहाँ अखबार भी दो दिन लेट पहुँचता था। उनके पास आनेवाली तथा उनकी ओर से लिखे जानेवाली कोई चिट्ठी शेख अब्दुल्ला द्वारा पहले पढ़ी जाती थी। जो पत्र इंग्लिश में न हो, वे गायब कर दिए जाते थे। डॉ. मुकर्जी की इच्छा थी कि वह अपने पिताजी की जीवनी लिखें। उन्होंने एकांत अनुभव करते हुए कुछ पृष्ठ लिख भी लिये थे, परंतु वहाँ बार-बार आनेवाले एक पागल फकीर ने फालतू बातें सुना-सुनाकर बहुत बाधा डाली।

24 मई को नेहरूजी और कैलाशनाथ काटजू आराम करने श्रीनगर गए थे। कितने शर्म की बात है कि नजदीकी नेता से मिलने की भी चेष्टा नहीं की! शायद मुकर्जी का सामना करने की ही हिम्मत नहीं जुटा पाए। 3 जून को डॉ. मुकर्जी की टाँग की नस में भारी पीड़ा हो गई। आँखों और चेहरे पर जलन भी होने लगी। बुखार भी हो गया। यह उन्होंने भाभी तारादेवी को पत्र में लिखा था कि अब उनकी भूख मर गई है और दर्द के कारण कोई व्यायाम भी नहीं कर पाते हैं। चंडी स्तोत्र तथा भगवत गीता पढ़ता रहता हूँ। सदा सक्रिय रहनेवाले व्यक्ति के लिए बिस्तर पर पड़े रहना बहुत कठिन कार्य है।

बड़े भाई रमा प्रसाद मुख्यमंत्री वी.सी. राय से मिले, तब 12 जून को वकील यू.एम. त्रिवेदी ने बंदी प्रत्यक्षीकरण याचिका कोर्ट में लगाई। त्रिवेदी डॉ. मुकर्जी से मिलने पहुँचे तो एक जिला अधिकारी साथ गया। उसकी उपस्थिति में त्रिवेदी ने बात करने से मना कर दिया। हाई कोर्ट के हस्तक्षेप के बाद 18 जून को त्रिवेदी की डॉ. श्यामा प्रसाद मुकर्जी से तीन घंटे लंबी वार्त्ता हुई। उस समय तक मुकर्जी बहुत कमजोर हो चुके थे। पं. प्रेमनाथ डोगरा को 19 जून को वहाँ लाया गया। डॉ. मुकर्जी की दशा देखकर उन्हें बहुत दुःख हुआ। अल्प भोजन की मात्रा तो चकित करनेवाली थी। उस छोटे मकान में टहलने तक की गुंजाइश नहीं थी। ऊँची सीढ़ी के कारण सरलता से उतरने में भी परेशानी थी।

20 जून, 1953 को उनकी पीठ में दर्द बहुत बढ़ गया। अधिकारियों को जानकारी दी गई। लगभग 11.30 बजे डॉ. अमरनाथ रैना और डॉ. अली मोहम्मद पहुँचे। उन्होंने स्थिति की गंभीरता को नहीं प्रकट किया, बल्कि कहा कि सामान्य पीठ दर्द है। स्टैप्टोमाइसीन का इंजेक्शन लगाने की सलाह दी गई। दोपहर बाद 3.30 बजे स्टैप्टोमाइसीन इंजेक्शन आया और डॉक्टर ने पूरी दवा इंजेक्ट कर दी। एक सफेद पाउडर जैसी दवा भी खिलाई गई, जिसके लिए किसी डॉक्टर की सलाह के बाद में भी कोई पता नहीं लगा कि वह दवा क्या थी? डॉ. अली मोहम्मद ने कहा कि दर्द बढ़ जाए तो इसे दिन में छह बार तक ले सकते हैं।

वैद्य गुरुदत्त ने सलाह दी कि मुकर्जी की बीमारी की जानकारी उनके परिवार को दे दी जाए। परंतु न तो उनके परिवार को सूचित किया गया और न ही कोई बुलेटिन ही जारी किया गया। 21 जून को कोई डॉक्टर वहाँ देखने भी नहीं पहुँचा। जेल के डॉक्टर ने स्टैप्टोमाइसिन का एक इंजेक्शन और लगा दिया। सारे दिन उनका बुखार और दर्द बढ़ता रहा। प्रेमनाथ डोगरा मिलने आए थे, परंतु मुकर्जी कोई बातचीत नहीं कर सके। शायद वे आंदोलन समाप्त करने पर कुछ चर्चा करना चाहते थे, परंतु बात हो नहीं पाई। इधर कश्मीर सरकार में मतभेद बढ़ गए। शेख अब्दुल्ला और अफजल बेग एक राय के थे तथा गुलाम मोहम्मद बख्शी व श्याम लाल सर्राफ एवं डोगरा गिरधारी लाल एक राय रखते थे। प्रेमनाथ डोगरा आंदोलन वापसी का प्रस्ताव बनाकर लाए थे, पर डॉ. मुकर्जी विस्तार से बात करने में असमर्थ थे।

22 जून प्रातः पौने पाँच बजे एक कर्मचारी ने वैद्य गुरुदत्तजी को जगाकर कहा कि मुकर्जी आपसे मिलना चाहते हैं। वैद्य गुरुदत्तजी तुरंत उनके कमरे में पहुँचे, देखा, उन्हें बहुत पसीना आया हुआ था। बुखार 97 डिग्री था। नब्ज बहुत कमजोर हो चुकी थी। लौंग-इलायची की गरमागरम चाय बनाकर पिलाई। मुकर्जी ने बताया कि चार बजे उनकी छाती में तेज दर्द हुआ और पसीना आ गया। सिर में चक्कर आने लगे। वैद्यजी समझ गए कि यह हार्ट अटैक था। पहले वे सोचते थे कि अपने लिए किसी को परेशान नहीं करेंगे, परंतु दर्द इतना बढ़ गया कि गुरुदत्तजी को बुलाना पड़ा। सूचना दी गई। डॉ. अली मोहम्मद 7.30 बजे के बाद आए। उन्होंने तुरंत नर्सिंग होम में भरती करवाने की सलाह दी। गुरुदत्त और टेकचंदजी ने कहा कि हम दोनों को भी नर्सिंग होम में ले चलें। बैरिस्टर त्रिवेदी 10 बजे मिलने पहुँचे। उस समय तक डॉ. मुकर्जी को बिस्तर पर लिटा दिया गया था। त्रिवेदीजी ने मुकर्जी से एक घंटे तक चर्चा की।

11.30 बजे एक टैक्सी में उन्हें नर्सिंग होम में नहीं, बल्कि सरकारी अस्पताल में ले जाया गया। उन्हें वहाँ महिला वार्ड में रखा गया। यह अस्पताल वहाँ से 10 मील दूर था। वहाँ भी सीढ़ियाँ चढ़ाकर ले जाया गया। यों तो वहाँ जगन्नाथ जुत्शी हाउस सर्जन थे, परंतु उनके पास सौ मरीजों की जिम्मेदारी थी। बैरिस्टर त्रिवेदी शाम को भी उनसे मिलने अस्पताल पहुँचे। जिलाधिकारी ने भी तभी पहुँचकर चिट्ठियाँ पहुँचाईं। उन्होंने लगभग 15 चिट्ठी पढ़ीं और कुछ-कुछ कागजों और चेकों पर हस्ताक्षर भी किए। त्रिवेदीजी शाम 7.15 बजे तक उनके पास रहे।

त्रिवेदीजी के पूछने पर डॉक्टर ने बताया कि विशेष चिंता की बात नहीं है। झटके का बुरा समय बीत गया था। अब दो-तीन दिन में ये ठीक हो जाएँगे।

23 जून को प्रातः पौने चार बजे पुलिस अधिकारी ने त्रिवेदीजी को बताया कि डॉ. मुकर्जी की हालत बिगड़ गई है। वे होटल से तुरंत अस्पताल के लिए निकल पड़े। पं. प्रेमनाथ डोगरा, वैद्य गुरुदत्त और टेकचंदजी को भी सूचना दे दी गई। वे सभी 4 बजे अस्पताल पहुँच गए, परंतु वहाँ जाकर पता चला कि प्रातः 3.40 पर ही उनका स्वर्गवास हो चुका था। डॉ. मुकर्जी के अंतिम समय की जानकारी प्रो. मधोक की अंग्रेजी में लिखी पुस्तक 'द पोरट्रेट ऑफ ए मार्टियर' में दी गई है। इसी प्रकार की जानकारी वैद्य गुरुदत्त और टेकचंदजी ने अपने 25 जून को दिए गए बयान में व्यक्त की गई है। वैसे तो मधोकजी को कश्मीर में प्रवेश करने से पहले ही गिरफ्तार कर लिया था तो भी वैद्य गुरुदत्त और टेकचंदजी के बयानों पर आधारित उनकी पुस्तक में प्रस्तुत यह जानकारी सर्वाधिक विश्वसनीय है।

डॉ. श्यामा प्रसाद मुकर्जी की मृत्यु के बाद उनके बड़े बेटे अनुतोष मुकर्जी ने कश्मीर जाने के लिए परमिट माँगा। पिता का नाम प्रार्थना-पत्र में लिखने के कारण उन्हें परमिट नहीं दिया गया। तब बड़ी पुत्री सविता बनर्जी और दामाद निशीथ बैनर्जी ने कश्मीर जाने का निश्चय किया। उस प्रार्थना-पत्र में मुकर्जी का नाम कहीं नहीं था, तो स्वीकृति मिल गई। उन्होंने झेलम नदी के एक बड़े बोट हाउस में ठहरने का प्रबंध किया। चाय लेकर आए वेटर के सामने मि. मजूमदार ने मुकर्जी नाम लिया तो उसने सविता बनर्जी से पूछा—क्या आपने वह मकान देखा है, जहाँ मुकर्जी को रखा गया था? मजूमदार जतींद्रनाथ मुकर्जी के पुराने मित्र थे, जो कश्मीर घूमने आए थे। निशीथ और सविता से मुलाकात हो गई तो मिलने चले आए। उनके बाहर जाने पर वेटर ने बताया कि वह भी बंगाली है। पहले हिंदू था, अब मुसलमान है। वह अभी भी हिंदुओं से सहानुभूति रखता है, बल्कि आत्मा से वह हिंदू ही है। आप चाहें तो मैं वह मकान दिखा सकता हूँ। सविता और निशीथ बनर्जी को साथ लेकर वह डल झील के निकट उस मकान तक ले गया। चढ़ाई देखकर सविता सोच रही थी कि उनके पिता पैर में दर्द होने के कारण इतनी ऊँचाई पर तथा सीढ़ी द्वारा चढ़कर कैसे आए होंगे? वेटर ने ही उन्हें बताया कि वे एक ऐसे व्यक्ति से भी मिला सकता है, जो अंतिम समय उनके पास था। सविता की स्वीकृति पर वह उन्हें मिस राजकुमारी टिक्कू के पास ले गया। मिस टिक्कू स्त्री अस्पताल में नर्स थी तथा वह डॉक्टर मुकर्जी की देखभाल करनेवाली टीम में शामिल थी। जब ये सब उसके घर मिलने पहुँचे तो राजकुमारी टिक्कू की माताजी भी वहाँ थीं। सविता के आँसू फूट पड़े। वह राजकुमारी से अंतिम समय की जानकारी पाने के लिए नर्स से प्रार्थना करने लगी। नर्स राजकुमारी ने बताया कि "मैं उस समय ड्यूटी पर थी। डॉक्टर के आदेश पर

मैंने उन्हें इंजेक्शन लगाया। इंजेक्शन लगते ही वे उछल पड़े थे और जोर से चीखे थे। उन्हें इंजेक्शन लगते ही भारी जलन होने लगी थी। मैं डॉक्टर को कहने के लिए दौड़ी। डॉक्टर ने कहा—सब ठीक हो जाएगा। मुकर्जी मूर्च्छित हो चुके थे। शायद उस इंजेक्शन ने ही उसकी जान ले ली थी।" यह बताकर नर्स बहुत डर गई थी। उसने कहा, "शायद आपको घटना बताकर मुझसे भारी गलती हो गई है। कृपया किसी को मत बताना।" अगले दिन सविता फिर मिलने गई तो नर्स और उसकी माँ घर छोड़कर चली गई थीं। नर्स ने तो अपना नाम भी बताने से इनकार कर दिया था। उसका नाम भी वेटर ने बताया था। स्पष्ट है कि शेख अब्दुल्ला की सरकार का भय व्याप्त था।

20 जुलाई, 1953 के 'दि ऑर्गेनाइजर' साप्ताहिक में छपी रिपोर्ट के अनुसार नर्स टिक्कू को डॉ. जुत्शी और अली मोहम्मद पर बहुत गुस्सा आया। साजिश के बाद जान-बूझकर राजकुमारी टिक्कू की नर्स की ड्यूटी लगाई गई। इंजेक्शन पर यदि जाँच में कुछ सिद्ध भी हो जाए तो डॉक्टर या सरकार नहीं, हिंदू नर्स को ही अपराधी बना दिया जाए।

23 जून, 1953 को ही सरकार की ओर से डॉ. मुकर्जी की मृत्यु पर एक बुलेटिन निकाला गया, जिसमें बताया गया कि अली मोहम्मद और डॉ. रामनाथ परिहार एम.डी. ने बताया कि मृत्यु 3.40 पर नहीं, बल्कि 2.15 बजे ही हो चुकी थी। अस्पताल की रिपोर्ट में यह बताया गया कि मृत्यु का वास्तविक कारण दिल का दौरा था। पहले उनको 1945 में भी दिल का दौरा पड़ चुका था। यह दूसरा और तेज अटैक था, जिससे प्राण बच नहीं पाए। रात 2.30 बजे तक उनकी नब्ज धीरे-धीरे बंद होती जा रही थी। ऑक्सीजन भी दी गई थी। परंतु टूटी की बूटी नहीं होती।

राज्य सरकार की ओर से कोई विस्तृत जानकारी नहीं दी गई। शेख अब्दुल्ला का बयान 26 जून को अखबार में छपा और जेलमंत्री एम.एल. सर्राफ ने तो जुलाई को अपना बयान दिया। उन्होंने सफाई देने के लहजे में कहा कि राज्य सरकार की ओर से जेल में डॉ. मुकर्जी को हर प्रकार से सुविधा और चिकित्सा उपलब्ध कराई गई, परंतु दिल के दौरे ने उनपर जबरदस्त आक्रमण कर दिया, जिसके प्रभाव से वे उभर नहीं सके।

कलकत्ता में 77 आशुतोष मुकर्जी रोड मुकर्जी परिवार के घर प्रात: पौने पाँच बजे टेलिफोन की घंटी बजी। जस्टिस रमा प्रसाद मुकर्जी ने दौड़कर फोन उठाया। सब परिवार इकट्ठा हो गया। उनकी माता योगमायाजी पूजा की तैयारी कर रही थीं। माँ को केवल इतना ही बताया गया कि तबीयत ज्यादा खराब है। अत: वे पूजा

करने चली गईं। कश्मीर से पूछा गया कि उनके शव को क्या करना है? उन्होंने यह भी पूछा कि संदेश किसने दिया? उत्तर मिला कि डिप्टी होम मिनिस्टर, कश्मीर की ओर से संदेश आया है। रमा प्रसादजी ने बताया कि सरकार शव को कलकत्ता हमारे घर के पते पर भिजवाए।

24 जून को 'अमृत बाजार पत्रिका' में समाचार छापा—कश्मीर सरकार ने समाचार केंद्र सरकार को भेजा, मुकर्जी परिवार को सूचित नहीं किया। केंद्रीय गृह सचिव थे ए.वी. घई। उन्होंने श्री रमा प्रसाद मुकर्जी का नंबर दिया और उनसे बात करने को कहा। तब ऑपरेटर ने मुकर्जी परिवार को सूचित किया। पत्रिका में छपे समाचार से यह खुलासा हुआ।

बैरिस्टर त्रिवेदी ने भी 25 जून को इस संबंध में जानकारी दी। उन्होंने बताया कि उन्हें जैसे ही तबीयत ज्यादा खराब होने का समाचार फोन से मिला, वे तुरंत ही अस्पताल गए। 3.55 बजे वे अस्पताल पहुँच गए थे। मुकर्जी के कक्ष का दरवाजा बंद था। बाहर ही एक डॉक्टर बैठा था। त्रिवेदी ने उससे पूछा—मुकर्जी महोदय कैसे हैं? उसने मुकर्जी के बारे में कुछ नहीं बताया, बल्कि मुँह पर उँगली रखकर चुप रहने का संकेत किया। एक पुलिस अधीक्षक भी आ गए। त्रिवेदी ने कक्ष में जाने को कहा तो वो ठहरने का संकेत करके स्वयं कक्ष में चले गए। दो मिनट बाद ही अधीक्षक एक डॉक्टर के साथ बाहर आकर बोले—अभी 10 मिनट पहले ही मुकर्जी महोदय ने अंतिम साँस ली है। अब वे संसार में नहीं हैं। सुनते ही त्रिवेदी स्वयं कक्ष में घुस गए। चादर हटाकर चेहरा देखा। त्रिवेदी ने उनसे कहा—शव को कलकत्ता पहुँचाना होगा और यह आपके कश्मीर प्रशासन को करना पड़ेगा। उन्होंने यह भी कहा कि वैद्य गुरुदत्त और टेकचंदजी को भी तुरंत रिहा करके शव के साथ वायुयान से कलकत्ता भेज दिया जाए। गुलाम मोहम्मद बख्शी ने भी बात स्वीकार कर ली और उन दोनों को कहा कि वे जेलनुमा बने उस मकान में लौटकर अपना सामान सँभाल लें, ताकि शव के साथ फ्लाइट में जा सकें। त्रिवेदी कहते हैं कि अपने होटल में लौटकर उन्होंने ही रेडियो और यूनाइटेड प्रेस ऑफ इंडिया के प्रतिनिधियों को डॉ. मुकर्जी के देहावसान की अधिकृत सूचना दी। सूचना पाकर अनेक पत्रकार दस मिनट में ही वहाँ पहुँच गए। उनको तमाम जानकारी देने के पश्चात् त्रिवेदी ने मौलिचंद्र शर्मा तथा प्रजा परिषद् के कार्यालय में जम्मू फोन करके सूचित किया। अस्पताल में श्री डी.पी. धर को बताया कि मौलिचंद्र शर्मा का फोन नहीं मिला। धर साहब ने बता दिया कि वे दिल्ली में के.एन. काटजू को सूचित कर चुके हैं। जब त्रिवेदी अस्पताल से बाहर निकले तो पाँच सौ लोगों की भीड़ जमा हो चुकी थी।

अत: शव को पिछले दरवाजे से बाहर लाया गया। डॉ. मुकर्जी का व्यक्तिगत सामान त्रिवेदी को दे दिया गया। घड़ी, पैन तो मिले, परंतु उनकी अटैची नहीं मिल पाई।

लगभग 8.40 बजे वे एयरपोर्ट जाने के लिए निकले। सभी हिंदू अफसरों ने शव को प्रणाम कर चादरें उनपर चढ़ाईं। 10 बजे बाद शेख अब्दुल्ला भी पहुँचे और एक मूल्यवान शॉल उनके शव पर अर्पित की। 10.40 पर शव और साथियों को लेकर हवाई जहाज कलकत्ता के लिए उड़ गया। जालंधर, आदमपुर आदि हवाई अड्डों पर रुकता हुआ हवाई जहाज रात्रि 9 बजे कलकत्ता पहुँचा। जिनको सूचना मिली, वे सभी एकत्र हो गए। लोग आँसुओं से रो रहे थे। कुछ लोग एयरपोर्ट पर पहुँचे, तो अधिक लोग 77, आशुतोष रोड पर एकत्र हो गए थे।

अगले दिन प्रात: उनके घर से कालीघाट के पास केवड़ तलाघाट (श्मशान) पर ले जाया गया। रास्ते पर भीड़ साथ चली; जो मिला, वही रोने लगी। श्यामा प्रसाद कलकत्ता की जनता में सर्वाधिक लोकप्रिय नेता थे। बंगाल (पश्चिमी) के माननीय मुख्यमंत्री विधान चंद राय भी शवयात्रा में साथ चले। लोग कांग्रेसियों को मुकर्जी की मृत्यु का जिम्मेदार ठहराकर भला-बुरा कह रहे थे।

कई लोगों ने मुख्यमंत्री के शामिल होने पर नाराजगी भी जताई। परंतु श्री विधान चंद राय उनके मित्र एवं प्रशंसक थे। अत: वे दूसरे मार्ग से श्मशान घाट पहुँचे। शॉल हटाकर मुख देखते ही उनकी तबीयत भी खराब हो गई। सदमे से वे पूरी तरह ठीक हो ही नहीं सके और तीन महीने बाद राय भी परलोक सिधार गए।

डॉ. मुकर्जी के शव को मुखाग्नि उनके पुत्र ने नियमानुसार दी। जो महान् व्यक्तित्व देशभक्ति की साक्षात् मूर्ति था, देशहित के लिए जिसका हर श्वास न्योछावर था, यदि ऐसा महापुरुष जीवित रहता तो भारत की प्रगति के लिए न जाने कितने महत्त्वपूर्ण कदम उठाता! देश को समृद्ध और शक्तिसंपन्न बनाने के लिए तो दिन-रात चिंतन करते थे, वही महान् त्यागी, तपस्वी नेता मुख्यमंत्री शेख अब्दुल्ला की जिद को तोड़ने के लिए बलिदान हो गए। अब डॉक्टरों का कहना मानें तो उन्हें दिल का दौरा पड़ा था, परंतु आम जनता को यही आशंका है कि गलत इंजेक्शन देकर उनकी हत्या कर दी गई। यदि ऐसा नहीं भी है तो उनके दिल पर कोई व्यक्तिगत चिंता का बोझ नहीं था। उन्हें देश की ही चिंता थी। यदि इस मिशन में सफल न हुए तो क्या होगा? नेहरूजी शेख अब्दुल्ला को राष्ट्रहित से अधिक महत्त्व क्यों दे रहे हैं? यह भी उनके मन पर गहरी चिंता का कारण था। अत: हमें निस्संदेह मानना पड़ेगा कि उन्होंने राष्ट्रहित में उचित कदम उठाने हुए अपना जीवन बलिदान कर दिया। परमात्मा उनकी आत्मा को सद्गति तो देगा ही, उनके जीवन से प्रेरणा एवं

उत्साह लेकर देश के युवा अपना जीवन सुधारें और हर त्याग के लिए तैयार रहें।

भारतमाता की जय!

□

डॉ. श्यामा प्रसाद मुकर्जी पर अनेक पुस्तकें प्रकाशित हो चुकी हैं, परंतु यह सत्य उजागर नहीं हो सका कि उनका बलिदान हुआ या किया गया? अर्थात् उनकी मृत्यु स्वाभाविक थी या साजिश के तहत की गई? कोई नहीं जानता कि सच क्या है? परंतु यह तो सत्य है कि उनका बलिदान न होता तो कश्मीर अब तक भारत से अलग हो चुका होता। नेहरूजी ने शेख अब्दुल्ला की सभी शर्तें मान ली थीं। यह उनकी कायरता थी या अदूरदर्शिता, कुछ नहीं कहा जा सकता। शायद विश्व का लोकप्रिय शांतिदूत बनने का स्वप्न ही इस नीति का कारण रहा हो!

उस समय के सभी दलों के सभी नेताओं ने उनके बलिदान पर दुःख प्रकट किया और श्रद्धांजलि भी अर्पित की। प्रश्न यह भी उठता है कि जेल में भी लोग घोषित अपराधियों से मिलने जाते हैं। डॉ. मुकर्जी तो बंगाल सरकार और केंद्रीय सरकार में भी मंत्री रह चुके थे। सांसद तो तब भी थे ही, परंतु सरकार ने उनके पुत्र तक को उनसे मिलने की अनुमति नहीं दी? यह अन्याय भी जनता कैसे भूल पाएगी? जेल भी जान-बूझकर पहाड़ी पर एकांत और छोटे से मकान में सीढ़ियों पर चढ़कर बनाई गई। क्या इसमें जान-बूझकर तंग करने की भावना नहीं झलकती? फिर अस्पताल का दूर होना। महिला वार्ड में रखना और इंजेक्शन देने का दायित्व एक हिंदू नर्स को देना, हर कदम संदेह ही पैदा करता है। अंत में अपनी संपूर्ण श्रद्धा के साथ डॉ. मुकर्जी के प्रति नमन करता हूँ। कहीं कोई कमी रह गई हो तो क्षमाप्रार्थी हूँ। डॉ. श्यामा प्रसाद मुकर्जी का नाम तो अमर रहेगा ही, जब तक भारत और हिंदू संस्कृति रहेगी, तब तक देशप्रेमी मुकर्जी को भी भुलाया नहीं जा सकता।

□□□